中国县域教育发展蓝皮书
县域高中

主　编

郭丛斌　陈军伟

副主编

胡褆臻　黄冠　秦博　任静　祝军　翟迪

图书在版编目（CIP）数据

中国县域教育发展蓝皮书：县域高中 / 郭丛斌，陈军伟主编. -- 北京：北京大学出版社，2024.10. -- ISBN 978-7-301-35694-4

Ⅰ.G639.2

中国国家版本馆 CIP 数据核字第 2024AY8102 号

书　　　名	中国县域教育发展蓝皮书：县域高中 ZHONGGUO XIANYU JIAOYU FAZHAN LANPISHU: XIANYU GAOZHONG
著作责任者	郭丛斌　陈军伟　主编
责任编辑	刘　军
标准书号	ISBN 978-7-301-35694-4
出版发行	北京大学出版社
地　　　址	北京市海淀区成府路 205 号　100871
网　　　址	http://www.pup.cn　新浪微博：@北京大学出版社
微信公众号	通识书苑（微信号：sartspku） 科学元典（微信号：kexueyuandian）
电子邮箱	编辑部 jyzx@pup.cn　　总编室 zpup@pup.cn
电　　　话	邮购部 010-62752015　发行部 010-62750672 编辑部 010-62753056
印　刷　者	河北滦县鑫华书刊印刷厂
经　销　者	新华书店 650 毫米 × 980 毫米　16 开本　17.75 印张　290 千字 2024 年 10 月第 1 版　2024 年 10 月第 1 次印刷
定　　　价	120.00 元

未经许可，不得以任何方式复制或抄袭本书之部分或全部内容。
版权所有，侵权必究
举报电话：010-62752024　电子邮箱：fd@pup.cn
图书如有印装质量问题，请与出版部联系，电话：010-62756370

本书受到海亮教育科技服务集团"县域教育振兴计划"资助

前　言

《中国县域教育发展蓝皮书：县域高中》全书分为"全景描绘"和"微观聚焦"上下两编，由一个概述报告、四个调研报告和三个专题报告组成。

上编"全景描绘"共包含"县域高中教育发展概述""县域高中学生发展报告""县域高中教师调研报告""县域高中家长调研报告"和"县域高中校长调研报告"五章。第一章"县域高中教育发展概述"梳理了十八大以来有关县域普通高中（县、县级市举办的普通高中，以下简称县中）的政策文件和政策议题，概括了县中发展的时代背景和当前县中发展的基本情况，以呈现我国县中教育质量发展的基本脉络，帮助读者更好地认识县中教育改革发展中的问题。第二章"县域高中学生发展报告"以《普通高中教育质量调查问卷（学生卷）》为主要测量工具，通过选取县域高中的学生样本，从学业发展、身心健康、社会支持和劳动实践等四个学生发展的主要维度，对县域高中学生发展情况进行了总体描绘。第三章"县域高中教师调研报告"以《普通高中教育质量调查问卷（教师卷）》为主要测量工具，通过选取县域高中的教师样本，从专业素质、专业情意和教师发展三个维度对县域高中教师的发展情况进行了整体描绘。第四章"县域高中家长调研报告"以《普通高中教育质量调查问卷（家长卷）》为主要测量工具，选取县域高中的家长样本，从家长期望、家庭支持、学校教育满意、教育焦虑等四个维度，对县域高中家长的情况进行了总体描绘。第五章"县域高中校长调研报告"以《普通高中教育质量调查问卷（校长卷）》为主要测量工具，基于福建和山东两省县域高中校长的调研数据，在对县域高中校长基本特征进行统计描述的基础上，探讨了县域高中校长在选拔任用方式、工作状况与培训三个方面的表现特征与群体差异。

下编"微观聚焦"共包含"人口流动中的县域教育:变化与困境""县域校长领导力"和"县域编外教师的新特点和考编意愿"三章。第六章"人口流动中的县域教育:变化与困境"以质性研究的方式,通过对人口从乡村流出到城镇的"出县"和人口大量流入的"入县"的实地调研,从微观视角论述了人口流动背景下县域教育的发展变化,对当下县域教育困境的根源进行了探讨。第七章"县域校长领导力"通过对福建省5个县的校长调研,对县域校长领导力的基本情况进行了探讨。第八章"县域编外教师的新特点和考编意愿"以河北省A县2017年至2020年入职的编外教师为研究对象,对我国编外教师的历史沿革、编外教师新特点和考编意愿等情况进行了探讨,为进一步开展相关研究奠定了基础。

本书能够顺利完成,得益于海亮教育科技服务集团"县域教育振兴计划"的支持,在感谢海亮集团长期关注县域教育的同时,我们也期待将来能有更多的合作成果。同时,本书是所有编写组成员集体劳动的成果,除了主编和副主编之外,北京大学教育学院李世奇、何菲、蔡畅、杨莉、朱昱治,北京外国语大学教育学院贺亿、王颖、马佳佳、王怡、孙铁珉在本书编写过程中贡献了宝贵的智慧,在此表示衷心的感谢。

郭丛斌　陈军伟
2024 年 9 月 10 日

目 录

上编　全景描绘

第一章　县域高中教育发展概述 …………………………………… 3
　第一节　十八大以来县域高中发展相关政策梳理 ………………… 3
　第二节　十八大以来县域高中发展主要政策议题 ………………… 14
　第三节　现阶段县域普通高中发展的时代背景 …………………… 20
　第四节　县域高中教育发展概览 …………………………………… 23

第二章　县域高中学生发展报告 …………………………………… 33
　第一节　学生调研基本信息 ………………………………………… 33
　第二节　县域高中学生发展的整体描绘 …………………………… 36
　第三节　县域高中学生发展的内部差异性 ………………………… 56
　第四节　县域高中与地市级高中学生发展差异 …………………… 88
　本章小结 ……………………………………………………………… 108

第三章　县域高中教师调研报告 …………………………………… 111
　第一节　调研工具与样本描述 ……………………………………… 111
　第二节　县域高中教师专业素质表现及其影响因素 ……………… 113
　第三节　县中教师专业情意表现及其影响因素 …………………… 125
　第四节　县中教师个人发展及其影响因素 ………………………… 133
　本章小结 ……………………………………………………………… 144

第四章　县域高中家长调研报告 …………………………………… 147
　第一节　家长调研基本信息 ………………………………………… 147

· 1 ·

第二节　县域高中学生家长整体描述 …… 151
第三节　县域高中学生家长的异质性分析 …… 166
本章小结 …… 188

第五章　县域高中校长调研报告 …… 191
第一节　校长调研基本信息 …… 191
第二节　县域高中校长选拔任用方式 …… 194
第三节　县域高中校长工作状况 …… 197
第四节　县域高中校长学习培训情况 …… 211
本章小结 …… 217

下编　微观聚焦

第六章　人口流动中的县域教育：变化与困境 …… 223
第一节　研究背景 …… 223
第二节　研究方法与过程 …… 225
第三节　研究结果 …… 227
第四节　研究结论与讨论 …… 234

第七章　县域校长领导力 …… 238
第一节　校长领导力的基本情况 …… 239
第二节　县域校长的领导力实践 …… 249
第三节　小结与发现 …… 259

第八章　县域编外教师的新特点和考编意愿 …… 261
第一节　调研对象和内容 …… 261
第二节　我国编外教师历史沿革 …… 266
第三节　编外教师新特点和考编意愿 …… 269
第四节　小结与发现 …… 273

上编

全景描绘

第一章　县域高中教育发展概述

十八大以来,中共中央、国务院陆续出台《关于深化教育体制机制改革的意见》《深化新时代教育评价改革总体方案》等政策文件,为当前高中教育发展指明了方向。高中阶段教育受到了党和政府的高度重视,并取得了长足发展。普通高中教育上承高等教育,下衔义务教育,关系到我国人才培养体系的整体性和连贯性。截至2022年年底,全国大部分省份陆续出台了促进高中教育发展的相关政策。本章梳理了十八大以来有关县域普通高中(县、县级市举办的普通高中,以下简称县中)的政策文件和政策议题,概括了县中发展的时代背景和当前县中发展的基本情况,旨在呈现我国县中教育质量发展的基本脉络,更好地认识县中教育改革发展中的问题。

第一节　十八大以来县域高中发展相关政策梳理

县域高中是县域适龄受教育人口完成普通高中教育的主要场所。截至2021年3月31日,我国普通高中共1.42万所,其中县域高中0.72万所,县域高中占据全国普通高中的半壁江山,且县域高中在校生规模超过了一半,达到了1468.4万人,县域高中成为实施普通高中教育的主阵地。《中国人口和就业统计年鉴(2020)》数据显示,2019年全国县人口数为6.696亿,占当年全国总人口的47.43%。由此观之,县域高中发展在很大程度上直接关系到全国近半数人口子女的教育问题。

中国大部分农村户籍人口都生活在县行政区,县域内大部分困弱群体的子女在县中接受高中教育,争取考取大学,实现代际流动。调查结果显示,县域高中学生中困弱群体子女的比例较高,其中农村户籍学生、家庭年收入在5万元以下的学生,以及父亲受教育程度为初中及以下的学生占比分别高达74%、65%和73.7%。这些困弱群体子女中的佼佼者在全国高等教育规模日益扩大的背景下,如能进入重点高校就读,接受优质高等教育,才有更多的机会成为才能卓越、影响深远的社会精英,成为各行各业的领军人物,进一步实现社会阶层的跃升。因此,促进县域高中发展,对促进中国困弱群体子女的代际流动,维护社会公平,加强社会的和谐稳定,具有非常重要的作用。本节将梳理十八大以来国家有关部委及各级各地政府出台的支持县域高中发展的相关政策。

一、教育部等有关部委出台的有关县域高中发展的政策

2017年3月,教育部等四部委联合印发《高中阶段教育普及攻坚计划(2017—2020年)》,进一步回应了《国家中长期教育改革与发展规划纲要(2010—2020年)》中提出的"到2020年,高中阶段教育达到90%的毛入学率"的战略目标。

2017年7月21日,按照财政部和教育部《关于免除普通高中建档立卡家庭经济困难学生学杂费的意见》要求,从2016年秋季学期起,免除普通高中建档立卡等家庭经济困难学生(含非建档立卡的家庭经济困难残疾学生、农村低保家庭学生、农村特困救助供养学生)学杂费。为做好学杂费减免工作,中央财政下达2017年免除普通高中建档立卡等家庭经济困难学生学杂费补助经费11.7亿元,其中,西部地区为8亿元,占比68.4%。这一政策的实施将使全国142.5万建档立卡等家庭经济困难学生受益,助力教育脱贫攻坚工作。

2018年1月16日,教育部召开新闻发布会,发布了将在2018年秋季开始执行的普通高中课程方案和语文等14门学科的课程标准。据教育部教材局负责人介绍,此次推出的方案和标准,体现出国家对普通高中课程的基本规范和质量要求。

2021年12月教育部等九部门发布《"十四五"县域普通高中发展提升行动计划》，总体目标是到2025年，县中整体办学水平显著提升，市域内县中和城区普通高中协调发展机制基本健全，统筹普通高中教育和中等职业教育发展，推动全国高中阶段教育毛入学率达到92%以上。

2022年5月，教育部办公厅印发《关于组织实施部属高校县中托管帮扶项目的通知》，构建国家示范性县中托管帮扶体系，要求省级教育部门构建省级托管帮扶体系。

2023年5月，教育部办公厅印发《关于做好2023年普通中小学招生入学工作的通知》，明确各地要加强普通高中招生管理，结合实际优化招生计划安排，努力增加优质普通高中学位供给；深化普通高中招生管理改革，进一步压减公办和民办普通高中跨区域招生计划，确保到2024年全面实现属地招生和"公民同招"；完善优质普通高中指标到校招生，更好地促进义务教育优质均衡发展；加强省级统筹，进一步清理规范中考加分项目。

二、各省（自治区、直辖市）出台的有关县域高中发展的政策

2017年6月29日，安徽省人民政府正式发布《安徽省"十三五"推进基本公共服务均等化规划》。该文件明确提出，推动普通高中多样化发展，扩大优质教育资源覆盖面；优化学校布局，健全经费保障机制，促进适度规模发展和教育集团化发展；推进普通高中和中等职业教育协调发展，引导普通高中开设职业教育课程；率先从建档立卡等家庭困难学生（含非建档立卡的家庭经济困难残疾学生、农村低保家庭学生、农村特困求助供养学生）实施普通高中免除学杂费；健全教育质量评价体系，全面提高学生综合素质。

2017年7月25日，广东省教育厅等六部门印发《广东省贯彻落实〈教育脱贫攻坚"十三五"规划〉实施方案》，以确保农村经济困难家庭稳步脱贫，让困难家庭子女都能接受公平有质量的教育，让困难家庭劳动力都能学会一项致富技能，阻断贫困代际传递。该方案明确坚持以中等职业教育为重点,推进高水平高质量普及高中阶段教育,切实巩固提升高中阶段教育普及成果。其中,普通高中改造计划和教育基础薄弱县普通高中建设项目优先支持贫困地区普通高中改善办学条件,保障建档立卡等困难家庭学生接受普通高中教育的机会,推动实施职教圆梦行动计划,统筹协调国家示范和重点中等职业学校(含技工学校),选择就业好的专业,单列招生计划,针对建档立卡等困难家庭子女招生,确保他们至少掌握一门实用技能。

2017年9月15日,广西壮族自治区教育厅印发《广西壮族自治区普及高中阶段教育攻坚计划(2017—2020年)》。自治区政府与教育部签订《关于高中阶段教育普及攻坚备忘录》,推进普及高中阶段教育攻坚工作的政策体系进一步完善。为加强普通高中基础能力建设,自治区政府下达2017年普通高中基础能力建设项目建设资金6.3亿元,支持新建普通高中5所,改扩建92所;扎实推进北部湾四市同城中考改革,实现了考试命题、考试科目、考试形式、考试时间、考试内容、评卷方式、成绩呈现的"七个统一",圆满完成首次北部湾四市同城中考统一考试工作;实施特色普通高中评估制度,推进普通高中多样化、特色化发展,自治区星级特色普通高中达10所;加强自治区示范性普通高中建设,自治区示范性普通高中达153所,实现县域全覆盖。

2017年11月18日,《新疆维吾尔自治区高中阶段免费教育实施办法》正式出台,从12月1日起,新疆维吾尔自治区将全面实施高中阶段免费教育,该项教育惠民政策将惠及85.72万名学生。此前新疆基本实现从幼儿园到初中的免费教育,至此新疆实现15年免费教育。实施高中阶段免费教育是新疆维吾尔自治区推进民生建设的重要举措,也是深入贯彻落实党的十九大报告提出的"优先发展教育事业"的有效手段,有利于加快推进教育惠民工程建设,在更高层次上促进教育公平和均衡发展。自治区教育资金投入重点向农村倾斜,向南疆四地州倾斜。在现行政策基础上,新疆还将优化整合资金,盘活存量,用好增量,建立自治区各级财政共同承担的高中阶段教育经费投入机制。

2017年12月1日,海南省教育厅、财政厅印发《海南省普通高中家庭经济困难学生国家助学金管理实施细则》,明确普通高中要按照国家有关规定,从事业收入中足额提取5%的经费用于资助家庭经济困难学生。实施细则明确了国家助学金主要资助家庭经济困难学生的学习和生活费用开支。各市县和省属普通高中学校国家助学金的资助名额由省教育厅、省财政厅根据教育部、财政部确定的总人数,以及普通高中在校生人数、所在行政区域等因素确定;学校所在行政区域为11个国定、省定贫困市县的,按普通高中在校生25%的比例确定,海口、三亚按15%的比例确定,其他区域按20%的比例确定。

2017年12月29日,湖北省教育厅印发《湖北省推进高中阶段学校考试招生制度改革的实施意见》,全面启动湖北省高中招生改革。此次改革有五大主要任务:推行初中学业水平考试,完善学生综合素质评价,改革招生录取机制,推进改革试点,加强考试招生管理。改革将从2017年秋季招收的初一年级学生开始,确定宜昌市开展试点。到2023年,全省初步形成基于初中学业水平考试成绩、学生综合素质评价结果的高中阶段学校考试招生录取模式和规范有序、监督有力的管理机制,促进学生全面发展、健康成长,维护教育公平。

2017年12月29日,海南省教育厅等五部门印发《海南省高中阶段教育普及攻坚实施方案(2017—2020年)》,明确到2020年,全省普及高中阶段教育,高中阶段毛入学率达到92%以上,略高于全国目标。实施方案要求各地各部门要着力提高教育基础薄弱市县,特别是高中阶段教育毛入学率较低地区的普及程度;要合理规划学校布局,有效利用高中教育资源,方便学生在县域内就学;要完善学校办学标准,加强学校办学条件建设,完善和落实学生资助政策,不让一名学生因家庭经济困难而失学。

2017年12月20日,广东省教育厅公布了《广东省教育厅关于进一步推进高中阶段学校考试招生制度改革的实施意见》,要求基于初中学业水平考试成绩结合综合素质评价,改革招生录取模式,鼓励采用分数十等级或仅用等级的招生录取办法。意见提出考试成绩可以采用分数、等级等多种形式呈现,鼓励有条件的市仅以"等级"呈现成绩,避免学生分分计较、过度竞争。语文、数学、外语、体育与健康以分数形式呈现;其他科目可以分数或等级形式呈现。意见要求完善优质高中招生名额按比例合理分配到区域内初中学校的办法,每所优质高中学校招生名额分配比例不低于50%,名额分配适当向农村初中倾斜。

2018年1月2日,黑龙江省教育厅发布《黑龙江省教育厅关于进一步推进高中阶段学校考试招生制度改革的实施意见》,对完善初中学业水平考试制度、完善学生综合素质评价制度、推进考试与录取模式改革、加强考试和招生管理、稳妥进行综合改革试点五方面内容做出规定。根据规定,2017年启动高中阶段学校考试招生制度综合改革试点,2020年全面推进,2023年(6·3学制)、2024年(5·4学制)起整体实施。确定齐齐哈尔市为黑龙江省高中阶段学校考试招生制度综合改革试点地区,试点工作于2017年秋季学期启动,从七年级开始实施。

2018年1月15日,四川省教育厅等四部门印发《四川省高中阶段教育普及攻坚计划(2017—2020年)》,组织编制《四川省高中阶段教育普及攻坚计划学校建设项目规划表(2017—2020年)》。该政策明确到2020年全省普及高中阶段教育,高中阶段毛入学率达到90%以上,贫困地区、民族地区、边远地区、革命老区毛入学率显著提升;到2020年普通高中与中等职业教育两类教育结构更加合理,教育质量明显提升,办学特色更加鲜明,投入机制更加健全;办学条件明显改善,满足教育教学需要;办学活力和吸引力明显增强,建成一批示范性普高和中职学校及特色专业。

2018年2月1日,宁夏回族自治区教育厅等四厅局印发了《宁夏普及高中阶段教育实施方案(2018—2020年)》,以进一步提高高中阶段教育普及程度和教育教学质量。根据该方案,到2020年,宁夏较高水平普及高中阶段教育,努力让每个孩子都能享有公平而有质量的教育,使绝大多数城乡新增劳动力接受高中阶段教育,以县为单位,高中阶段毛入学率达到93%以上。

2018年2月6日,甘肃省教育厅等四部门印发了《甘肃省高中阶段教育普及攻坚计划(2017—2020年)》,要求着力改善普通高中和中等职业学校办学条件,基本消除普通高中大班额现象,减少超大规模学校。该计划提出,到2020年,全省高中阶段教育普及程度要稳步提高,能较好地满足初中毕业生接受良好高中阶段教育的需求;中等职业教育规模持续扩大,普通高中优质教育资源不断增加,全省高中阶段教育毛入学率达到95%以上;教育教学质量明显提升,办学特色更加鲜明,学校布局和专业设置更加适应需求;普通高中与中等职业教育结构更加合理,招生规模实现大体相当。

2018年2月8日,吉林省教育厅印发了《吉林省教育厅关于进一步推进高中阶段学校考试招生制度改革的实施意见》。该意见指出,到2020年左右形成基于初中学业水平考试成绩、结合综合素质评价的高中阶段学校考试招生录取模式和规范有序、监督有力的管理机制,加快普通高中多样化、特色化发展,完善现代职业教育人才培养体系,提高高中阶段教育普及程度,促进学生全面发展和健康成长,维护教育公平。该意见从推行初中学业水平考试、完善学生综合素质评价、改革招生录取办法、完善普通高中自主招生政策和加强考试招生管理等五个方面提出了改革措施。

2022年8月,江西省教育厅等八部门印发《江西省"十四五"县域普通高中发展提升行动计划》。该计划提出,到2025年,全省高中阶段教育普及水平进一步提高,统筹普通高中教育和中等职业教育发展,高中阶段教育毛入学率达到94%;县中和城区普通高中协调发展,全省普通高中标准化建设达标率达到80%,普通高中大班额基本消除;普通高中招生秩序全面规范,县中生源流失现象得到根本扭转;教师补充激励机制基本健全,县中师资队伍数量质量同步提升;教育经费投入机制更加健全,县中办学经费得到切实保障;县中办学条件基本实现标准化。

2022年10月,浙江省教育厅等五部门印发《浙江省山区26县和海岛县"县中崛起"行动计划》。该计划从招生管理、教师管理、县中教师能力素质提升、县中对口帮扶、优化学生培养环境、创建现代化高中学校、分类办学、提高县中经费投入水平、教科研指导等九方面提出了改革措施。

2022年11月,四川省教育厅等九部门发布《四川省"十四五"县域普通高中发展提升行动计划实施方案》。该方案提出,到2025年,全省县中整体办学水平显著提升,市域内县中和城区普通高中、普通高中教育和中等职业教育统筹协调发展,推动全省高中阶段教育毛入学率达到96%;公办、民办普通高中招生管理全面规范,县中生源流失现象得到根本扭转;教师补充培训激励机制基本健全,县中党组织书记、校长和教师队伍建设明显加强;教育经费投入机制基本健全,县中办学经费得到切实保障;薄弱县中办学条件明显改善,学校建设基本实现标准化;育人方式改革全面深化,县中省级示范校占比明显增加,县中教育质量显著提高。

2022年12月,湖北省教育厅颁布《湖北省县域普通高中发展提升行动计划(2022—2025年)》。该计划提出,2023年,全省高中阶段教育毛入学率达到92.5%以上;到2025年,市(州)域内县中和城区普通高中、普通高中教育和中等职业教育协调发展机制基本健全,全省高中阶段教育毛入学率达到93%以上;普通高中教育经费投入机制基本健全,县中办学经费得到切实保障;薄弱县中办学条件全面改善,学校建设基本实现标准化;普通高中招生秩序全面规范,县中生源质量有效巩固;县中校长和教师队伍建设明显加强,校长教师能力素质显著提升;教育教学改革不断深化,县中教育教学质量显著提高,为湖北省加快建设全国构建新发展格局先行区提供重要支撑。

2022年12月,河南省教育厅等十部门发布《河南省"十四五"县域普通高中发展提升行动计划实施方案》。该方案提出,到2025年,全省增加40万个普通高中学位,推动高中阶段教育毛入学率达到93.5%以上;实施县中托管帮扶工程,采用"一对一,一对多"的方式,对口帮扶全省乡村振兴巩固提升县薄弱普通高中,在师资培训、教学管理、校本教研等方面深入合作;各省辖市教育行政部门要积极组织区域内优质普通高中与薄弱县中开展联合办学、对口支援,每所优质普通高中至少托管帮扶1所薄弱县中；依托省级学科基地，开展学科教师双向交流，选派学科基地教师到县域薄弱高中支教，县中学科教师到学科基地校跟岗学习。该方案还提出，要改善县中办学条件，更好地适应高考综合改革和普通高中育人方式改革要求；全面消除普通高中大班额，各地要按照"一地一策，一校一案"的原则，制定时间表、路线图，合理制订消除大班额方案，严格按照学位数量编制招生计划，新入学年级班额不得超过55人；合理规划学校布局，根据现有学位数和未来人口变化趋势，加强公办普通高中建设；积极稳妥化解大规模学校，各地结合实际制订规模压减实施方案；优化校舍资源配置和功能结构，有效改善教学条件和学生学习生活环境；新建普通高中学校规模不得超过3000人。

2023年1月，广东省教育厅等九部门印发《广东省"十四五"县域普通高中发展提升行动计划》。该计划提出，到2025年，全省县域普通高中整体办学水平进一步提高，市域内县中和城区普通高中协调发展机制健全，全省高中阶段教育毛入学率保持在96%以上；普通高中标准化建设全部达标，全面消除县中大班额问题；普通高中招生全面规范，县中生源和教师流失现象得到根本扭转；教师补充激励机制基本健全，县中校长和教师队伍建设明显加强；教育经费投入机制进一步完善，县中办学经费得到切实保障；薄弱县中办学条件基本改善，学校建设基本实现标准化；教育教学改革进一步深化，县中教育质量显著提高。

三、各地市有关促进县域高中发展的政策措施

基于教育部及各省（区）教育厅出台的有关县域高中发展的政策文件，各地市教育局等相关单位也根据地区经济社会发展情况，因地制宜出台了一系列关于县域高中发展的政策措施，旨在通过改革办学模式、改进招生方式、优化学校布局、提升教育质量和保障教育公平等手段，推动县域高中教育高质量发展。

1. 改革办学模式，拓宽学生发展渠道

面对新时代对教育提出的新要求，各地市纷纷探索建立适应学生多

样化发展需求的办学模式。以山西省晋城市为例,该市审议通过了《晋城市关于深化教育综合改革提升教育发展水平的实施意见》,明确提出要改革普通高中学校办学模式,探索建立普通高中与职业教育资源共享机制,实现普通高中教育和职业教育的融通,以及普通高中和高等院校人才培养的有序衔接。这一举措不仅拓宽了学生的升学渠道,也为学生的职业生涯规划提供了更多可能性。此外,该意见还提出推进普通高中特色发展,鼓励高中学校办出特色。新疆维吾尔自治区乌鲁木齐市则在实施15年免费教育的基础上,进一步强调高中教育阶段的特色化发展。该市从2017年开始逐步实现农村15年、城镇14年免费教育,并通过推进学前教育、高中教育的全面覆盖,为学生的成长奠定坚实的基础。同时,该市还注重推动高中教育多样化、特色化发展,鼓励学生根据个人兴趣和特长选择适合自己的发展路径。山东省青岛市、陕西省宝鸡市等地也通过出台相关政策,引导县域高中积极探索适应新高考制度的办学模式,如选科走班、综合素质评价等,努力提升学生的综合素质和竞争力。

2.改进招生方式,促进教育公平

招生方式的改进是教育公平的重要体现。各地市在推动县域高中发展的过程中,普遍重视招生制度的改革与完善。《晋城市关于深化教育综合改革提升教育发展水平的实施意见》中明确提出了改进高中阶段学校考试招生方式的要求,逐步建立基于初中学业水平考试成绩、结合综合素质评价的高中招生录取机制。佛山市在《佛山市普通高中优质多样特色发展实施方案》中进一步细化了招生制度的改革措施。该方案提出通过自主招生、特长生招生等多种方式,为学生提供更多进入优质高中的机会。同时,佛山市还加大了对家庭经济困难学生的扶持力度,确保教育资源的公平分配。此外,河南省洛阳市、浙江省绍兴市等地也出台相关政策,规范和完善了县域高中的招生工作。这些政策不仅确保了招生工作的公正、透明,也为学生提供了更多选择和发展的空间。

3.优化学校布局,提升教育资源质量

优化学校布局是提升县域高中教育质量的重要手段。各地市在推动县域高中发展的过程中,普遍注重合理规划学校布局,优化教育资源配置。四川省成都市通过实施中小学校建设提升工程,积极优化普通高中学校布局,缓解了城镇普通高中"超大班额"问题。同时,该市还启动了一批新建和改扩建项目,以提升学校的教学条件和设施水平。陕西省宝鸡市出台《宝鸡市中心城区中小学布点规划(2016—2020年)》,对城区中小学进行合理布局。该规划明确了学校建设标准及建设数量,通过"撤、并、扩、建"等途径,整合教育资源,确保教育资源的总量需求得到满足。这一规划的实施,不仅提升了学校的办学条件和教学水平,也促进了县域内教育的均衡发展。山东省青岛市、四川省西昌市出台政策,加大了对县域高中教育的投入力度,改善了学校的办学条件和教学设施。这些措施,为县域高中的高质量发展提供了有力保障。

4.提升教育质量,注重学生综合素质培养

提升教育质量是县域高中发展的核心任务。各地市在推动县域高中发展的过程中,普遍注重教育质量的提升和学生综合素质的培养。陕西省宝鸡市通过中小学内涵建设项目等专项工程,加大对教师培训和课程改革的支持力度。该市注重提升学生的实践能力和创新精神,通过开展丰富多彩的课外活动和社会实践活动,培养学生的综合素质和综合能力。湖北省武汉市出台《武汉市高中新课程新教材实施指导意见》等文件,明确了高中课程改革的方向和重点,注重培养学生的批判性思维、创新思维和实践能力,推动学校课程体系和教学方法的现代化和国际化。

5.保障教育公平,实现优质教育资源共享

保障教育公平是县域高中发展的重要目标。各地市在推动县域高中发展的过程中,普遍注重实现教育公平和优质教育资源共享。湖北省宜昌市通过实施普通高中片区化办学改革,促进了山区学校和城市学校之间的教育均衡。宜昌市普通高中片区化办学改革的具体措施为,将城区高中划分为若干个片区,每个片区内的学校共享教育资源,如师资、教学设施等。这一改革打破了传统学校之间的界限,使得优质教育资源能够在片区内自由流动,让更多的学生受益。同时,片区内的学校还定期进行教师交流和教研活动,共同提高教学水平,进一步缩小了学校之间的教育差距。

第二节　十八大以来县域高中发展主要政策议题

十八大以来,围绕我国县域普通高中阶段教育的政策议题,主要围绕加快县域普通高中阶段教育、推进高中综合改革和颁布普通高中课程方案和课程标准三个方面展开。

一、多措并举,加快普及高中阶段教育

党的十九大报告指出,优先发展教育事业,要普及高中阶段教育,努力让每个孩子都能享有公平而有质量的教育。这是党中央、国务院立足全面建成小康社会决胜阶段做出的重大战略决策,也是我国继普及九年义务教育之后进一步提升国民整体素质、劳动力竞争能力,建设人力资源强国的重大举措。高中教育阶段是国民教育体系中的一个特殊阶段。它既是连接九年义务教育和高等教育的重要纽带,也是学生个性形成和自主发展的关键时期,更是提升国民整体素质和建设人力资源强国的基础工程。2017年3月,教育部等四部门共同印发《高中阶段教育普及攻坚计划(2017—2020年)》,对"十三五"期间我国普及高中阶段教育工作进行了系统设计、整体谋划。党的十九大报告强调,普及高中阶段教育,努力让每个孩子都能享有公平而有质量的教育。时任教育部部长陈宝生在记者招待会上介绍:要全面普及高中阶段教育,到2020年高中阶段毛入学率要达到90%以上。

从"基本普及"到"普及",不同表述的背后,既是中国政府站在建设人才强国战略的高度,对于高中阶段教育发展的一次战略确认,又是高中阶段教育发展节奏的一次及时切换。这意味着中国普及高中阶段教育按下了"快进键"。从2012年教育部《国家教育事业发展第十二个五年规划》

中提出基本普及高中阶段教育,高中阶段的毛入学率达到87%,到2020年各省(自治区、直辖市)毛入学率达到90%,全国普及高中阶段教育,其意义不只是向上修正了3个百分点,最大价值在于,既正面回应了人民日益增长的美好生活需要与不平衡不充分的发展之间的矛盾转换后的路径选择问题,又为我国人力资源强国建设奠定了基础①。推进高中教育普及是改善民生水平的重要举措,也是深入贯彻落实党的十九大报告提出的"优先发展教育事业"的有效手段,有利于加快推进教育惠民工程建设,在更高层次上促进教育公平和均衡发展。

推动高中阶段教育的普及发展,是中国梦的教育篇,对于应对国际竞争和未来挑战,对于进一步提升国民整体素质、建设人力资源强国,对于促进教育持续健康发展,满足人民群众对多样化、高质量教育的迫切需求,具有重要意义。在全国高中阶段教育普及攻坚工作会议上,时任教育部党组书记、部长陈宝生强调,要牢牢把握高中阶段教育普及和发展的正确方向,进一步明确普及攻坚的目标、任务、措施,努力形成布局结构合理、学校多样特色、条件保障有力的高中教育体系,推动高中阶段教育迈上新台阶。

二、育人为本,综合评价多元录取机制

我国于2014年启动新高考改革试点工作,2014年9月国务院印发的《国务院关于深化考试招生制度改革的实施意见》明确提出,新高考改革以形成分类考试、综合评价、多元录取的考试招生模式,健全促进公平、科学选才、监督有力的体制机制,构建衔接沟通各级各类教育、认可多种学习成果的终身学习"立交桥"为总体目标,旨在更好地贯彻党的教育方针,全面实施素质教育,增加学生的选择性,分散学生的考试压力,促进学生全面而有个性地发展。《国家教育事业发展"十三五"规划》强调,稳妥推进普通高校考试招生制度综合改革试点,逐步在全国推广实施高考综

---

① 柯进.普及高中阶段教育按下"快进键"[N].中国教育报,2017-12-30.

合改革方案,探索基于统一高考和高中学业水平考试成绩、参考综合素质评价的多元录取机制。高考改革牵动着千家万户,更是改变育人模式、实施教育强国战略的一个关键点。此次高考制度改革是1977年恢复高考以来规模最大、涉及面最广、难度最艰巨的一次改革。经过持续三年的有力推动,作为首批高考综合改革试点的上海、浙江两地,在高考改革的关键领域和重点环节取得了突破。

2017年是新一轮教育综合改革试点全面实施第一年,上海、浙江两地30多万名高中毕业生参加了"新高考"。2017年2月15日,教育部发布《教育部关于做好2017年普通高校招生工作的通知》,明确北京、天津、山东、海南四省市当年开始第二批高考综合改革试点,同时要求先行启动试点的上海、浙江细化完善录取方案,确保改革措施平稳落地。高考改革一直是社会关注的焦点,随着各地改革新方案相继出炉,全国范围内高考改革全面推行。截至2023年6月底,全国已有29个省份启动新高考改革,根据各地实际,目前新高考有"3+3"和"3+1+2"两种选考模式,按照从起始年级开始的原则,各地新高考方案的启动都是从当年秋季入学高一年级开始实施,三年后进行第一次新高考模式的考试和录取。截至2023年6月,14个省份新高考改革平稳落地,分别为浙江、上海、北京、天津、山东、海南、河北、辽宁、江苏、福建、湖北、湖南、广东、重庆。

梳理各地区新高考改革方案,可以发现,多地根据地方实际情况出台了有针对性的具体实施办法,绝大多数省份明确要改革高考科目设置、考生录取机制,促进学生全面而有个性地发展。看似复杂的新高考综合改革方案体系,其背后的价值指向十分明确:鼓励学生个性需求、高校多元选拔,同时保证制度的公平性和科学性。高考招生制度改革是牵一发而动全身的改革,在教育综合改革中居于龙头地位。新高考改革的核心是"选择",尊重学生的自主选择权,是未来高考招生录取的大势所趋。[1]

---

[1] 万玉凤,董鲁皖龙. 新高考来了,高校招录政策变化几何[N]. 中国教育报,2018-05-21.

在新一轮高考招生考试制度推进的过程中,突出体现了"育人为本"的教育本质诉求。新高考规则的改变,促进了人才的选拔和有序流动,更大程度上实现了社会公平。在考试形式和要求上,新高考要求学生在学完所有13门课程之后,要参加一项"合格性考试",学生考试合格证明满足了高中毕业的基本条件,可以获得高中毕业证书。除合格性考试之外,还有"等级性考试",即从政治、历史、地理、物理、化学、生物6门课中,根据报考高校要求和自身特长,自由选取3门作为自己的科目参加考试。新高考改革之后,学生的高考成绩,除了统一考试中全部考生都必须参加的语文、数学、外语之外,还要加上等级性考试的成绩。新高考外语不再是一次性考试,一年可获得两次考试机会,选取其中最高成绩。高考改革后,等级性考试成绩将不再是简单的卷面分数,而是采用"等级赋分"的方式,即按照所有考生成绩从高到低,按照百分制去排位次,前3%就代表只被3%的考生超过,即全体考生的前3%;50%就意味着被一半的人超过,依此类推。这种等级赋分制度相对更加公平。经历三年一届高中学生一次完整的试点后,浙江省加入了"选考科目保障机制"。所谓保障机制,是指当某一个等级性考试科目的全省选择人数少于一定数量时,将会以最低保障数量为等级赋分的基数。保障机制是一种国家整体调控的政策导向,也是相对公平的一种制度。

新高考改革在考生录取方式上也进行了调整改进,新高考录取将采用"两依据、一参考"的原则,实施综合评价的多元录取机制。"两依据、一参考"指依据统一高考成绩、依据高中学业水平考试成绩,参考学生综合素质评价,进行择优录取的招生录取机制。与以往相比,新高考不再仅以考试成绩为唯一标准,而是加入了综合素质评价的内容。另外,合并减少高校招生录取批次,让学生从兴趣和特长出发,选择合适的专业和学校,也是此次改革的重点之一。新高考改革后,填报志愿的方式也会发生很大改变。填报单位将由学校优先改为专业优先。志愿平行的填报方式极大地扩大了考生的选择权,考生滑档的概率大幅降低。新高考在录取批次上逐渐淡化了批次的划分,填报与录取的基本单位由录取学校变为大学专业,使得专业间的竞争不断加剧,专业建设越好,分数就会越高;不同学校间的相同专业分数差距会有所拉大,同一个学校内不同专业的分数也同样如此。高职的招生录取将会与本科分开,高职院校会有更大的招生自主权,通过文化素质和职业技能测评结合的方式,寻找适合的人才。新高考改革通过多项举措使高考招生考试制度更趋于合理,体现了着眼于学生未来发展的目的与本质。

三、新课标出炉,提出核心素养新要求

2003年印发的《普通高中课程方案(实验)》稿,指导了十余年的高中课程改革实践,在全面推进素质教育中发挥了重要作用。为了进一步深化基础教育课程改革,教育部于2013年启动了普通高中课题方案和课程标准修订工作。2017年12月教育部印发《普通高中课程方案和语文等学科课程标准(2017年版)》。该文件于2018年秋季开始执行,这标志着我国高中课程改革进入了"新时代"。高中阶段是学生个性形成、自主发展的关键时期,普通高中课程是实现高中阶段育人目标的重要载体。新版课程方案和学科课程标准的出台,意味着我国普通高中教学内容和话语体系的更新,同时也明确了高中教育的新定位。[1]

与2003年颁布实施的普通高中课程方案相比,新课程方案进一步明确了普通高中教育的定位、优化了课程结构、强化了课程有效实施的制度建设。针对长期以来存在的片面追求升学率的倾向,新课程方案更强调普通高中教育是在义务教育基础上进一步提高国民素质、面向大众的基础教育,不只是为升大学做准备,还要为学生适应社会生活和职业发展做准备,为学生的终身发展奠定基础。新课程方案适当增加了课程的选择性,为不同发展方向的学生提供有选择的课程。[2] 新课程标准在内容和文本结构上都发生了新变化。内容上,新的课程标准突出两大重点:加强中华优秀传统文化教育和革命传统教育。文本结构上,新课程标准增加

---

[1] 丁元春.课程领导力:新时代校长的"核心素养"[J].人民教育,2018(09):8.
[2] 孙德芳.新高考下普通高中育人方式的重塑[J].教育研究,2022(07):79-87.

了"学业质量"要求,首次提出各学科核心素养。学业质量是对学生多方面发展状况的综合衡量,不再单纯看知识、技能的掌握程度。把学业质量划分为不同水平,可以帮助教师更好地把握教学要求,因材施教,也为考试评价提供了依据。提出核心素养为此次课改的一次亮点。普通高中思想政治课程标准修订组组长韩震认为:"中观的学科育人目标比较笼统,造成了在微观的教学目标中只关注知识学习,容易形成知识学习与学科育人功能的割裂。教育部委托有关高校研究提出了跨学科的中国学生发展核心素养,把党的教育方针具体化、细化,结合学科的特点,将中国学生发展核心素养转化为学科育人目标,即学科核心素养。"[①]各学科基于学科本质提出本学科的核心素养,明确学生学习该学科课程后应达成的正确价值观念、必备品格和关键能力,对知识与技能、过程与方法、情感态度价值观三维目标进行了整合。

2021年1月,全国教育工作会议指出"十四五"时期我国教育进入高质量发展阶段。高中阶段教育是国民教育体系的重要组成部分,是连接初等教育和高等教育的中坚桥梁,是促进人力资本发展的重要环节,对于公民个人发展以及国家人才培养至关重要。2021年3月14日,《中华人民共和国国民经济和社会发展第十四个五年规划和2035年远景目标纲要》明确提出:"巩固提升高中阶段教育普及水平,鼓励高中阶段学校多样化发展,高中阶段教育毛入学率提高到92%以上。""十四五"是我国教育发展以及实现党的第二个百年奋斗历程的重要节点。普及化时代的高中阶段教育包括普通高中教育更加具有普及性、普惠性和公共性,是每一个青年公民必须接受的教育。站在新发展阶段的起点上,深入推进新时代县域普通高中发展的理论探索与实践创新,既非常重要,也非常必要。

---

① 杜英丽,何暄.新高考背景下,普通高中育人方式改革的区域创新实践[J].北京教育(普教版),2021(04):7-12.

第三节　现阶段县域普通高中发展的时代背景

一、县域高中成为振兴乡村的重要突破口

落实党的十九大对乡村振兴战略的重要战略部署,要高度重视县一级在统筹城乡发展中的平台和纽带作用。振兴乡村的第一资源是人才,而县域高中在其中发挥着不可替代的重要作用。具体来说,县作为城市和农村的连接点,处在承上启下的关键环节,是助推乡村振兴战略的重要突破口。与振兴县域经济相似,振兴乡村也要靠人才,县域高中在其中将扮演重要角色。2018年,我国义务教育巩固率已达94.2%,高中阶段教育普及的攻坚计划正在实施。随着农村地区基础教育普及和巩固程度的不断提高,农村地区适龄青少年的高中教育需求越来越大,然而农村地区普通高中数量很少,这意味着他们中大部分需要进入县域高中接受教育。所以,建好县域高中,提高县域高中教育质量,一方面有利于提升农村人口考入重点高校获得优质高等教育的机会,使他们能在更高层次和更多领域反哺农村的发展;另一方面,有利于为当地培养和吸引更多有利于经济社会发展的有用人才,为农村经济社会转型发展、教育扶贫和乡村振兴战略的实施提供智力支持和人才保障。

郡县治,则天下安。县自古以来一直是中国最基本、最重要的行政区域单位,而县域经济则历来是国民经济的基础单位,对国家经济发展起着重要支撑作用。中国政府一直非常重视县域区域的发展。近年来,国家陆续出台《国务院办公厅关于县域创新驱动发展的若干意见》《关于完善县级脱贫攻坚项目库建设的指导意见》等文件,支持县域经济发展,四川省、湖北省、河北省等省级政府也在中央的指导下纷纷出台县域经济改革方案和政策。而振兴县域经济,关键在于为县域培养和吸引人才,县域高中在其中扮演着重要角色。一方面,现阶段我国县一级发展高等教育的条件并不成熟,县域高中成为县域智力资源的主要聚集地,为农村、县域

地区人口提供了受教育机会,提高了他们的知识和技术水平,为县域的经济发展提供了动力。另一方面,县域高中教育质量的好坏关系到县域区域能否吸引人才、留住人才。人们在选择工作和生活地点时除了考虑自身的福利水平和生活质量外,还会考虑下一代的受教育情况。当县域高中教育质量提升,重点高校入学机会增加,才更能吸引并留住人才。反之,县域高中教育质量较差,有意向到该县工作的人才就会望而却步;即使是那些已经被该县吸引过来的人才,在其子女即将上高中前考虑到子女教育问题,也会流动到其他高中教育质量更好的地方去,造成该县人才的流失。而人力资本的劣势积累到一定程度会造成县域经济的衰退,将进一步降低县域高中对于优质师资和学校管理人才的吸引力,从而加剧县域高中的衰落,由此形成"穷"和"愚"互为因果的恶性循环。由此可见,提高县域高中办学质量,对乡村振兴、加快县域经济发展具有极其重要的现实意义。

二、县域高中是推动教育公平的重要抓手

教育公平是社会公平的基石,承载着促进社会流动、维护社会和谐安定的重要功能。党和国家一贯高度重视教育公平问题,特别是党的十八大以来,习近平总书记在各地考察、出席会议时,连续十余次就做好教育公平和教育扶贫工作提出了殷切希望,强调"治贫先治愚、扶贫必扶智"、教育是阻断贫困代际传递的治本之策。高中教育是连接初等教育和高等教育的桥梁,是促进人力资本发展的重要环节,是保障教育公平的工作重点之一。然而,近年来,在我国城镇化进程加速的同时,中国高中教育体系最基本的单位——县域高中的发展却不尽如人意。县域高中在各种力量的挤压下,生源流失严重,教育质量明显滑坡,正逐步走向没落。

2016年,作为广西凤山县最好的高中,凤山县高级中学居然没有一名考生达到一本大学投档线,创造了"零一本"的"历史"。2017年,该中学略有进步,一千多名考生也仅有两人达到一本线,上线率不到0.2%;

该县当年高考第一名学生的分数只比广西一本线高14分。县域高中教育质量类似凤山的县,在广西有二十几个,在全国其他省份则更多。与此同时,从全国范围内北大、清华等一流大学的录取数据来看,县域高中同样处境堪忧。2013年,北京大学和清华大学非直辖市生源中,来自地市级高中的占78.1%,来自县域高中的仅占21.9%。同年,中国共有1981个县域行政区(不包括市辖区),其中仅431个产生了北大清华学生(仅占县域行政区数量的21.8%),而335个地级行政区或直辖市(除特别行政区)中271个产生了北大清华学生(占地市级以上城市数量的80.9%)。这些数据为县域高中教育的发展敲响了警钟,引起了社会各界对县域高中和地市级高中教育质量差异的关注。

2017年《中国人口和就业统计年鉴》数据显示,县域及以下人口占全国总人口的49.03%。中国大部分农村户籍人口都在县域层次,县里大部分农村人口和困弱群体的孩子主要都是通过县域高中接受高中阶段教育,实现代际流动。2020年3月底4月初,项目组在福建、江西和甘肃三个省份开展了"疫情期间县域高中高三学生学习情况线上调查"。初步统计结果显示,10051个县域高中高三学生中,农业户口学生占63.33%;父母职业为农民、工人和无业的占50.05%;目前家居住在乡镇和农村的占37.84%,在县域的占56.01%;家庭年收入在5万元以下的占52.48%,5万一10万元的占25.26%;父亲受教育程度为初中及以下的占63.32%,高中的占20.36%。在全国高等教育规模日益扩大的背景下,这些困弱群体子女中的佼佼者只有接受优质的高等教育,才有更多的机会成为才能卓越、影响深远的社会精英,成为各行各业的领军人物,进一步实现社会阶层的跃升。因此,发展县域高中,提升县域高中的教育质量,对促进中国困弱群体子女的代际流动、维护社会公平、加强社会和谐稳定,具有非常重要的作用。

三、县域高中发展的诸多短板必须补齐

面对新时代教育高质量发展的新形势、新要求,我国县域普通高中存在师资队伍、办学经费、政策支持等多方面的问题。例如,县域普通高中学位数量短缺,难以满足当地初中毕业生接受普通高中教育的需求;优质师资短缺,导致县域普通高中教育质量不高;高考学业成绩比拼中,一流大学入学人数每况愈下。县域普通高中发展中的这些沉疴痼疾,最终造成本地初中毕业生及其家庭移居他县择校、择业,进一步导致本县劳动力短缺与经济萧条。同时,域外"超级中学"无序地跨县招生,导致薄弱县域高中的优质生源被进一步掐尖瓜分,加速了县域普通高中的"崩塌"。县域普通高中的发展在很大程度上直接关系到全国近半数人口子女的高中教育问题,是一个国家层面的重大议题。当前,以"师生流失、教师更新困难、教育质量下滑"为典型特征的"县中塌陷现象"和"县中发展危机"引起社会各界的持续关注。因此,构建高质量普通高中教育体系,必须以县域普通高中的建设和发展为基础,以公办普通高中的提质增效为保障。没有县域普通高中的高质量发展,就没有中国普通高中的高质量发展,因此必须及时补齐县域普通高中发展的短板。

第四节　县域高中教育发展概览

为进一步了解我国县域高中发展概况,北京大学教育学院大数据中心研究团队在借鉴相关理论的基础上,编制了县域高中学生、教师、家长以及校长四套问卷,先后在福建省、山东省、河北省、江西省等地展开调查。本节将概述学生、教师、家长以及校长问卷调查的相关发现。

一、《县域高中学生调研报告》概览

《县域高中学生调研报告》选取了县域高中的学生样本,从学业发展、身心健康、社会支持和劳动实践等四个学生发展的维度,对县域高中学生发展情况进行了总体描绘。该报告分析了父母学历水平不同、职业类型不同和家庭经济情况不同的县域高中学生发展的异质性,详细探讨了县

域高中与地市级高中的学生在学业发展、身心健康、社会支持和劳动实践上的差异性。

在学业发展方面,首先,就整体情况而言,县域高中学生的学业负担处于中等水平,学习效能感总体较高,学习动机很强,但以外部动机为主,缺乏内部动机,擅长使用归类和知识导图等认知策略,对认知策略的运用表现良好。其次,就内部差异性而言,县域高中学生的学业发展在不同的父母受教育程度、父母职业及家庭经济水平下均存在显著差异,父母受教育程度越高、从事拥有各类资源较多的职业、家庭经济水平越富裕的学生,其课业负担越轻、学习效能感越高、学习动机越强、对认知策略的使用也更为熟练。最后,就外部差异性而言,与地市级高中学生相比,县域高中学生的学业发展整体处于劣势,具体表现为学业负担更重,学习效能感与学习动机较低,对学习策略的使用也较差。可以发现,县域高中学生的学业发展受家庭影响十分明显,要克服这一劣势,他们必须付出更多努力。此外,要从根本上改善这一境况,仍然离不开社会与学校的补偿性支持。

在身心健康方面,首先,就整体情况而言,县域高中学生在四个维度上表现不一,学生近视发生率低于全国高中生平均水平,心理健康状况处于中等水平,体育锻炼和睡眠时间上则表现不佳,学生开展锻炼的时长不足、形式单一、场所有限,充足的睡眠时间也无法得到保障。其次,就内部差异性而言,县域高中学生的身心健康在不同的父母受教育程度、父母职业及家庭经济水平下都具有显著差异。除了近视发生率与家庭经济水平呈现倒 U 形关系外,通常父母学历处于中上水平、从事占有较多资源的职业且家庭经济水平较高的学生,在体育锻炼、睡眠时间、心理健康状况等方面表现更加良好。最后,就外部差异性而言,县域高中学生的身心健康状况整体不如地市级高中学生,虽然两类学生在近视发生率上的差异不具有显著性,但是地市级高中学生参加体育锻炼的频率更高,日均睡眠时间更长,心理健康状况更好。调研发现,由于在学业发展上的劣势,县域高中生不得不将更多的时间与精力投入到学习中,挤占了体育锻炼与睡眠休息的时间,同时也增加了他们在学业上的心理压力。

在社会支持方面,首先,就整体情况而言,县域高中学生的社会支持处于中等水平,在父母、学校、教师三个社会主体中,学生对教师的满意度最高。主要问题在父母参与方面,学生父母大多缺乏参与意识,在子女学业方面参与不足。此外,学生对学校的归属感和满意度均有待提高。其次,就内部差异性而言,父母受教育程度、父母职业类型和家庭经济水平不同的县域高中学生的社会支持具有显著差异。父母受教育程度越高、从事占有更多资源的职业、家庭经济水平越高,学生对学校的归属感和满意度也会越高,并且他们的父母也会更积极地参与学生的生活、学习、人际关系等方面。最后,就外部差异性而言,县域高中学生的社会支持程度明显不如地市级高中学生。地市级高中学生在父母参与度、学校归属感、教师满意度和学校满意度等方面均优于县域高中学生。对于父母学历、家庭条件等处于劣势地位的县域高中学生而言,社会支持对其发展至关重要。以上分析结果表明,国家还需要加大对县域高中的支持力度,加强师资、学校基础设施、校园文化等方面的建设。

在综合实践方面,首先,就整体情况而言,县域高中学生的综合实践情况良好,学生的综合实践能力,尤其是社会实践问题解决能力较强,在家庭和学校的劳动参与方面均比较积极。但是学校工作方面仍存在一些不足,比如劳动教育形式单一、课程有待完善、对学生生涯规划的重视程度不足等。其次,就内部差异性而言,县域高中学生的综合实践能力与家务劳动时长在父母受教育程度不同、父母职业及家庭经济水平不同的情况下均存在显著差异。父母受教育程度越高、从事拥有较多组织资源和文化资源的工作、家庭经济水平越高的学生,综合实践能力越强。相较而言,学生家庭劳动参与的差异性更为复杂,父母受教育程度越高的学生,每周参与家务劳动的时间就越短;父亲从事体力职业、母亲从事管理类职业的学生参与家务劳动的时间更多;而家庭经济水平与学生参与家务劳动的时间则呈现 U 形关系。最后,就外部差异性而言,县域高中与地市级高中学生在家务劳动参与的频率和时长上不具有显著差异,但是地市级高中学生的综合实践能力明显比县域高中学生更强,学校劳动教育和生涯规划教育的开展与实施情况也比县域高中更好。可以发现,在综合实践方面,县域高中学生在家庭背景上的劣势反而转化为他们参与劳动实践的优势,学校应当因势利导,积极开展劳动教育与生涯规划教育,提高学生对劳动价值的认知与职业规划的意识。

由此可见,要促进县域高中学生的发展,在学业发展、身心健康、社会支持和劳动实践四个方面都需要进一步加强,同时,社会、学校、教师、家庭等各方主体都需根据县域高中学生发展的特点发挥合力。

二、《县域高中教师调研报告》概览

《县域高中教师调研报告》以《普通高中教育质量调查问卷(教师卷)》为主要测量工具,从专业素质、专业情意和教师发展三个维度对县域高中教师的发展情况进行了整体描绘,并对这三个维度包含的具体构成内容之间的差异进行了详细分析。其中,专业素质维度包括专业知识、教学策略、信息技术使用、因材施教和师生关系五个方面;专业情意维度包括工作负担与职业倦怠、职业认同和学校归属感、工作积极性和工作满意度四个方面;教师发展维度包括学校支持、薪资满意度、教师培训质量和教师培训数量四个方面。

在教师调研样本中,女教师居多,占比超过60%;学历主要集中在大学本科,占比80.7%;在教龄、职称方面分布较平均。调研样本在教师专业素质、专业情意和教师发展三方面的整体情况如下。

从县域高中教师的专业素质表现来看,第一,教师对教学内容和讲授教材非常熟悉,但像专家教师一样思考教学内容的能力在所有选项中得分最低。具体而言,县域高中男教师对专业知识能力的自评高于女教师,大学本科学历的教师显著高于研究生学历教师和大学专科学历教师,高级职称教师的专业知识能力强于一级职称教师、二级职称教师和三级职称或没有职称的教师。第二,教师具有较好的教学策略选择能力和使用能力,但在具体教学技术方面有所欠缺。第三,教师信息技术使用能力偏弱,其中最弱的是紧跟新技术的发展。具体而言,与其他职称教师相比,高级职称的教师在信息技术能力上的表现更弱。第四,教师因材施教能力普遍较强,教师根据学生情况及时调整教学进度的能力最高,最低的是采取多种评价方式评价学生的学习效果。具体而言,与其他职称教师相比,三级职称或没有职称的教师在因材施教能力上的表现更弱。第五,教师与学生相处的能力较高,教师认为自己对学生很公平,但学生乐意找教师说心里话的发生率最低。

从县域高中教师的专业情意表现来看,第一,在教师工作负担与职业倦怠上,教师认为有太多检查、评比和考核的工作,教师觉得负担最少的是教学研究与科研任务。具体而言,县域高中男教师的职业倦怠更明显,职称越高,职业倦怠现象越严重。第二,在教师职业认同与学校归属感上,如果重新选择,还会选择原来的学校任教的教师最多,其次是选择教师这个职业,最后是选择高中教师。具体而言,大学本科学历教师的学校归属感更高。第三,在教师工作积极性上,教师工作热情没什么变化的占比近一半,工作热情变低的占比超过30%。具体而言,大学本科学历教师、高级职称的教师,工作热情更高。工资待遇低、职称晋升困难、教学负担重是工作热情变低的教师选择最多的原因,相比之下,不能适应学校环境、学校发展难是选择最少的原因。学校发展较好、自身发展较好、学校环境好是工作热情变高的教师选择最多的原因,相比之下,教学负担较轻、非教学负担较轻是选择最少的原因。拓宽职务/职称晋升通道、提高职务/课时津贴是教师认为最能提高工作积极性的两种方式。第四,在教师工作满意度上,县中教师对自身工作的满意度偏低,其中对薪酬待遇的满意度最低。要想提高教师的工作满意度,提供学历提升机会和职业晋升机会可能是一种途径,因为调研表明大学本科学历教师、高级职称教师的工作满意度更高。

从县域高中教师的个人发展情况来看,第一,在学校支持方面,学校对教师学习与培训、鼓励教师创新的支持最多,对教师多元或个性的需求关注较少。具体而言,县域高中女性教师感受到了更多的学校支持。第二,在薪酬方面,近一半的教师工资主要集中在5万-8万元一年,在工资收入满意度上,超过50%的教师对自己的工资收入满意度感到一般,40.2%的教师对工资收入不满意,只有9.5%的教师对自己的工资收入感到满意。具体而言,女性教师、职称越低的教师,越对自己的工资不满意。在工资收入水平的感知上,超过60%的教师认为自己的工资收入在当地处于一般水平,教师认为教师工资低于当地公务员工资的占比73.6%。第三,在教师培训方面,教师培训主要集中在半年一次、每季一次和一年一次。教师参加最多的培训形式是教研组集体备课、评课,其次是自己学习或反思,参加最少的是参加课题研究以及听专家讲座。教师参加区县级培训的人数最多,参加国家级培训的人数最少。在众多内容的培训中,参加过信息技术运用、学科专业知识、新高考的培训最多,相较而言,文体培训、职业生涯规划的培训最少。教师需要的培训内容包括新高考相关政策和要求、教学创新的技能和方法、如何更好地使用教材。相较而言需求较小的是信息技术、职业生涯规划、教学科研和文体培训。

三、《县域高中家长调研报告》概览

《县域高中家长调研报告》选取了县域高中的家长样本,从家长期望、家庭支持、学校教育满意度、教育焦虑等四个维度,对县域高中家长的情况进行了总体描绘。

该报告分析了家长学历水平不同、职业类型不同和家庭经济情况不同在上述四个维度上表现出的异质性。研究发现,县域高中家长对子女的学历期望较高,但家庭支持程度较低,对学校教育的满意度较高,教育焦虑心态较为严重。

在教育期望方面,就整体情况而言,县域高中家长对子女的教育期望呈现出学历期望较高、就业期望较少等特点。具体来说,在学历期望上,县域高中家长对高等教育存在较高需求,希望子女能够接受较高层次的学历教育;在就业期望上,大部分县中家长都希望子女未来能寻找一份稳

定且能充分发挥自我价值的工作,其中部分家长希望子女在省内非本县(市)的地区工作。就内部差异而言,受教育程度、职业类型和年收入水平不同的父母对子女的学历期望存在显著差异。父母受教育水平越高、从事拥有越多社会资源的职业、收入越高,对子女的学历期望也就越高。同时,低收入家庭对子女获得博士学位的期望也最为强烈,这正是"读书改变命运"观念的写照。

在家庭支持方面,就整体情况而言,县域高中家长的家庭支持程度较低,主要体现在家长与子女见面频率较少、对子女学业参与程度较低,为子女提供课业辅导也较少;在教养方式上,家长对子女学习生活方面均有一定程度的管教,但多为民主型教养。就内部差异而言,受教育程度、职业类型和年收入水平不同的家长,家庭支持水平上存在差异。首先,家长受教育程度越高,与子女见面频率、对子女学业参与程度越高,在教养方式上也会越倾向于民主型教养。其次,家长从事技术类职业时,与子女见面频率最高,父亲从事技术类职业、母亲从事管理类职业能够更高程度地参与到子女的学业中,但是,从事技术类和经济类职业的家长容易采取宠溺型和专制型的教养方式。最后,家庭经济收入越高,家长与子女见面频率越高,越倾向于民主型等积极的教养方式,但是家庭收入水平对父母参与的影响不具有显著差异。

在学校教育满意度方面,就整体情况而言,县域高中家长对学校环境、教师教学以及学校管理的整体情况较为满意,其中,对教师教学最为满意,学校管理和学校环境次之,但对学校硬件设施建设、教师命题能力、学生实践活动组织等方面的满意程度相对较低。就内部差异而言,受教育程度、职业类型和家庭经济收入水平不同的家长,其学校教育满意度也存在差异。具体来说,家长受教育程度越高、从事占有越多组织资源和文化资源的职业、家庭经济收入水平越高,对学校教育的满意度也越高。

在教育焦虑方面,就整体情况而言,县域高中家长的教育焦虑心态较为严重,其中主要体现在对子女过度使用手机等行为以及子女未来就业、升学等发展方面的焦虑。子女升学方面，家长一方面表现出明显的焦虑情绪，同时却对有利于子女升学的相关政策知之甚少。在内部差异而言，受教育程度、职业类型和家庭经济收入水平不同的家长，教育焦虑水平存在明显的差异。家长受教育水平越高、从事拥有越多社会资源的职业、家庭经济收入水平越高，对子女的教育焦虑程度越低。

四、《县域高中校长调研报告》概览

《县域高中校长调研报告》主要基于福建和山东两省的县域高中校长调研数据，对县域高中校长的基本特征进行了简单统计描述，探讨了县域高中校长在选拔任用方式、工作状况与培训三个方面的总体特征与群体差异。

在基本特征方面，县域高中校长为男性、汉族人、中共党员（含预备）、取得的最高学历（含在读）达到了大学本科及以上的比例均在90%以上；将近90%的县域高中校长年龄在41－55岁；属于高级职称教师的县域高中校长占比约为80%。

在选拔任用方式方面，约一半的县域高中校长通过"学校内部推选"这一任职途径获得了校长职位；相较于副校长，正校长"从学校外部选派"任职的比例明显更高，但重点校和非重点校校长在任职途径上的差异较小。

在工作状况的客观维度方面，从前期工作地域与目前参与教学情况来看，95%以上的县域高中校长在担任校长前的工作地域是本区（县）。约七成的县域高中校长兼任了教学工作，且他们担任语文老师的比例最高，约为20%，这些有教学任务的校长平均每周上课节数约为6.5节。从工作时长来看，县域高中校长工作量相对较大，一半以上的县域高中校长平均每天工作超过10小时。正校长、属于重点校、没有兼任教学工作的县域高中校长平均每天工作时间更长。

在工作状况的主观维度方面，从投入精力最多的工作来看，超过五成的县域高中校长投入精力最多的工作是"教学质量"，其次是"教师队伍建设"。其中,正校长与属于重点校的县域高中校长在"教学质量""教师队伍建设"上投入的精力明显更多;副校长和属于非重点校的县域高中校长则在"教学质量""教师队伍建设""校园安全"上投入的精力较多。从感到最困难的工作来看,认为"接受各类检查评比"和"教师队伍建设"是最困难工作的校长各占到三成左右。从工作压力及其来源来看,绝大多数县域高中校长表示工作压力比较大或非常大,其中男性校长、任职10年以上的校长、正校长、未兼任教学工作的校长以及来自非重点校的县域高中校长感受到的工作压力更大。县域高中校长认为自己的压力主要来自"家长和社会""上级教育部门领导"。从校长素质来看,70%以上的县域高中校长认为,高中校长最重要的素质包括"管理能力与领导力""独特的办学思想"和"政治素质"。从校长胜任力来看,认为自己比较胜任或非常胜任校长这一岗位的县域高中校长占比之和超过了80%。此外,校长胜任力在不同性别、正副校长、兼任与未兼任教学工作的县域高中校长之间没有明显差异;但任职6—10年、属于重点校的县域高中校长的胜任力自评得分更高。从今后职业生涯的期待来看,希望"继续担任本校校长"的县域高中校长占比最高,约为50%;另有约20%的县域高中校长希望"回归教学岗位"。

在培训方面,从任职培训的总体情况来看,在担任校长职务满一年的县域高中校长中,已完成任职培训、拥有校长岗位培训合格证书的县域高中校长比例均未达到国家规定的要求。从培训级别来看,总体而言,无论是任职培训还是在职培训,县域高中校长参加比例最高的是省部级培训,且这类培训效果最好;但他们平均参加次数最多的则是区县域培训。从培训内容的客观维度来看,县域高中校长参加比例较高、平均参加次数较多的培训内容包括"教学研究与课程改革""政治理论""教育政策法规""教学管理实施与评价"。从培训内容的主观维度来看,县域高中校长对"教学研究与课程改革""政治理论""文化建设与德育实施理论方法""特色学校建设""校园安全与突发事件应对"这五项培训的评价相对较高;县域高中校长认为需要"特色学校建设""教育政策法规""政治理论""学校发展规划制定与实施""教师和学生心理健康""校园安全与突发事件应对"这六项培训的比例排名在前六位。此外,县域高中校长认为需要"教育政策法规""学校发展规划制定与实施""教师和学生心理健康"培训,但对这些培训的评价较低。

第二章　县域高中学生发展报告

第一节　学生调研基本信息

一、调研对象与内容

为进一步贯彻教育部发布的《普通高中学校办学质量评价指南》政策文件要求,更好体现综合素质导向、促进学生自由全面发展,《县域高中学生发展报告》采用课题组设计的《普通高中教育质量调查问卷（学生卷）》作为主要测量工具,学生发展包括学业发展、身心健康、社会支持和劳动实践四个一级指标,每个一级指标下包含四个二级指标,具体如图 2-1 所示。

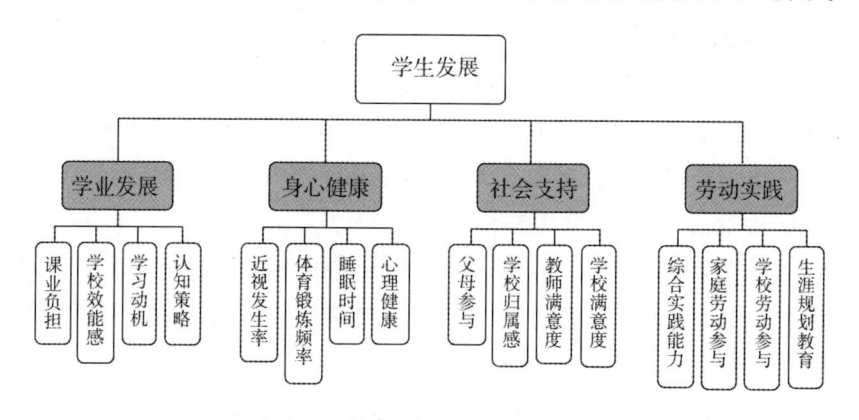

图 2-1　普通高中学生发展结构图

本次调查的学生问卷中使用了课业负担、学习兴趣、学习动机等 9 个量表,就信度而言,每个量表的克隆巴赫 α 系数均在 0.8 以上,符合系数大于0.7就将量表视为高信度的标准,这表明所有测量工具都具有良好的信度。就效度而言,所有测量工具的KMO值均大于0.75,其巴特利球形度检验结果均为显著,这说明测量工具具有很好的效度结构。

此外,为便于读者理解,本调查所有测量工具(除心理健康量表外)的题项均采用从"非常不同意"到"非常同意"的五级计分方式,其中1表示"非常不同意",5表示"非常同意"。各量表中所有题项的均值作为该量表的均值,表示调研对象在该量表所代表的二级指标的整体情况,当均值小于2.5时,则表示学生在该二级指标表现较差,当均值大于2.5小于3.5时,则表示学生在该二级指标上表现尚可或一般,当均值大于3.5时,则表示学生在该二级指标上表现良好。

二、基本情况描述

本次调查问卷共回收62110份,剔除填答时间过短、填答内容明显不合理的问卷后,共获得有效问卷53048份,有效问卷回收率为85.4%。其中县域高中的学生占比54.3%,地市级高中学生占比45.7%,具体见表2-1。

从样本的基本特征来看,男生占比47%,女生占比53%,男女比例较为均衡;民族构成上以汉族为主(占比98.1%);非独生子女(占比65.9%)远远多于独生子女(占比34.1%)。在父母学历方面,父/母亲学历在高中及以下的比例分别为79.6%和83.3%,其中又以初中段最为集中,分别占比42.0%和40.1%,接受过高等教育的父/母亲占比仅为20.4%和16.7%。在职业类型方面,父亲职业占比排名前三的职业分别为个体工商户(占比20.1%)、产业人员(占比17.7%)和商业、服务业人员(占比16.0%),母亲职业占比前三位则是商业、服务业人员(占比18.1%)、无业及其他(17.9%)和个体工商户(17.2%)。在家庭经济条件方面,学生家庭经济条件以中等水平(占比78.4%)为主,比较困难和非常困难家庭分别占比14.2%和1.8%,比较富裕和非常富裕家庭分别占比5.3%和0.3%。

表 2-1 调研学生样本基本信息

变量	分类	人数	百分比	变量	分类	人数	百分比(%)
学校类型	县域高中	28799	54.3%	民族	汉族	52062	98.1
	地市级高中	24249	45.7%		少数民族	986	1.9
性别	男	24919	47.0	兄弟姐妹个数	独生子女	18110	34.1
	女	28129	53.0		一个	27044	51.0
					两个及以上	7894	14.9

变量	分类	人数	百分比(%)
父亲学历	小学及以下	6501	12.2
	初中	22278	42.0
	中专/技校/职业高中	5688	10.7
	普通高中	7774	14.7
	大学专科	4865	9.2
	大学本科	5337	10.1
	研究生及以上	605	1.1
母亲学历	小学及以下	11548	21.8
	初中	21286	40.1
	中专/技校/职业高中	5676	10.7
	普通高中	5670	10.7
	大学专科	4111	7.7
	大学本科	4377	8.3
	研究生及以上	380	0.7
父亲的职业类型	国家与社会管理者	2250	4.2
	企业高层管理人员	1124	2.1
	私营企业主	2204	4.2
	专业技术人员	4624	8.7
	一般办事人员	3678	6.9

(续表)

变量	分类	人数	百分比(%)
	个体工商户	10652	20.1
	商业、服务业人员	8502	16.0
	产业工人	9406	17.7
	农(林、牧、渔)民	7077	13.3
	无业及其他	3531	6.7
母亲的职业类型	国家与社会管理者	1040	2.0
	企业高层管理人员	433	0.8
	私营企业主	1401	2.6
	专业技术人员	5183	9.8
	一般办事人员	3222	6.1
	个体工商户	9149	17.2
	商业、服务业人员	9611	18.1
	产业工人	6243	11.8
	农(林、牧、渔)民	7270	13.7
	无业及其他	9496	17.9
家庭经济条件	非常困难	933	1.8
	比较困难	7518	14.2
	中等	41615	78.4
	比较富裕	2829	5.3
	很富裕	153	0.3

第二节 县域高中学生发展的整体描绘

本节以县域高中学生为研究对象,从学业发展、身心健康、社会支持和劳动实践等四个维度对县域高中学生发展情况进行整体描绘。

一、县域高中学生的学业发展情况

学业发展包括课业负担、学习效能感、学习动机和认知策略四个二级指标,我国县域高中学生课业负担一般,课业负担主要源于学校的课业数量太多。县中学生的学习效能感总体较高。县中学生学习动机很强,但主要以外部动机为主,内部动机相对缺乏。在认知策略的运用方面,县中学生认知策略运用表现良好,较为擅长使用归类和知识导图等认知策略,例如将需要学习的知识进行分级,从重要的、需要学习的内容开始学习。

1.县中学生课业负担

周末在校上课的时间往往能够反映学生的课业负担程度,从图 2-2 中可以看出,除了 14.4% 的学生周末不上课之外,其他学生在周末均需要上课半天到两天不等,其中,周末上课一天的人数占比最多(30.9%),还有 19.6% 的学生整个周末都在上课。

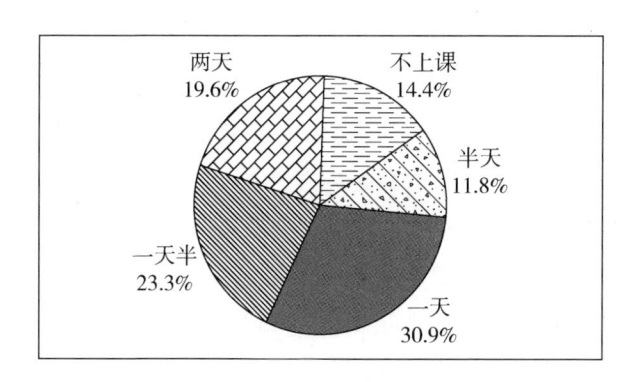

图 2-2 县域高中学生周末上课情况

图 2-3 显示,从具体的课业负担来看,县域高中学生的学生负担处于一般水平($M=3.16$)。目前县域高中生主要面临两类课业负担,一类是"太多",即课业数量造成的负担,主要表现为考试和作业太多,另一类则是"太难",即课业难度造成的负担,表现为上课内容、考试和作业的难度

太高。从课业数量来看,考试数量造成的负担($M=3.27$)明显高于作业数量($M=3.17$)。从课业难度来看,考试难度造成的负担($M=3.20$)同样高于其他课业。

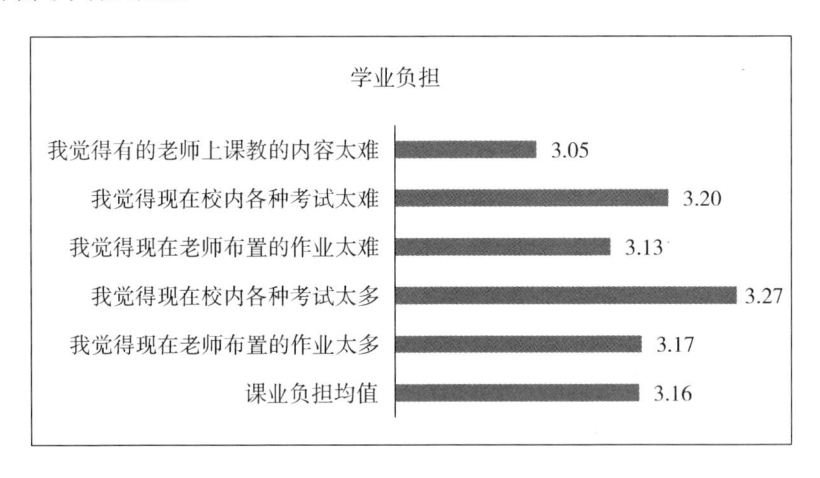

学业负担

我觉得有的老师上课教的内容太难	3.05
我觉得现在校内各种考试太难	3.20
我觉得现在老师布置的作业太难	3.13
我觉得现在校内各种考试太多	3.27
我觉得现在老师布置的作业太多	3.17
课业负担均值	3.16

图 2-3 县域高中学生学业负担

2. 县中学生学习效能感

学习效能感指个体对自己顺利完成学业任务的行为能力的信念,是自我效能感在学业领域中的表现,学习效能感一方面能够影响学生的学业选择,另一方面,它也会影响学生学习的坚持性、努力程度和学习策略的使用。[1] 县域高中学生的学习效能感较高($M=3.60$)。具体而言(图 2-4),县域高中学生的学习效能感主要体现在相信自己能够学好($M=3.68$)以及愿意在课外多学习一些知识($M=3.66$)方面,在享受学习($M=3.57$)和觉得学习很有趣($M=3.49$)方面,效能感相对较低。

---

[1] 张敏,雷开春,张巧明.中学生学习效能感的特点研究[J].心理科学,2005(05):1148-1151+1095..

学习效能感

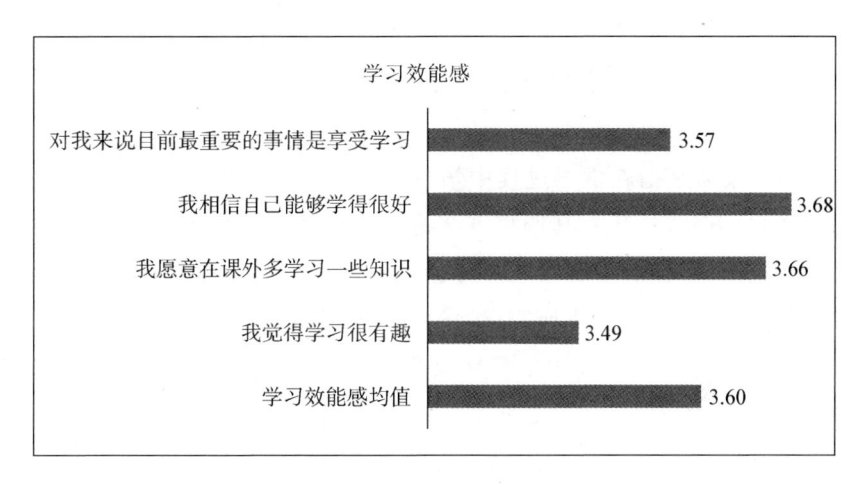

- 对我来说目前最重要的事情是享受学习 3.57
- 我相信自己能够学得很好 3.68
- 我愿意在课外多学习一些知识 3.66
- 我觉得学习很有趣 3.49
- 学习效能感均值 3.60

图 2-4　县域高中学生学习效能感

3. 县中学生学习动机

学习动机是指引发与维持学生的学习行为,并使之指向一定学业目标的一种动力倾向。县域高中学生的学习动机很强($M=3.84$)。具体而言(图 2-5),县域高中学生学习的外部动机高于内部动机,学生更多出于父母认为学习很重要($M=4.18$)、身边朋友都在学习($M=3.85$)以及为了

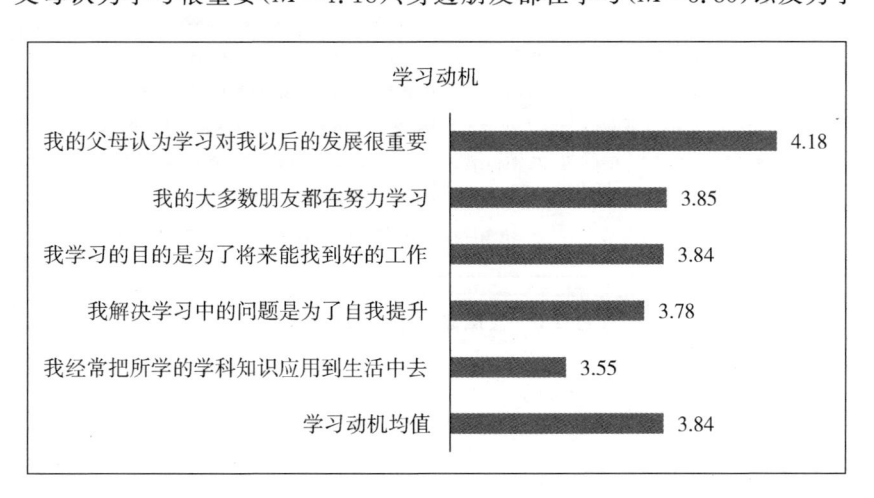

学习动机

- 我的父母认为学习对我以后的发展很重要 4.18
- 我的大多数朋友都在努力学习 3.85
- 我学习的目的是为了将来能找到好的工作 3.84
- 我解决学习中的问题是为了自我提升 3.78
- 我经常把所学的学科知识应用到生活中去 3.55
- 学习动机均值 3.84

图 2-5　县域高中学生学习动机

将来能找到更好的工作($M=3.84$)等外部动机而学习,至于自我提升($M=3.78$)和知识应用($M=3.55$)等内部学习动机则相对较弱。

4.县中学生认知策略

学习策略是指在学习过程中学习者为了达到有效学习的目的而采用的规则、方法、技巧及其调控方法的总和。它既是实现教育目标的手段,也是教育目标的重要组成部分。学习策略包括认知策略、元认知策略和资源管理策略[①]。本研究仅通过量表对县域高中学生的认知策略进行了测量与分析,县域高中学生能很好地使用认知策略来进行知识学习($M=3.61$)。具体而言(图2-6),县中学生最常采用的认知策略是"当我学习时,我试着揣摩那些我还没有正确理解的概念"($M=3.76$)以及"当我学习时,我总是从我确实需要学习的内容入手"($M=3.73$),二者均属于采用归类等方式加强学习的策略;学生较少采用反复做题的方式加强知识学习($M=3.32$)。

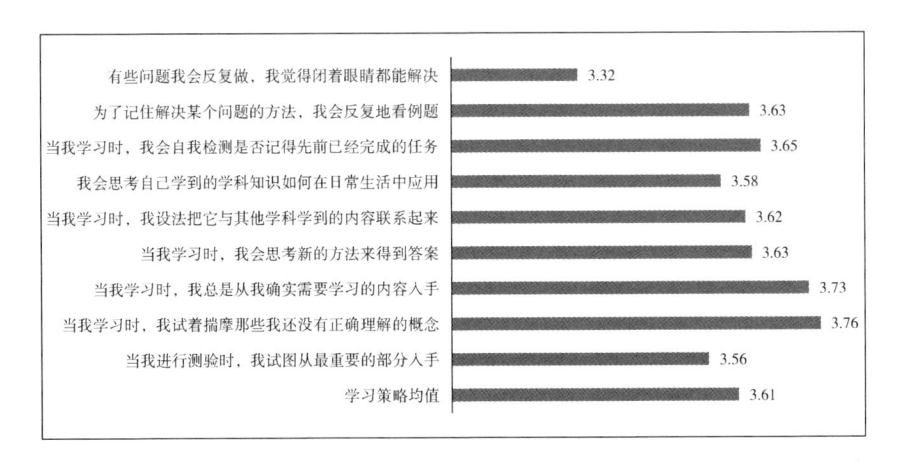

有些问题我会反复做,我觉得闭着眼睛都能解决	3.32
为了记住解决某个问题的方法,我会反复地看例题	3.63
当我学习时,我会自我检测是否记得先前已经完成的任务	3.65
我会思考自己学到的学科知识如何在日常生活中应用	3.58
当我学习时,我设法把它与其他学科学到的内容联系起来	3.62
当我学习时,我会思考新的方法来得到答案	3.63
当我学习时,我总是从我确实需要学习的内容入手	3.73
当我学习时,我试着揣摩那些我还没有正确理解的概念	3.76
当我进行测验时,我试图从最重要的部分入手	3.56
学习策略均值	3.61

图2-6 县域高中学生认知策略

---

① 张大均.教育心理学[M].北京:人民教育出版社,2012:170.

二、县域高中学生身心健康情况

身心健康包近视发生率、体育锻炼情况、睡眠时间和心理健康四个二级指标,我国县域高中学生的近视发生率低于全国高中生平均水平,而造成近视的主要原因是不正确的读写姿势与不良的用眼习惯。在体育锻炼方面,不足半数县中学生能保证每天进行体育锻炼,他们主要通过学校体育课、早操和大课间活动等形式进行体育活动,学校是学生开展体育锻炼的主要场所。五分之一的县中学生表示他们每周2课时的体育课无法得到保障。在睡眠时间方面,无论是周中还是周末,县中学生都无法达到日均8小时的充足睡眠时间。在心理健康方面,县中学生整体心理健康水平较好,影响其心理健康水平的主要原因是学习压力。

1. 县中学生近视发生率

从近视发生率来看(图2-7),县域高中近视学生的占比为77.2%,低于2020年《中国眼健康白皮书》中全国高中生近视发生率(81.0%)。[1]造成近视的主要原因包括不良的读写姿势或不良的用眼习惯(78.0%)、过度使用智能电子设备(72.6%)和长时间的学习(63.6%)。依据《国务院关于实施健康中国行动的意见》的预期目标,全国儿童青少年总体近视率力争每年降低0.5个百分点以上,新发近视率明显下降。县域高中学生需要主动学习掌握科学用眼护眼等健康知识,养成健康用眼习惯,保持正确读写姿势,读写连续用眼时间不宜超过40分钟,自觉减少电子屏幕产品使用。

---

[1] 杨祎.卫健委发布《中国眼健康白皮书》[EB/OL].央广网.(2022－06－05)[2023－04－07]. https://baijiahao.baidu.com/s?id=1668639993440070890&wfr=spider&for=pc.

近视发生率

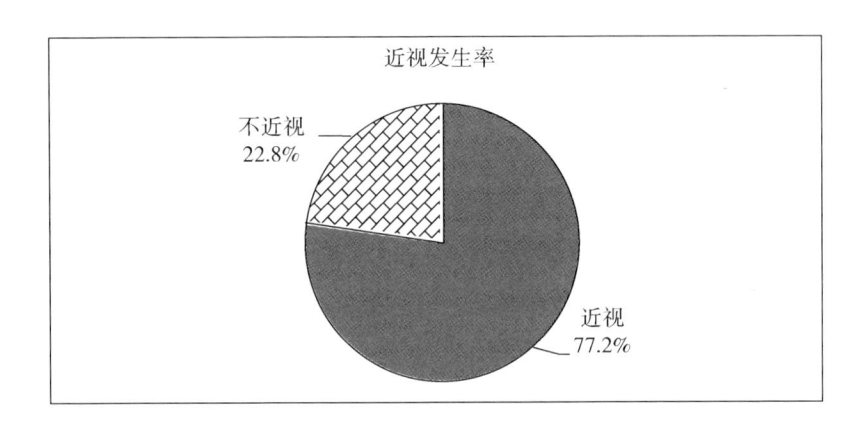

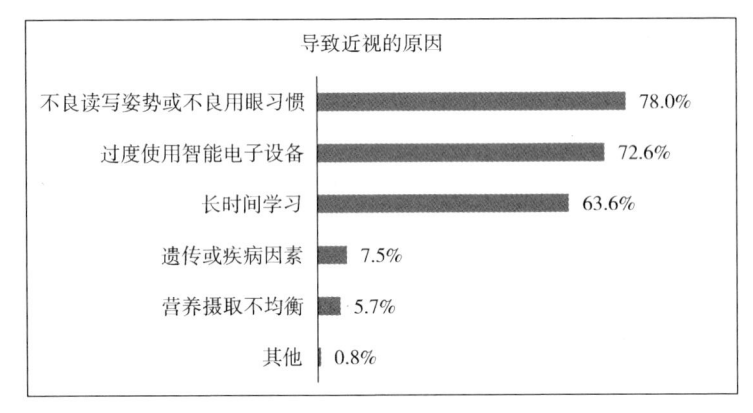

不近视 22.8%

近视 77.2%

导致近视的原因

不良读写姿势或不良用眼习惯　78.0%
过度使用智能电子设备　72.6%
长时间学习　63.6%
遗传或疾病因素　7.5%
营养摄取不均衡　5.7%
其他　0.8%

图 2-7　县域高中学生近视情况及原因

2.县中学生体育锻炼情况

2020年10月5日中共中央办公厅、国务院办公厅印发《关于全面加强和改进新时代学校体育工作的意见》,文件要求合理安排校外体育活动时间,着力保障学生每天校内、校外各1个小时体育活动时间,促进学生养成终身锻炼的习惯。但从调研结果来看(图2-8),能保证每天都参加体育锻炼的县中学生仅占比43.3%,约34.0%的学生仅能保证每周都参加,17.6%的学生表示只在有空时参加。调研还通过开放性问题询问了学生偶尔参加和几乎不参加体育锻炼的原因,约三分之二的学生表示是由于作业太多,没有时间进行锻炼。

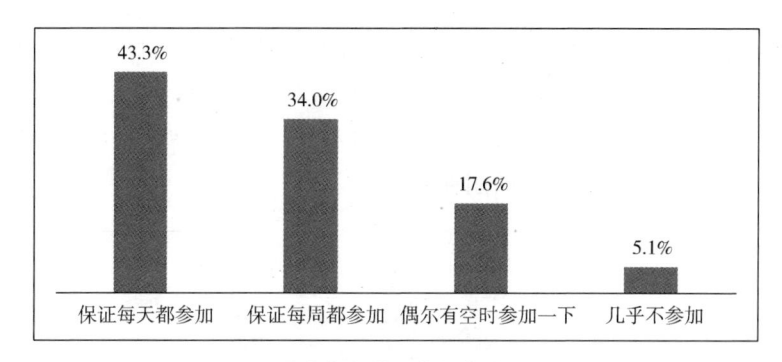

```
43.3%
       34.0%
              17.6%
                     5.1%
保证每天都参加  保证每周都参加  偶尔有空时参加一下  几乎不参加
```

图 2-8　县域高中学生参加体育锻炼频率

就县中学生进行体育锻炼的方式而言(图 2-9),通过每周的体育课进行体育锻炼的学生最多(占比 85.6%),有 68.3% 的学生是在大课间参加体育运动,还有 47.0% 是通过早操来锻炼身体,极少数学生在体育类社团(例如学校运动队)和校外进行体育锻炼。学校是县中学生参加体育锻炼的主要场所,强化学校体育教育是提升学生身体素质的重要途径,但体育类社团作为营造校园运动氛围的重要途径,其作用还有待加强。

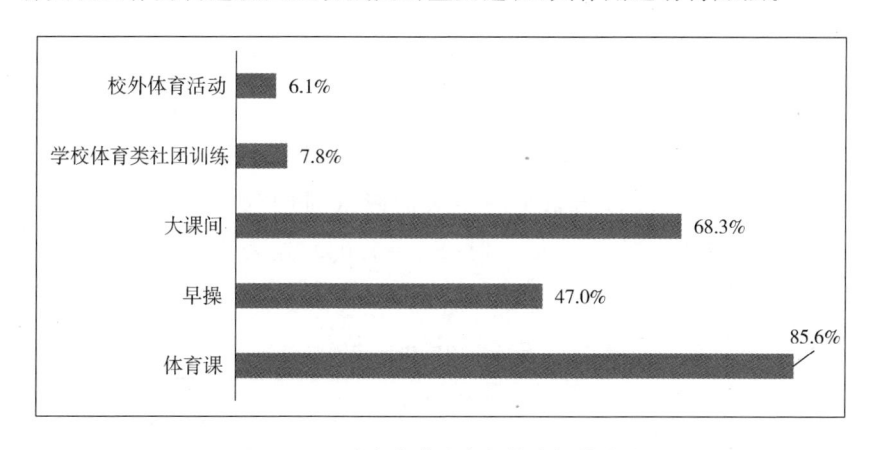

```
校外体育活动      6.1%
学校体育类社团训练  7.8%
大课间           68.3%
早操            47.0%
体育课           85.6%
```

图 2-9　县域高中学生参加体育锻炼方式

学校体育教育是提升学生综合素质的基础性工程,依据《关于进一步加强中小学生体质健康管理工作的通知》要求,普通高中要开齐开足体育与健康课程,保障普通高中每周 2 课时体育课。依据调研结果(图 2-10),

72.0%的县中学生每周能上两节体育课,还有约19.2%的县中学生每周仅能上一节体育课,而每周一节体育课都未上的学生占比2.5%,这表明约五分之一的县中学生体育课上课时间未得到保障,学校需严格落实国家规定的体育与健康课程的刚性要求。

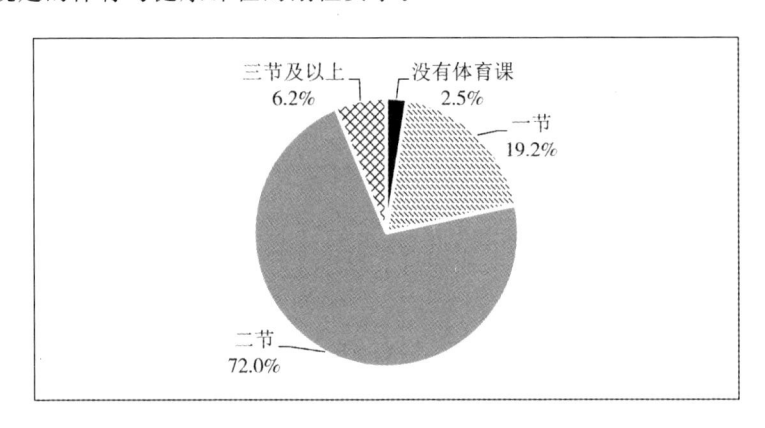

图 2-10 县域高中学生体育课上课情况

3. 县中学生睡眠时间

2019年7月9日中国国家卫生健康委员会公布《健康中国行动（2019—2030）》,明确提出高中生每天睡眠时间不少于8小时。但从调研结果来看(表2-2),县中学生在工作日期间平均每天的睡眠时间仅为6.75个小时($SD=1.09$),周末平均每天的睡眠时间为7.73小时($SD=1.57$),日均睡眠时间为7.02小时($SD=1.05$),这表明县域高中学生日均睡眠时间存在严重不足。

表 2-2 县域高中学生日均睡眠时间

	均值（小时）	标准差（SD）
工作日	6.75	1.09
周末	7.73	1.57
日均睡眠时间①	7.02	1.05

① 学生日均睡眠时间＝(周中日均睡眠时间＊5＋周末日均睡眠时间＊2)/7

4.县域高中学生心理健康状况

本次调查借鉴了我国著名心理学家王极盛教授编制的《中学生心理健康量表》,该量表包含了中学生心理健康的 10 个维度,共计 60 项题目,每个题项按照程度的高低,分别为:1—从无,2—极少,3—偶尔,4—有时,5—较多,6—经常,7—总是。该量表得分越高,表示心理健康状况越差。本研究选择了较为关注的 3 个维度——抑郁、焦虑和学习压力,每个维度选取 4 道题目,共计 12 道题目进行测评,并进行信效度的验证,发现分量表具有良好的信效度。

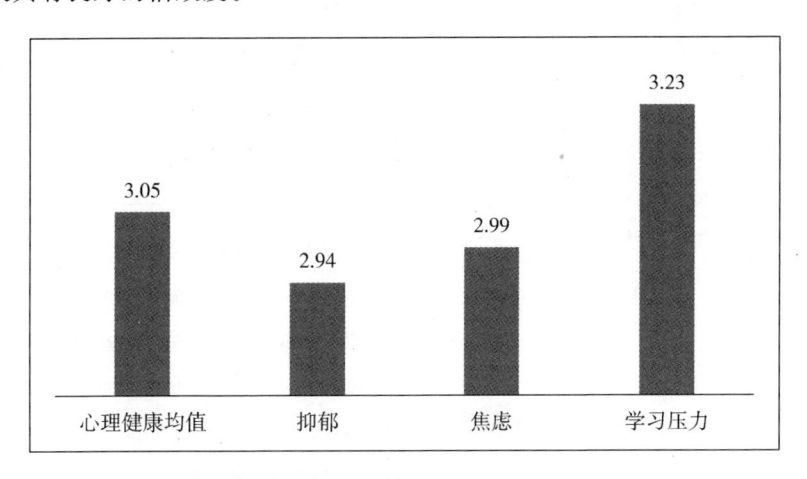

图 2-11 县域高中学生心理健康状况

从县中学生心理健康状况来看(图 2-11),县中学生的心理健康测评均值为3.05。其中,抑郁方面的得分均值最低($M=2.94$),其次是焦虑($M=2.99$),学习压力方面的得分均值最高($M=3.23$),这说明县中学生认为学习压力较大,但焦虑程度较轻,很少表现出抑郁的倾向。

三、县域高中学生的社会支持情况

社会支持是指个体与来自社会各方面包括家人、亲戚、朋友以及单位、党团等社会组织所产生的精神上或物质上的联系程度。[①] 高中生的社会支持主要源自家庭[②]和学校[③]两个方面。社会支持包括父母参与、学校归属感、教师满意度评价和学校满意度评价四个二级指标。我国县域高中学生父母参与度较低，主要表现为父母在学业参与方面不足；在学校归属感方面，县中学生表现一般；在教师满意度评价方面，县中学生对数学老师的满意度最高；在教师素质方面，则对教师工作态度的满意度最高；在学校满意度方面，县中学生对学校育人环境满意度最高，对作息时间安排满意度最低。

1. 县中学生父母参与

父母参与属于家庭教养行为的范畴，通常指父母通过多种方式进入子女的日常生活并给予资源投入，以便促进子女的身心发展。[④] 县域高中学生父母参与不足（$M=2.53$）。具体而言（图2-12），县中学生父母常

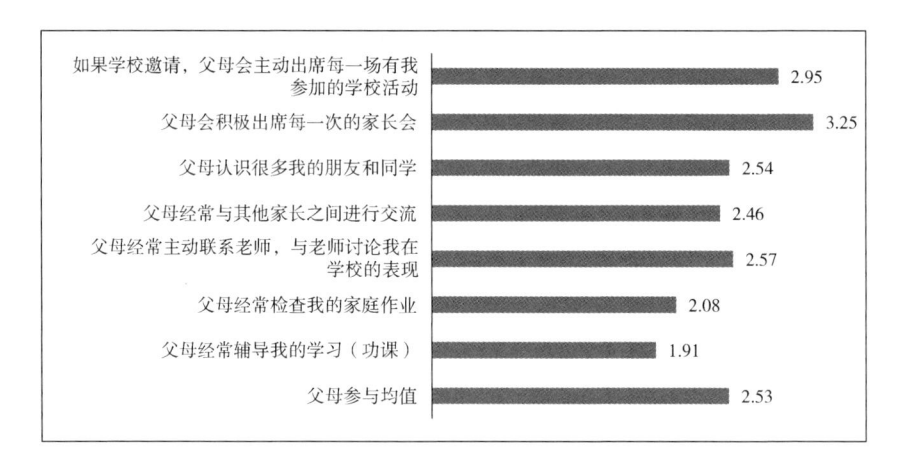

如果学校邀请，父母会主动出席每一场有我参加的学校活动	2.95
父母会积极出席每一次的家长会	3.25
父母认识很多我的朋友和同学	2.54
父母经常与其他家长之间进行交流	2.46
父母经常主动联系老师，与老师讨论我在学校的表现	2.57
父母经常检查我的家庭作业	2.08
父母经常辅导我的学习（功课）	1.91
父母参与均值	2.53

图 2-12 县域高中学生的父母参与情况

---

① 罗杰,崔汉卿,戴晓阳,等.高中生社会支持与应对方式的关系：自我效能感的中介作用[J].中国特殊教育,2014(10):92-96.

② 张金勇,赵守盈,卢晓灵.高中生家庭支持对生活事件与心理健康的调节作用[J].教育研究与实验,2019(05):88-92.

③ 潘颖秋.大学生专业兴趣的形成机制：专业选择、社会支持和学业投入的长期影响[J].心理学报,2017(12):1513-1523.

④ 霍尔.表征、文化表征与意指实践[M].徐亮,陆兴华,译.北京：商务印书馆,2013:19.

会通过家长会（$M=3.25$）、家校活动（$M=2.95$）等方式了解学生状态、参与学生校园生活。同时，父母会参与到学生的社交中，如认识学生的朋友（$M=2.54$）、主动与老师沟通（$M=2.57$）以及和其他学生家长交流（$M=2.46$），但参与程度不高。县中学生父母在学业发展上的参与度不足，较少检查学生家庭作业（$M=2.08$）和辅导学生功课（$M=1.91$），这可能由于高中阶段的课业难度大，家长没有能力检查与辅导学生的学习，此问题在县域高中学生家长报告中进行了进一步讨论。

2. 县中学生学校归属感

除了家庭环境外，学生对学校的归属感也长期影响着学生的健康成长，尤其影响学生对自己作为学校成员身份的认同。一般来说，学校归属感较高的学生往往会觉得自己能够被他人接受、认可，从而喜欢与他人建立联系，进而在学习和生活方面更加积极。本研究引用了国际学生能力评估计划（Program for International Student Assessment，PISA）学生问卷中的学校归属感量表，学校归属感量表分为积极情感与消极情感。

总体来看（图 2-13），县域高中学生学校归属感总体表现良好（$M=3.55$）[①]。其中，在积极情感方面，学生的交友态度表现最好（$M=3.69$），其

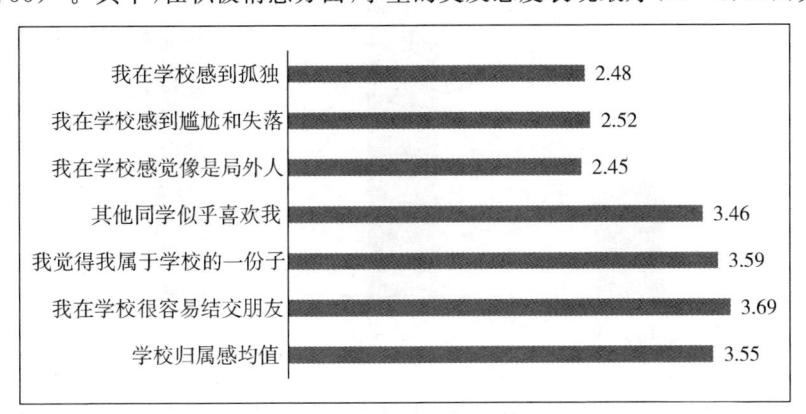

我在学校感到孤独	2.48
我在学校感到尴尬和失落	2.52
我在学校感觉像是局外人	2.45
其他同学似乎喜欢我	3.46
我觉得我属于学校的一份子	3.59
我在学校很容易结交朋友	3.69
学校归属感均值	3.55

图 2-13　县域高中学生的学校归属感

[①] 学校归属感均值是将消极情感题项进行了反向计分后计算，即分值越高，归属感越强。

次是学校认同感($M=3.59$),同伴关系表现相对较低($M=3.46$)。在消极情感方面,失落感表现相对最多($M=2.52$),其次是孤独感($M=2.48$),而孤立感表现最弱($M=2.45$)。

3.县中学生对教师满意度评价

学生既是学习的主体,又是教学活动的主体,因此,学生评教是教师评价中常见的方式。本次调研中学生对语文、数学和英语三位教课数量最多的教师,在工作态度、讲授水平、命题能力和对学生的关心程度四个方面进行了满意度评价。从调研结果来看,县域高中学生对各科老师及老师各方面素质的评价均比较满意。就学科而言(图2-14),对县中数学老师的满意度最高($M=4.35$),英语老师满意度次之($M=4.33$),语文老师相对最低($M=4.27$),不同学科两两之间均存在显著差异性($P<0.001$)。就教师素质而言(图2-15),学生对县中老师的工作态度满意度最高($M=4.36$),讲授水平次之($M=4.32$),对学生的关心程度再次($M=4.30$),最低的是命题能力($M=4.28$),不同维度两两之间存在显著差异性($P<0.001$)。

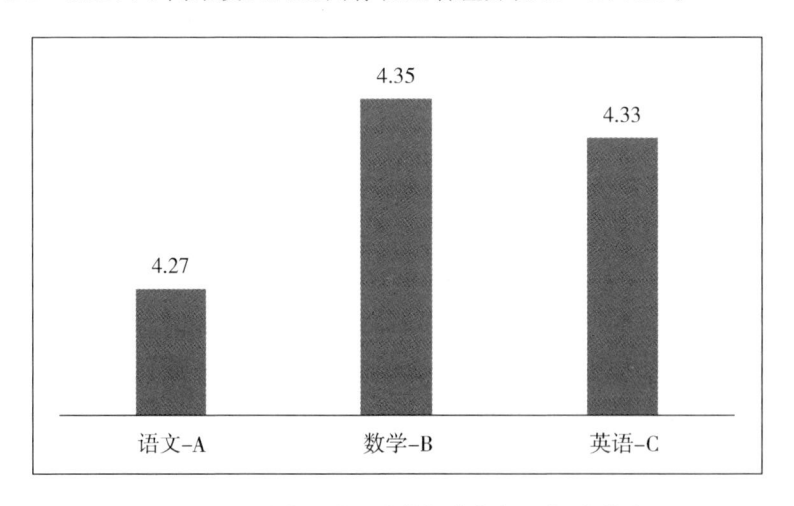

图2-14 县域高中学生的教师满意度评价(分学科)

注:$T_{A-B}=-19.44$,$P<0.001$;$T_{A-C}=-15.45$,$P<0.001$;$T_{B-C}=-4.29$,$P<0.001$。

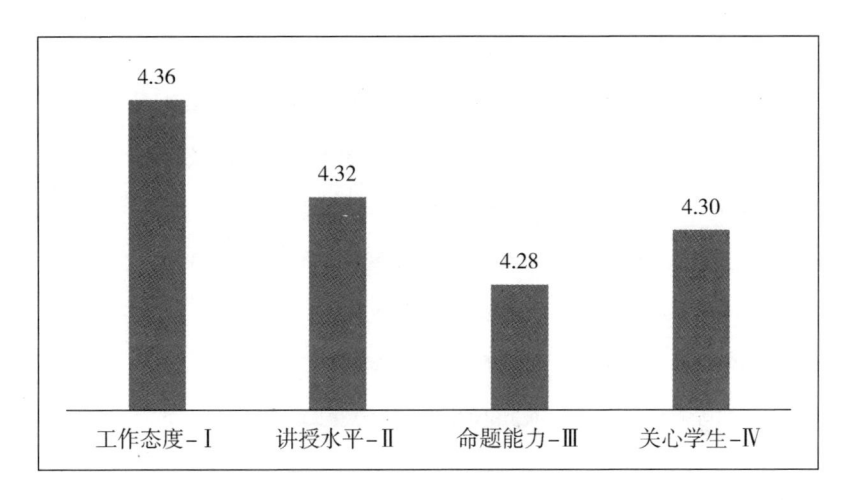

```
4.36    4.32           4.28    4.30
工作态度-Ⅰ  讲授水平-Ⅱ  命题能力-Ⅲ  关心学生-Ⅳ
```

图 2-15 县域高中学生的教师满意度评价（分维度）

注：$T_{Ⅰ-Ⅱ}=25.42$，$P<0.001$；$T_{Ⅰ-Ⅲ}=40.26$，$P<0.001$；$T_{Ⅰ-Ⅳ}=26.95$，$P<0.001$；

$T_{Ⅱ-Ⅲ}=22.97$，$P<0.001$；$T_{Ⅱ-Ⅳ}=7.10$，$P<0.001$；$T_{Ⅲ-Ⅳ}=-11.98$，$P<0.001$。

4. 县中学生对学校满意度评价

学生是学校的重要组成人员，也是学校服务最主要的对象，学生对学校各方面的评价直接体现学校办学水平。本次调研中学生对学校的活动组织和管理制度两个方面进行了满意度评价，其中活动组织包括活动安全纪律活动、实践活动和文体活动，管理制度包括收费制度、育人环境和作息安排。县中学生对学校整体满意度一般（$M=3.44$）。相较而言，学生对校园育人环境的满意度最高（$M=3.68$），校内收费制度的公开次之（$M=3.61$），对学校实践活动实施（$M=3.30$）、文体活动开展（$M=3.29$）、作息时间安排（$M=3.21$）三方面的满意度相对较低（图 2-16）。

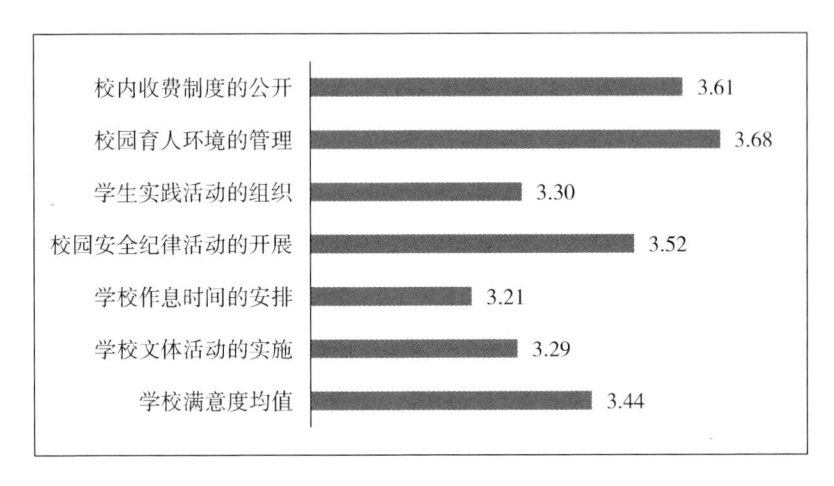

项目	值
校内收费制度的公开	3.61
校园育人环境的管理	3.68
学生实践活动的组织	3.30
校园安全纪律活动的开展	3.52
学校作息时间的安排	3.21
学校文体活动的实施	3.29
学校满意度均值	3.44

图2-16 县域高中学生的学校满意度评价

四、县域高中学生的综合实践情况

综合实践情况包括综合实践能力、家庭劳动参与、学校劳动参与和生涯规划教育四个二级指标。我国县域高中学生的综合实践能力总体表现尚可,特别是在社会实践问题解决方面,县中学生能够良好地运用知识与技术解决实际问题,相较而言,在公益活动参与和社会责任的担当上略显不足。在家庭劳动参与方面,县中学生具有较好的家庭劳动习惯和劳动自立意识。在学校劳动参与方面,约四分之三的学生表示学校开展过劳动教育的实践活动,活动主要形式是校园大扫除和劳动教育主题班会;而劳动课作为劳动教育的重要途径,仅三分之一的学生表示学校开设过劳动教育课。在生涯规划教育方面,约三分之二的县中学生了解生涯规划教育的内涵,但仅27%的县域高中学生表示学校专门开设过生涯规划课,而生涯规划教育课的任教老师多为学校心理教师和班主任,仅31.4%的学生表示生涯规划课是由专任教师任教。此外,学校开展与生涯教育相关的主题活动相对较少,整体而言,县域高中对学生生涯规划教育重视程度还不足。

1. 县域高中学生综合实践能力

综合实践能力是个体在生活和工作中解决实际问题所显现的综合性能力。[①] 2017年9月教育部印发了《中小学综合实践活动课程指导纲要》,要求中小学学生能从个体生活、社会生活及与大自然的接触中获得丰富的实践经验,形成并逐步提升对自然、社会和自我之内在联系的整体认识,具有价值体认、责任担当、问题解决、创意物化等方面的意识和能力。图2-17显示,整体而言,县域高中学生综合实践能力总体表现尚可($M=3.41$),在问题解决方面能够运用综合知识、通过信息技术、动手操作实践等方式解决实际问题,特别是"通过上网搜索、查阅图书、请教老师等方式来收集相关资料"表现最好($M=3.65$);相较而言,在关心社区和社会发展、持续地参与社区与社会实践活动、积极参与志愿活动和公益活动等方面表现较弱,其中"我经常参加或独自进行一些小型的社会调查"表现最弱($M=3.06$)。

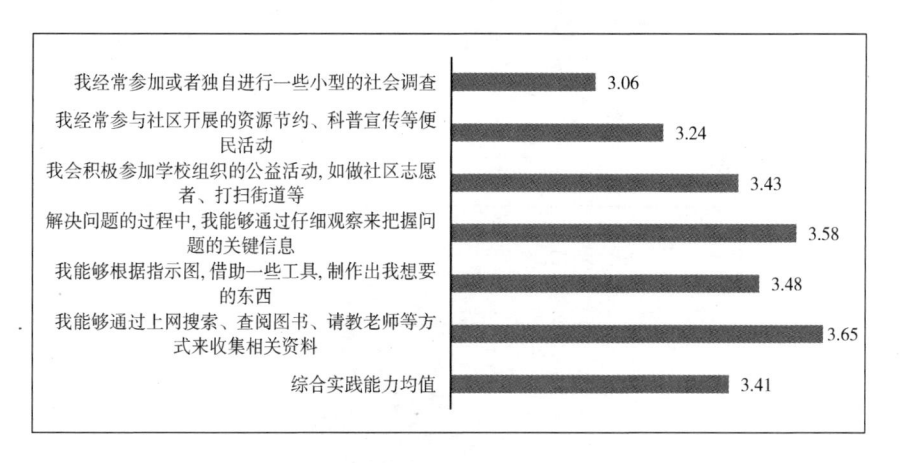

我经常参加或者独自进行一些小型的社会调查	3.06
我经常参与社区开展的资源节约、科普宣传等便民活动	3.24
我会积极参加学校组织的公益活动,如做社区志愿者、打扫街道等	3.43
解决问题的过程中,我能够通过仔细观察来把握问题的关键信息	3.58
我能够根据指示图,借助一些工具,制作出我想要的东西	3.48
我能够通过上网搜索、查阅图书、请教老师等方式来收集相关资料	3.65
综合实践能力均值	3.41

图2-17 县域高中学生的综合实践能力

2. 县域高中学生家务劳动参与

青少年的劳动教育主要依靠学生、社会和家庭三个场域下的劳动参与展开,相较于学校和社会,青少年作为家庭成员进行的家庭劳动参与,无论

[①] 何万国.中小学生实践能力培养研究[J].中国教育学刊,2012(07):53-56.

是在劳动形式上还是教育意义上都有其独特性,特别是家庭责任感的塑造以及家庭成员之间良性互动所带来的收益难以被其他场域下的劳动参与所超越。[①] 从调研结果来看,12.9%的县域高中学生不做家务,41.4%的学生每周仅有一天会做家务,20.8%的学生每周有两天会做家务,10.1%的学生几乎每天都会开展家庭劳动(图2-18)。在参加家庭劳动的学生中,有62.1%的学生认为家务劳动对自己养成良好习惯有效用,认为家务劳动有

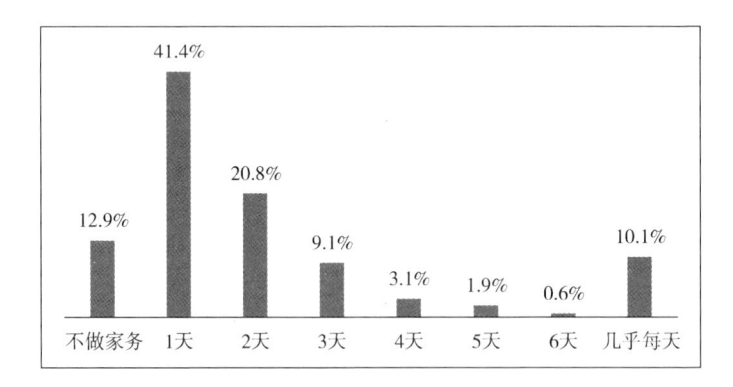

图 2-18 县域高中学生的家庭劳动参与频率

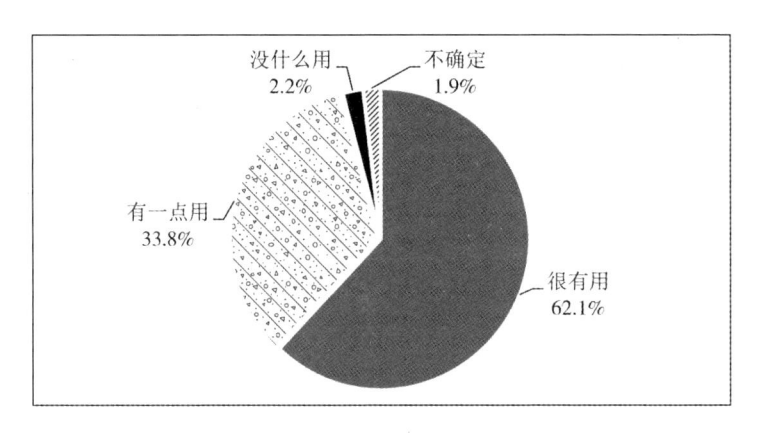

图 2-19 县域高中学生的家庭劳动参与态度

---

① 郭丛斌,王天骄.家庭劳动参与与高中生身心健康的倒U形关系:基于全国疫情间高中在线学习状况调查数据的实证研究[J].清华大学教育研究,2022(03):61-72.

效用的学生占比 33.8%,仅 2.2% 的学生认为没有什么效用(图 2-19)。总体而言,县域高中学生具有较好的参与家庭劳动的习惯和劳动自立的意识。

3.县域高中学生学校劳动教育参与

《大中小学劳动教育指导纲要》明确要求,中小学劳动教育课平均每周不少于 1 课时,用于活动策划、技能指导、练习实践和总结交流。本研究分别调查了县域高中劳动教育课开设情况、校内劳动教育类型、劳动教育的频率。图 2-20、图 2-21 显示,仅 32.9% 的学生所在学校开设了劳动

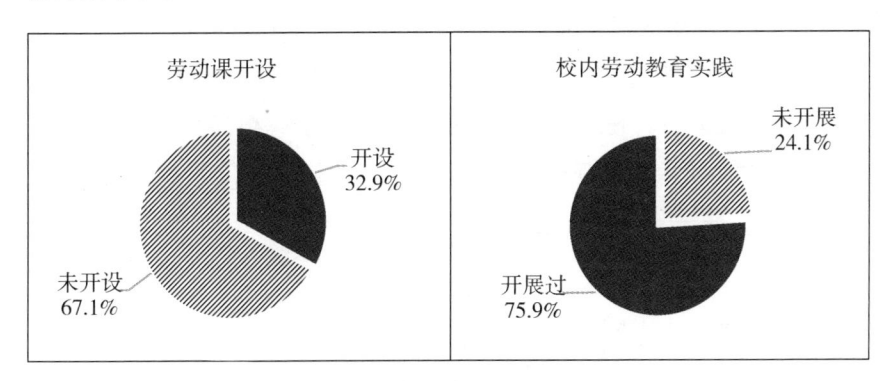

图 2-20 县域高中劳动教育开展情况

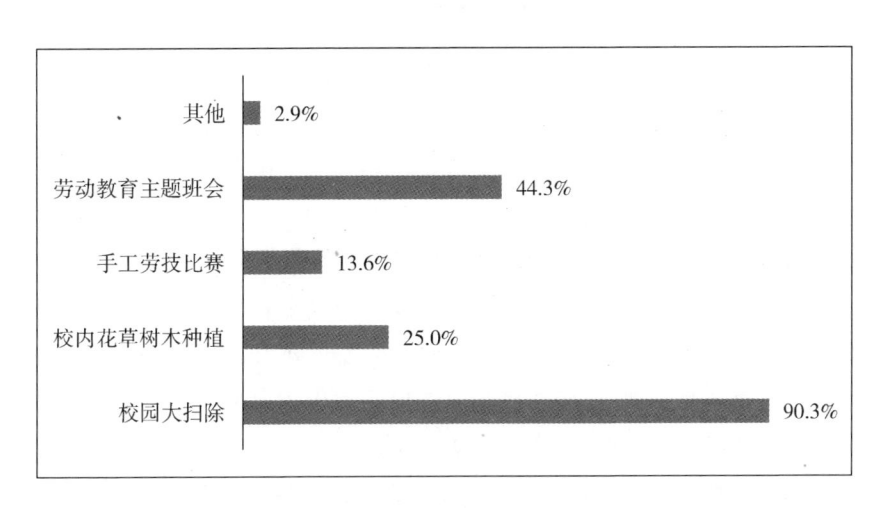

图 2-21 县域高中劳动教育开展类型

教育课,劳动教育课的内容包括植物栽培、手工艺品及模型制作、陶瓷制作等。除劳动教育课程外,校内外劳动实践活动是劳动教育的另一重要途径。75.9%的学生表示学校开展过校内劳动教育实践活动,而校内日常开展劳动教育方式主要是校园大扫除(90.3%)、劳动教育主题班会(44.3%)和种植校内花草树木(25.0%)。

4.县域高中学生生涯规划教育

生涯规划教育是指促进学生了解自我,树立人生目标,开展学业、未来职业发展等规划的教育活动,开展普通高中生涯规划教育是贯彻选择性教育思想、促使学生全面而有个性发展、实施素质教育的重要组成部分。从调研结果来看(图2-22),十分明确地知道生涯规划教育的县域高中学生占比20.4%,46.1%的学生比较明确地了解生涯规划教育,还有28.0%的学生不太明确理解生涯规划教育的内涵。

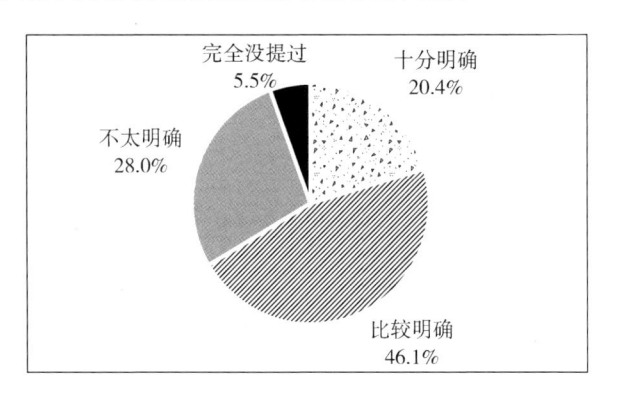

图2-22 县域高中开展生涯规划教育情况

生涯规划课程是生涯规划教育的重要途径,根据调研结果(图2-23),仅27.2%的县域高中生表示学校开设过生涯规划课程。从上课频率来看,39.1%的县域高中学生每周有一课时生涯规划课,28.6%的学生生涯教育课是每个月一课时,而选择其他选项的学生占比8.9%,这些学生表示生涯规划课仅每学期1—2节。从任课老师来看,生涯教育课的主要任课教师为心理老师(54.1%),35.7%的学生表示班主任教授过生涯教育

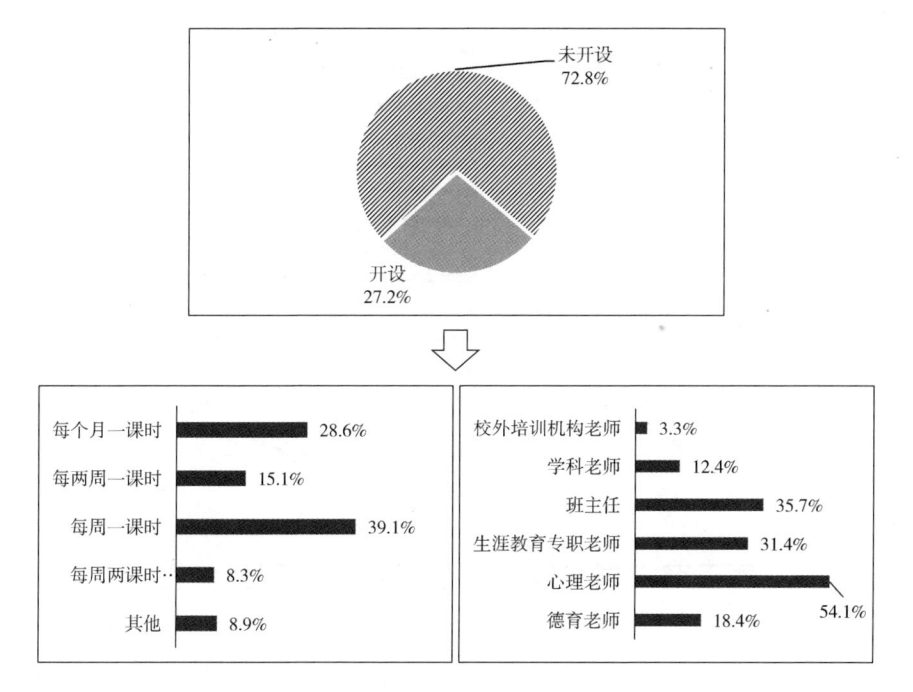

课,31.4%的学生表示生涯教育课会由专任教师进行教授。

未开设 72.8%
开设 27.2%

每个月一课时 28.6%
每两周一课时 15.1%
每周一课时 39.1%
每周两课时 8.3%
其他 8.9%

校外培训机构老师 3.3%
学科老师 12.4%
班主任 35.7%
生涯教育专职老师 31.4%
心理老师 54.1%
德育老师 18.4%

图 2-23　县域高中学生生涯规划课教学情况

此外,生涯规划教育另一重要的途径是开展相关的校园文化活动,例如班会、专题讲座、学校社团等,但从县域高中学生参与的校园活动类型来看(图 2-24),了解自我兴趣、能力和目标的活动最多(63.7%),其次分别是心理疏导(50.3%)、探索人生观和价值观(46.5%)和介绍大学专业和学校情况(43.8%)等有关的活动。相较而言,参与过生涯决策(15.5%)、未来规划(25.6%)和介绍职业和工作(28.5%)等职业生涯规划活动的学生较少。这说明县域高中对生涯规划教育缺乏足够的重视,通过校园文化建设和社团活动等途径来进行生涯规划指导的比例比较少。

中国县域教育发展蓝皮书：县域高中

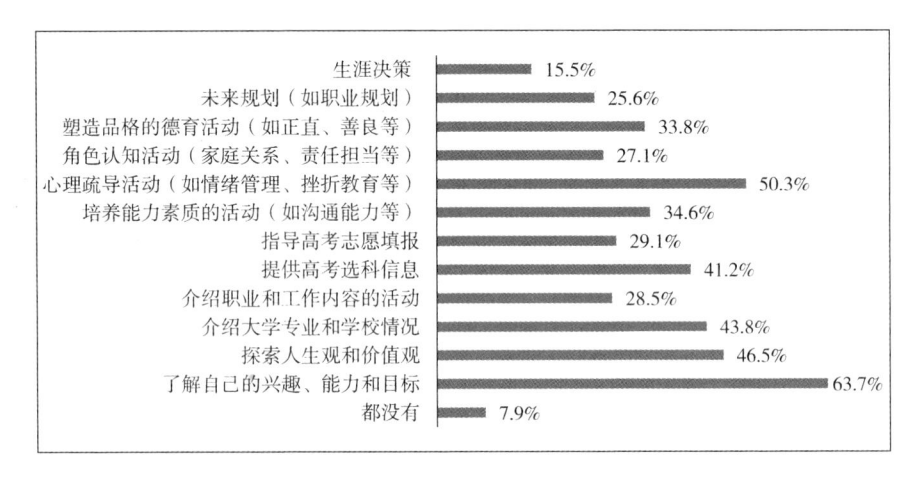

生涯规划活动	比例
生涯决策	15.5%
未来规划（如职业规划）	25.6%
塑造品格的德育活动（如正直、善良等）	33.8%
角色认知活动（家庭关系、责任担当等）	27.1%
心理疏导活动（如情绪管理、挫折教育等）	50.3%
培养能力素质的活动（如沟通能力等）	34.6%
指导高考志愿填报	29.1%
提供高考选科信息	41.2%
介绍职业和工作内容的活动	28.5%
介绍大学专业和学校情况	43.8%
探索人生观和价值观	46.5%
了解自己的兴趣、能力和目标	63.7%
都没有	7.9%

图 2-24 县域高中学生生涯规划活动实施情况

第三节 县域高中学生发展的内部差异性

本节以县域高中学生为研究对象，分别分析父母受教育程度、父母职业类型和家庭收入不同的县域高中学生发展的差异。本研究依据组织资源、文化资源、经济资源占有情况将父母的职业类型划分为占有较多组织资源的管理类职业（包括国家与社会管理者、企业高层管理人员），占有较多文化资源的技术类职业（包括专业技术人员），占有较多经济资源的经济类职业（包括私营企业主），占有较少组织、经济、文化资源的一般类职业（包括一般办事人员、个体工商户），占有极少组织、经济、文化资源的体力类职业（包括产业工人、商业、服务业人员和农/林/牧/渔民），以及其他无法归类的职业和无业人员。①

一、县域高中学生学业发展差异

县域高中学生的学业发展在不同的父母受教育程度、父母职业及家

---

① 李强.社会分层十讲[M].北京:社会科学文献出版社.2008：235—236.

庭经济水平下均存在显著差异。在课业负担方面,父母受教育程度越高,从事拥有较多文化资源的技术类工作(如医生、教师等),家庭经济水平越高,学生感受到课业负担越轻。在学习效能感方面,父母受教育程度越高,父母从事管理或技术类工作,家庭经济水平比较富裕的学生,学习效能感越高。在学习动机方面,父母受教育程度越高,父亲从事管理类工作、母亲从事技术类工作,来自比较富裕家庭的学生,学习动机越强。在认知策略的使用方面,父母受教育程度越高,父亲从事管理工作、母亲从事技术类工作,家庭经济水平越富裕的学生,认知策略的使用越熟练。

1.课业负担的差异

父母受教育程度不同,学生的课业负担存在显著差异,具体表现为父母受教育程度越高的学生感受到的课业负担越轻。表2-3显示,父/母亲仅受过小学及以下教育的学生认为课业负担最重($M_父=3.22, M_母=3.21$),而父/母亲受过大学本科及以上教育的学生认为课业负担最轻($M_父=3.08, M_母=3.05$)。但是,父母接受过"中专/技校/职高"等职业教育的孩子课业负担($M=3.09$)显著轻于父母接受普通高中教育的学生($M_父=3.17, M_母=3.15$)。

表2-3 父母受教育程度不同的学生的课业负担差异

父亲受教育程度	课业负担	母亲受教育程度	课业负担
小学及以下	3.22	小学及以下	3.21
初中	3.18	初中	3.18
中专/技校/职高	3.09	中专/技校/职高	3.09
普通高中	3.17	普通高中	3.15
大学专科	3.08	大学专科	3.06
大学本科及以上	3.08	大学本科及以上	3.05

注:父亲受教育程度的ANOVA,$F=20.10, P<0.001$;

母亲受教育程度的ANOVA,$F=24.16, P<0.001$。

父母所从事的职业类型不同,子女的课业负担感受也呈现出显著差异。具体而言(表2-4),父亲从事经济类职业($M=3.20$)或无业及其他($M=3.20$)的学生认为课业负担最重,其次分别是父亲从事体力类职业($M=3.17$)、一般类职业($M=3.15$)和管理类职业($M=3.14$)的学生,父亲从事技术类职业的学生认为学习负担最轻($M=3.08$)。与之相似,母亲从事经济类职业的学生认为课业负担最重($M=3.21$),母亲从事技术类($M=3.09$)的学生认为课业负担最轻。

表2-4 父母职业类型不同的学生的课业负担差异

父亲职业类型	课业负担	母亲职业类型	课业负担
管理类职业	3.14	管理类职业	3.11
技术类职业	3.08	技术类职业	3.09
经济类职业	3.20	经济类职业	3.21
一般类职业	3.15	一般类职业	3.16
体力类职业	3.17	体力类职业	3.17
无业及其他	3.20	无业及其他	3.17

注:父亲职业类型的ANOVA,$F=6.93$,$P<0.001$;
母亲职业类型的ANOVA,$F=6.36$,$P<0.001$。

不同家庭经济水平下,学生的课业负担感受同样存在显著差异,家庭经济条件越好,学生的课业负担越轻。具体来说(图2-25),家庭经济条件非常困难的学生认为课业负担最重($M=3.36$),而家庭经济条件非常富裕的学生认为课业负担最轻($M=3.04$)。但是家庭比较富裕的学生课业负担感受($M=3.15$)却略微重于中等经济条件的学生($M=3.14$)。

第二章　县域高中学生发展报告

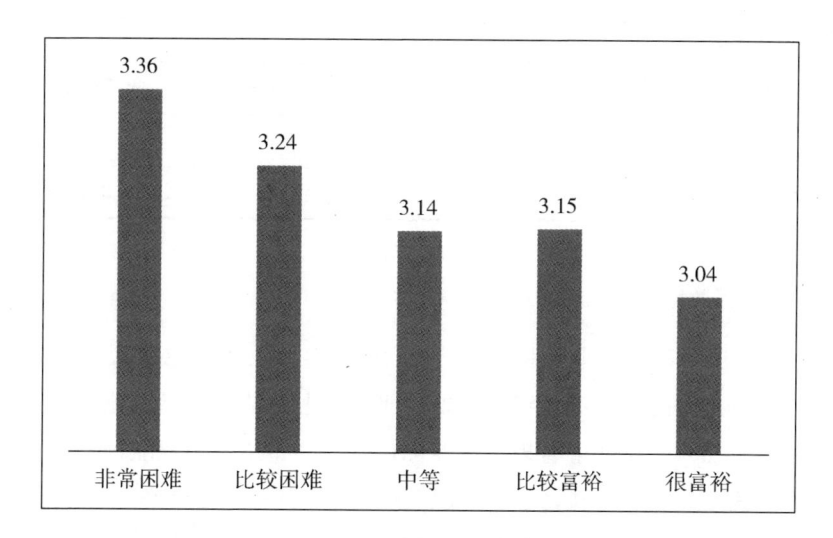

```
3.36
3.24
     3.14  3.15
          3.04
非常困难 比较困难 中等 比较富裕 很富裕
```

图 2-25　不同家庭经济水平的学生的课业负担

注：家庭经济水平的 ANOVA，$F=24.82$，$P<0.001$。

2. 学习效能感的差异

父母受教育程度不同，学生的学习效能感存在显著的差异，具体表现为父母受教育程度越高的学生，其学习效能感也越高。表 2-5 显示，父/母亲仅受过小学及以下教育的学生学习效能感最低（$M_父=3.50$，$M_母=3.52$），而父/母亲受过大学本科及以上教育的学生学习效能感最高（$M_父=3.78$，$M_母=3.77$）。但是，父母接受过中专/技校/职高等职业教育的孩子学习效能感（$M=3.69$）显著高于父母仅接受普通高中教育的学生（$M=3.64$）。

表 2-5　父母受教育程度不同的学生的学习效能感差异

父亲受教育程度	学习效能感	母亲受教育程度	学习效能感
小学及以下	3.50	小学及以下	3.52
初中	3.57	初中	3.59
中专/技校/职高	3.69	中专/技校/职高	3.69
普通高中	3.64	普通高中	3.64

(续表)

父亲受教育程度	学习效能感	母亲受教育程度	学习效能感
大学专科	3.67	大学专科	3.70
大学本科及以上	3.75	大学本科及以上	3.74

注:父亲受教育程度的 ANOVA,$F=44.17$,$P<0.001$;

母亲受教育程度的 ANOVA,$F=39.77$,$P<0.001$。

父母所从事的职业类型不同,其子女的学习效能感也呈现出显著差异,父母从事占据较多社会资源的职业时,学生的学习效能感越高。具体而言(表2-6),父亲从事管理类职业($M=3.70$)和技术类职业($M=3.70$)的学生学习效能感最高,父亲职业属于无业及其他的学生学习效能感最低($M=3.48$)。母亲从事技术类职业的学生学习效能感最高($M=3.71$),母亲职业为无业及其他时,学生的学习效能感最低($M=3.56$)。值得关注的是,母亲从事一般类职业($M=3.62$)的学生学习效能感高于母亲从事经济类职业的学生($M=3.59$)。

表2-6 父母职业类型不同的学生的学习效能感差异

父亲职业类型	学习效能感	母亲职业类型	学习效能感
管理类职业	3.70	管理类职业	3.69
技术类职业	3.70	技术类职业	3.71
经济类职业	3.64	经济类职业	3.59
一般类职业	3.62	一般类职业	3.62
体力类职业	3.58	体力类职业	3.58
无业及其他	3.48	无业及其他	3.56

注:父亲职业类型的 ANOVA,$F=14.65$,$P<0.001$;

母亲职业类型的 ANOVA,$F=14.90$,$P<0.001$。

最后,不同家庭经济水平下,学生的学习效能感同样存在显著差异,具体而言(图2-26),家庭条件比较富裕的学生学习效能感最高($M=3.74$),家庭条件越困难的学生,其学习效能感也越低。但是家庭条件非常富裕的学生学习效能感($M=3.70$)并不如家庭比较富裕的学生($M=3.74$)。

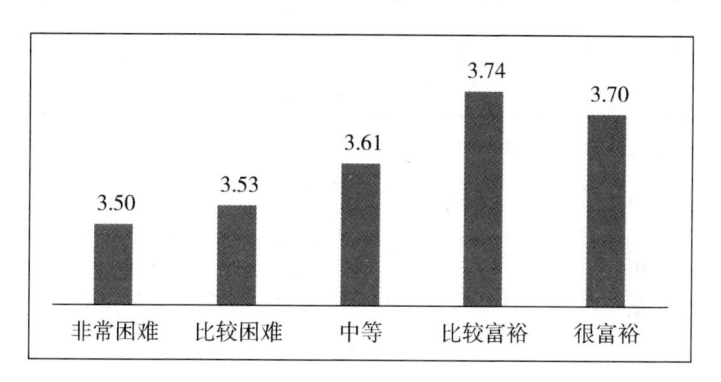

图 2-26 不同家庭经济水平的学生的学习效能感

非常困难 3.50
比较困难 3.53
中等 3.61
比较富裕 3.74
很富裕 3.70

注:家庭经济水平的 ANOVA,$F=20.80, P<0.001$。

3.学习动机的差异

父母受教育程度不同,学生的学习动机强度存在显著的差异,具体表现为父母受教育程度越高的学生,其学习动机也越强。表 2-7 显示,父/母亲仅受过小学及以下教育的学生学习动机最弱($M_父=3.76, M_母=3.78$),而父/母亲受过大学本科及以上教育的学生学习效能感最高($M_父=3.98, M_母=3.96$)。但父母接受过中专/技校/职高等职业教育的学生学习动机($M_父=3.91, M_母=3.93$)显著高于父母仅接受普通高中教育的学生($M=3.86$)。

表 2-7 父母受教育程度不同的学生的学习动机差异

父亲受教育程度	学习动机	母亲受教育程度	学习动机
小学及以下	3.76	小学及以下	3.78
初中	3.81	初中	3.83
中专/技校/职高	3.91	中专/技校/职高	3.93
普通高中	3.86	普通高中	3.86

(续表)

父亲受教育程度	学习动机	母亲受教育程度	学习动机
大学专科	3.91	大学专科	3.93
大学本科及以上	3.98	大学本科及以上	3.96

注:父亲受教育程度的 ANOVA,$F=45.67$,$P<0.001$;
母亲受教育程度的 ANOVA,$F=38.77$,$P<0.001$。

父母所从事的职业类型不同,其子女的学习动机强度也呈现出显著差异,父母从事占据较多社会资源职业的学生,学习动机更强。表 2-8 显示,从父亲的职业类型来看,父亲从事管理类职业的学生,学习动机最强($M=3.96$),其次分别是父亲从事技术类($M=3.92$)、经济类($M=3.88$)和一般类($M=3.88$)的学生,父亲的职业类型为无业及其他时,学生的学习动机最弱($M=3.74$)。而母亲的职业类型为技术类职业时,学生的学习动机最强($M=3.95$)。值得关注的是,母亲从事一般类职业($M=3.86$)的学生的学习动机强于母亲从事经济类职业($M=3.84$)的学生。

表 2-8 父母职业类型不同的学生的学习动机差异

父亲职业类型	学习动机	母亲职业类型	学习动机
管理类职业	3.96	管理类职业	3.91
技术类职业	3.92	技术类职业	3.95
经济类职业	3.88	经济类职业	3.84
一般类职业	3.86	一般类职业	3.86
体力类职业	3.82	体力类职业	3.82
无业及其他	3.74	无业及其他	3.82

注:父亲职业类型的 ANOVA,$F=26.06$,$P<0.001$;
母亲职业类型的 ANOVA,$F=17.77$,$P<0.001$。

不同家庭经济水平下,学生的学习动机强度同样存在显著差异,具体而言(图 2-27),家庭条件比较富裕的学生学习动机最强($M=3.97$),家庭条件越困难的学生,其学习动机也越弱。但是家庭条件非常富裕的学生

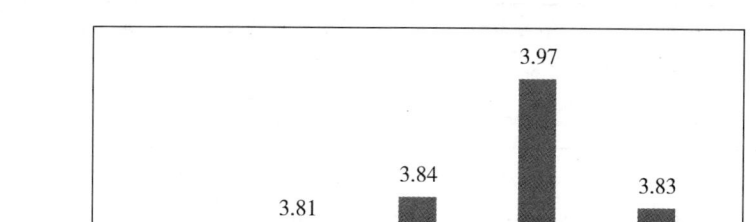

学习动机强度($M=3.83$)并不如家庭比较富裕的学生($M=3.97$)。

图 2-27 不同家庭经济水平学生的学习动机差异

注:家庭经济水平的 ANOVA,$F=15.86$,$P<0.001$。

4. 认知策略的差异

父母受教育程度不同,学生对认知策略的使用存在显著的差异,父母受教育程度越高的学生,对认知策略的使用越熟练。表 2-9 显示,父/母亲仅受过小学及以下教育的学生对认知策略的使用情况最差($M_父=3.50$,$M_母=3.53$),而父/母亲受过大学本科及以上教育的学生对认知策略的使用最好($M_父=3.98$,$M_母=3.96$)。但是,父母接受过中专/技校/职高等职业教育的孩子对认知策略的使用($M_父=3.69$,$M_母=3.71$)显著优于父母仅接受普通高中教育的学生($M_父=3.63$,$M_母=3.65$)。

表 2-9 父母受教育程度不同的学生的学习策略使用差异

父亲受教育程度	学习策略	母亲受教育程度	学习策略
小学及以下	3.50	小学及以下	3.53
初中	3.58	初中	3.59
中专/技校/职高	3.69	中专/技校/职高	3.71
普通高中	3.63	普通高中	3.65

(续表)

父亲受教育程度	学习策略	母亲受教育程度	学习策略
大学专科	3.69	大学专科	3.72
大学本科及以上	3.78	大学本科及以上	3.77

注:父亲受教育程度的 ANOVA,$F=66.67$,$P<0.001$;
母亲受教育程度的 ANOVA,$F=61.97$,$P<0.001$。

父母所从事的职业类型不同,其子女对认知策略的使用也呈现出显著差异。具体而言(表2-10),父亲从事管理类职业的学生对认知策略的使用最好($M=3.74$),其后依次是父亲从事技术类($M=3.71$)、经济类($M=3.68$)和一般类($M=3.65$)职业的学生。区别于父亲职业类型对学生认知策略使用的影响,母亲从事技术类职业的学生的认知策略使用最好($M=3.73$),而母亲从事一般类职业($M=3.66$)的学生的认知策略使用略优于母亲从事经济类职业($M=3.65$)的学生。

表2-10 父母职业类型不同的学生的认知策略使用差异

父亲职业类型	认知策略	母亲职业类型	认知策略
管理类职业	3.74	管理类职业	3.70
技术类职业	3.71	技术类职业	3.73
经济类职业	3.68	经济类职业	3.65
一般类职业	3.65	一般类职业	3.66
体力类职业	3.58	体力类职业	3.58
无业及其他	3.49	无业及其他	3.56

注:父亲职业类型的 ANOVA,$F=41.36$,$P<0.001$;
母亲职业类型的 ANOVA,$F=33.84$,$P<0.001$。

图2-28显示,不同家庭经济水平下,学生对认知策略的使用同样存在显著差异,整体而言,家庭经济条件越富裕的学生,对认知策略的使用越熟练。但是家庭条件非常困难的学生对认知策略使用的熟练程度($M=3.56$)却优于家庭比较困难的学生($M=3.52$)。

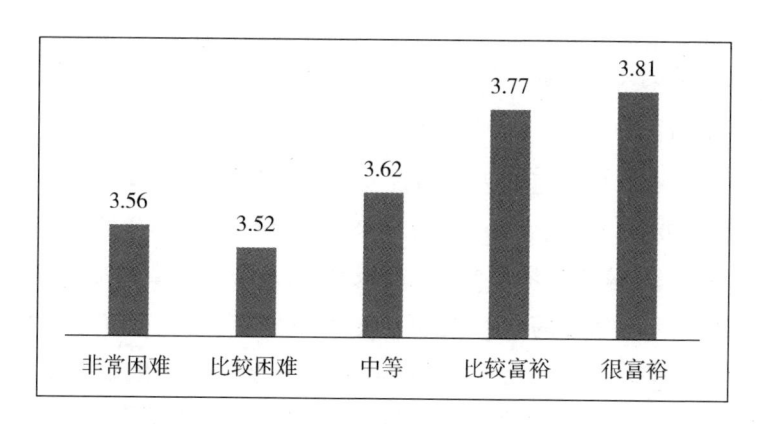

图 2-28　不同家庭经济水平学生的认知策略使用差异

注：家庭经济水平的 ANOVA，$F=40.46$，$P<0.001$。

二、县域高中学生身心健康差异

县域高中学生的身心健康在不同的父母受教育程度、父母职业及家庭经济水平下均存在显著差异。在近视发生率方面，父母的学历与职业对学生是否近视没有影响，但与家庭经济水平呈倒 U 形关系。在体育锻炼方面，父亲受教育程度为中专/技校/职高、从事管理类职业时，每天参加体育锻炼的学生比例最高；母亲受教育程度为大学本科及以上，从事技术类职业时，每天参加体育锻炼的学生比例最高；家庭经济水平越高，学生每天进行体育活动的概率越高。在日均睡眠时间方面，父母受教育程度越高，从事拥有较多文化资源的技术类工作（如医生、教师等），家庭经济水平越高，县域高中学生日均睡眠时间越长。在心理健康状况方面，父亲学历水平为大学专科、从事管理类职业，学生的心理健康状况更好，母亲受教育程度为大学专（本）科及以上、从事技术类工作时，学生的心理健康状况更好，家庭经济水平越高，学生的心理健康水平越高。

1. 近视发生率的差异

本研究对父母受教育程度、职业类型和家庭经济收入不同的学生的近视发生率进行了差异性分析。其中，父母受教育程度、职业类型不同的学生近视发生率的差异在千分之一水平上不显著,换言之,父母学历与职业对学生是否会近视没有影响,但家庭经济收入水平会对学生近视发生率产生影响。

县域高中学生的近视发生情况与家庭经济水平呈现倒 U 形关系。具体而言(表 2-11),当家庭经济收入水平非常困难时,学生的近视发生率较低(69.3%),家庭经济水平为比较困难时,近视发生率增加到 76.0%,而中等收入水平家庭的学生,近视发生率最高(77.8%),高于整体样本均值($M=77.2\%$)。家庭经济水平为比较富裕家庭的学生近视发生率为 76.1%,低于中等收入水平家庭的学生。当学生来自很富裕的家庭时,近视发生率最低,仅为 62.3%。

表 2-11 不同家庭收入学生的近视发生率差异

是否近视		家庭经济水平					
		合计	非常困难	比较困难	中等	比较富裕	很富裕
是	计数	370	3444	17469	911	43	22237
	百分比	69.3%	76.0%	77.8%	76.1%	62.3%	77.2%
否	计数	164	1088	4998	286	26	6562
	百分比	30.7%	24.0%	22.2%	23.9%	37.7%	22.8%
合计	计数	534	4532	22467	1197	69	28799
	百分比	100.0%	100.0%	100.0%	100.0%	100.0%	100.0%

注:卡方检验,$\chi^2=36.17$,$P<0.001$。

2. 体育锻炼频率的差异

从父母的学历来看,父母受教育程度不同的学生在体育锻炼频率上存在显著差异。具体而言(表 2-12),随着父亲受教育程度的增加,保证每天都参加体育锻炼的学生比例会先增加后降低。当父亲的学历是小学及以下时,每天参加体育活动学生占比最低($M=34.9\%$),随着父亲学历的增加,每天参加体育锻炼学生比例增加,当父亲学历为中专/技校/职高时,每天都参加体育锻炼学生占比最高($M=50.4\%$),而后随着父亲受教育程度提升,每天参加体育锻炼学生占比会下降,当父亲的学历为大学本科及以上,每天参加体育活动的学生比例下降到45.1%,但仍高于父亲学历为小学及以下和初中的学生。

与父亲的受教育程度对学生每天进行锻炼频率的影响不同,随着母亲受教育程度的增加,每天都参加体育锻炼的学生比例会不断增加。当母亲的学历为小学及以下时,每天进行体育活动学生占比最低(36.1%),随着母亲学历的提升,每天参与锻炼的学生占比也随之增加,当母亲的受教育程度为大学本科及以上时,每天进行体育锻炼的学生占比最高(49.5%)。

表 2-12 父母受教育程度不同的学生的体育锻炼频率差异

体育锻炼频率		父亲的受教育程度						合计
		小学及以下	初中	中专/技校/职高	普通高中	大学专科	大学本科及以上	
每天都参加	计数	1556	5713	1334	1892	961	1003	12459
	百分比	34.9%	42.4%	50.4%	47.3%	47.9%	45.1%	43.3%
每周都参加	计数	1597	4595	829	1316	657	811	9805
	百分比	35.8%	34.1%	31.3%	32.9%	32.7%	36.5%	34.0%
偶尔参加	计数	1020	2442	379	609	323	291	5064
	百分比	22.8%	18.1%	14.3%	15.2%	16.1%	13.1%	17.6%
几乎不参加	计数	291	709	103	185	66	117	1471
	百分比	6.5%	5.3%	3.9%	4.6%	3.3%	5.3%	5.1%
合计	计数	4464	13459	2645	4002	2007	2222	28799
	百分比	100.0%	100.0%	100.0%	100.0%	100.0%	100.0%	100.0%
体育锻炼频率		母亲的受教育程度						合计
		小学及以下	初中	中专/技校/职高	普通高中	大学专科	大学本科及以上	
每天都参加	计数	2853	5449	1182	1331	756	888	12459
	百分比	36.1%	44.2%	47.5%	48.9%	49.1%	49.5%	43.3%
每周都参加	计数	2812	4164	848	884	502	595	9805
	百分比	35.5%	33.7%	34.1%	32.5%	32.6%	33.2%	34.0%

续表

体育锻炼频率		母亲的受教育程度						合计
		小学及以下	初中	中专/技校/职高	普通高中	大学专科	大学本科及以上	
偶尔参加	计数	1728	2132	356	388	226	234	5064
	百分比	21.8%	17.3%	14.3%	14.3%	14.7%	13.0%	17.6%
几乎不参加	计数	519	595	104	119	57	77	1471
	百分比	6.6%	4.8%	4.2%	4.4%	3.7%	4.3%	5.1%
合计	计数	7912	12340	2490	2722	1541	1794	28799
	百分比	100.0%	100.0%	100.0%	100.0%	100.0%	100.0%	100.0%

注：父亲受教育程度的卡方检验，$\chi^2=319.32$，$P<0.001$；
母亲受教育程度的卡方检验，$\chi^2=357.52$，$P<0.001$。

从父母的职业类型来看，父母职业类型不同学生的体育锻炼频率具有显著差异（表2-13）。当父亲从事管理类职业时，学生每天参加体育锻炼的比例最高（$M=46.2\%$），然后依次是父亲的职业为一般类、技术类和经济类的学生，每天进行体育活动的比例分别为45.2%、45.1%和43.3%。当父亲从事体力类工作时，每天参加体育锻炼的学生占比为43.0%，低于全体样本均值（$M=43.3\%$）。当父亲是无业及其他时，每天参加体育锻炼的学生比例最低（$M=34.2\%$）。

与父亲职业类型对学生参与体育锻炼频率影响不同的是，当母亲从事技术类职业时，学生每天参加体育锻炼的比例最高（$M=46.6\%$），然后依次是母亲的职业为一般类、管理类和经济类的学生，每天参加体育活动的占比分别为46.3%、46.1%和44.3%。当母亲从事体力类工作时，每天参加体育锻炼的学生占比为43.1%，低于全体样本均值（$M=43.3\%$）。当母亲是无业及其他时，每天参加体育锻炼的学生比例最低（$M=38.3\%$）。

表 2-13 父母职业类型不同的学生的体育锻炼频率差异

体育锻炼频率		父亲的职业类型						合计
		管理类职业	技术类职业	经济类职业	一般类职业	体力类职业	无业及其他	
每天都参加	计数	607	971	429	3111	6677	664	12459
	百分比	46.2%	45.1%	43.3%	45.2%	43.0%	34.2%	43.3%
每周都参加	计数	465	750	361	2378	5192	659	9805
	百分比	35.4%	34.8%	36.5%	34.5%	33.5%	34.0%	34.0%
偶尔参加	计数	190	319	153	1117	2820	465	5064
	百分比	14.5%	14.8%	15.5%	16.2%	18.2%	24.0%	17.6%
几乎不参加	计数	51	114	47	279	827	153	1471
	百分比	3.9%	5.3%	4.7%	4.1%	5.3%	7.9%	5.1%
合计	计数	1313	2154	990	6885	15516	1941	28799
	百分比	100.0%	100.0%	100.0%	100.0%	100.0%	100.0%	100.0%

体育锻炼频率		母亲的职业类型						合计
		管理类职业	技术类职业	经济类职业	一般类职业	体力类职业	无业及其他	
每天都参加	计数	257	1141	280	2714	6108	1959	12459
	百分比	46.1%	46.6%	44.3%	46.3%	43.1%	38.3%	43.3%
每周都参加	计数	191	848	215	1996	4782	1773	9805
	百分比	34.2%	34.6%	34.0%	34.0%	33.7%	34.6%	34.0%
偶尔参加	计数	86	350	107	922	2554	1045	5064
	百分比	15.4%	14.3%	16.9%	15.7%	18.0%	20.4%	17.6%
几乎不参加	计数	24	109	30	232	734	342	1471
	百分比	4.3%	4.5%	4.7%	4.0%	5.2%	6.7%	5.1%
合计	计数	558	2448	632	5864	14178	5119	28799
	百分比	100.0%	100.0%	100.0%	100.0%	100.0%	100.0%	100.0%

注:父亲职业类型的卡方检验,$\chi^2=176.40, P<0.001$;

母亲职业类型的卡方检验,$\chi^2=146.81, P<0.001$。

从家庭经济水平来看,不同家庭经济水平的县域高中学生参加体育锻炼的频率存在显著差异,随着家庭经济水平的增加,学生每天参加体育锻炼的比例增加。表 2-14 显示,来自家庭经济非常困难的学生每天进行体育锻炼的学生占比最低($M=36.9\%$),随着家庭收入的增加,每天参加体育锻炼的学生比例也随之增加,来自很富裕家庭的学生,每天锻炼身体的比例最高($M=56.5\%$)。这说明家庭经济资本对学生体育锻炼的影响十分明显。既往研究发现,家庭经济水平较好的家庭,有着更为浓厚的体育锻炼氛围,能更方便地获得体育锻炼的机会,父母的生活方式和价值观更加科学,从而更能保障子女的体质健康。[①]

表 2-14 家庭经济水平不同学生的体育锻炼频率差异

体育锻炼频率		家庭经济水平					合计
		非常困难	比较困难	中等	比较富裕	很富裕	
每天都参加	计数	197	1761	9842	620	39	12459
	百分比	36.9%	38.9%	43.8%	51.8%	56.5%	43.3%
每周都参加	计数	147	1527	7722	394	15	9805
	百分比	27.5%	33.7%	34.4%	32.9%	21.7%	34.0%
偶尔参加	计数	114	939	3863	140	8	5064
	百分比	21.3%	20.7%	17.2%	11.7%	11.6%	17.6%
几乎不参加	计数	76	305	1040	43	7	1471
	百分比	14.2%	6.7%	4.6%	3.6%	10.1%	5.1%
合计	计数	534	4532	22467	1197	69	28799
	百分比	100.0%	100.0%	100.0%	100.0%	100.0%	100.0%

注:家庭经济水平的卡方检验,$\chi^2 = 246.74$,$P<0.001$。

---

① 李文烨,姚继军,周世科.运动达标为什么这么难?:中小学生体育锻炼影响因素的实证分析[J].教育科学研究,2022(01):42-48.

3.日均睡眠时间的差异

父母受教育程度不同的学生的日均睡眠时间[1]存在显著差异(表2-15)。从父亲的受教育程度来看,随着父亲学历水平的提升,学生日均睡眠时间具有增加的趋势。当学生父亲仅为小学及以下学历时,学生的日均睡眠时间最短($M=6.97$),当学生父亲的学历为大学本科及以上时,其日均睡眠时间最长($M=7.12$)。但是父亲学历水平为大学专科($M=7.05$)的学生,日均睡眠时间少于父亲学历为初中($M=7.06$)学生。

与父亲受教育程度对学生睡眠时长的影响相同,随着母亲学历水平的提升,学生日均睡眠时间具有增加的趋势。母亲受教育程度为小学及以下时,学生日均睡眠时间最短($M=6.96$),母亲受教育程度为大学本科及以上时,学生日均睡眠时间最长($M=7.15$)。

表2-15　父母受教育程度不同的学生的日均睡眠时间差异

父亲受教育程度	睡眠时间(小时)	母亲受教育程度	睡眠时间(小时)
小学及以下	6.97	小学及以下	6.96
初中	7.02	初中	7.04
中专/技校/职高	7.03	中专/技校/职高	7.04
普通高中	7.06	普通高中	7.05
大学专科	7.05	大学专科	7.08
大学本科及以上	7.12	大学本科及以上	7.15

注:父亲受教育程度的 ANOVA,$F=7.27$,$P<0.001$;
　　母亲受教育程度的 ANOVA,$F=11.92$,$P<0.001$。

父母职业类型不同学生的日均睡眠时间存在显著差异(表2-16)。从父亲的职业类型来看,当父亲从事技术类职业时,学生日均睡眠时间最长($M=7.11$),然后依次是父亲职业为管理类($M=7.06$)、经济类($M=7.03$)、一般类($M=7.03$)和体力类($M=7.03$)的学生。这表明当父亲从事占据较多社会资源的工作时,学生的日均睡眠时间越长。

---

[1] 学生日均睡眠时间=(周中日均睡眠时间*5+周末日均睡眠时间*2)/7

从母亲的职业类型来看,当母亲从事技术类职业时,学生日均睡眠时间最长($M=7.11$),然后依次是母亲职业为管理类($M=7.09$)、一般类($M=7.03$)、体力类($M=7.03$)和经济类($M=7.01$)的学生。值得关注的是,当母亲从事经济类工作,如私营企业主时,学生日均睡眠时间低于母亲从事一般类和体力类的学生。

表2-16 父母职业类型不同的学生的日均睡眠时间差异

父亲职业类型	睡眠时间(小时)	母亲职业类型	睡眠时间(小时)
管理类职业	7.06	管理类职业	7.09
技术类职业	7.11	技术类职业	7.11
经济类职业	7.03	经济类职业	7.01
一般类职业	7.03	一般类职业	7.03
体力类职业	7.03	体力类职业	7.03
无业及其他	6.92	无业及其他	6.97

注:父亲职业类型的ANOVA,$F=6.51$,$P<0.001$;
　　母亲职业类型的ANOVA,$F=6.44$,$P<0.001$。

从家庭经济水平来看,家庭经济水平不同的学生在日均睡眠时间方面存在显著差异,家庭经济水平越高,学生日均睡眠时间越长(图2-29)。家庭非常困难的学生日均睡眠时间最短($M=6.97$),来自很富裕家庭的学生日均睡眠时间最长($M=7.37$)。这与相关研究的结论相似,家庭经济水平越高,青少年的睡眠将越充足。[1] 家庭经济状况好的学生,拥有更好的生活水平和睡眠环境,家长可能会有更多的时间与孩子相处,对孩子的睡眠进行监督和管教,能够帮助孩子养成良好的睡眠习惯。[2]

---

[1] SCHMEER K K, TARRENCE J, BROWNING C R, et al. Family Contexts and Sleep during Adolescence[J]. SSM — Population Health,2019(7):100320.
[2] 成刚,周鹤洋,朱庆环.青少年为什么睡眠不足?:基于中国教育追踪调查数据的研究[J].教育科学研究,2022(03):42-50.

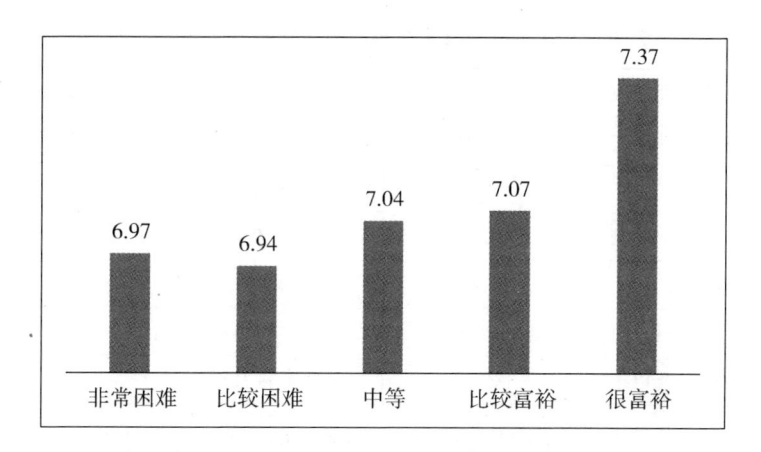

图 2-29　不同家庭经济水平的学生的日均睡眠时间差异

注:家庭经济水平的 ANOVA，$F=11.50$，$P<0.001$。

4.心理健康状况的差异

父母受教育程度不同的学生在心理健康上存在显著差异(表 2-17)。从父亲的学历水平来看,父亲受教育程度越高,学生的心理健康状况越好。当父亲的受教育程度为小学及以下时,学生心理健康自评的均值[①]最高,心理健康状况最差($M=3.26$)。当父亲学历为大学专科时,学生心理健康状况最好($M=2.90$),高于父亲学历为大学本科及以上的学生($M=2.93$)。此外,父亲受教育程度为中专/中职/技校的学生($M=2.91$)的心理健康水平也优于父亲学历为普通高中的学生($M=2.98$)。

从母亲的学历水平来看,母亲的受教育程度越高,学生的心理健康状况越好。当母亲的受教育程度为小学及以下时,学生的心理健康水平最差($M=3.21$)。当母亲的学历为中专/中职/技校、大学专科和大学本科及以上时,学生的心理健康自评均值都为 2.90。其中,母亲受教育程度为中专/中职/技校的学生的心理健康状况优于母亲学历为普通高中的学生($M=2.98$)。

[①] 心理健康量表的计分方式见本章第二节第四部分,心理健康测评的分数越高,代表学生的心理健康状况越差。

表2-17 父母受教育程度不同的学生的心理健康差异

父亲受教育程度	心理健康	母亲受教育程度	心理健康
小学及以下	3.26	小学及以下	3.21
初中	3.08	初中	3.04
中专/技校/职高	2.91	中专/技校/职高	2.90
普通高中	2.98	普通高中	2.98
大学专科	2.90	大学专科	2.90
大学本科及以上	2.93	大学本科及以上	2.90

注：父亲受教育程度的ANOVA，$F=47.04$，$P<0.001$；
母亲受教育程度的ANOVA，$F=47.11$，$P<0.001$。

父母职业类型不同的学生在心理健康状况上存在显著差异（表2-18）。从父亲的职业类型来看，父亲从事占据较多组织资源的管理类职业时，学生的心理健康状况最好（$M=2.92$）；其次，心理健康状况由较好至较差学生的父亲职业分别为技术类（$M=2.96$）、一般类（$M=3.01$）、经济类（$M=3.02$）和体力类（$M=3.08$）；父亲为无业或其他时，学生的心理健康状况最差（$M=3.22$）。

从母亲的职业类型来看，母亲从事占据较多文化资源的技术类职业时，学生的心理健康状况最好（$M=2.91$），然后，心理健康由较好至较差分别是母亲职业为管理类（$M=2.97$）、一般类（$M=3.00$）、体力类（$M=3.07$）。值得关注的是，当母亲从事占据较多经济资源的工作时，如私营企业主时，学生的心理健康状况（$M=3.10$）仅好于母亲为无业或其他类的学生（$M=3.16$）。

表2-18 父母职业类型不同学生的心理健康差异

父亲职业类型	心理健康	母亲职业类型	心理健康
管理类职业	2.92	管理类职业	2.97
技术类职业	2.96	技术类职业	2.91
经济类职业	3.02	经济类职业	3.10

(续表)

父亲职业类型	心理健康	母亲职业类型	心理健康
一般类职业	3.01	一般类职业	3.00
体力类职业	3.08	体力类职业	3.07
无业及其他	3.22	无业及其他	3.16

注：父亲职业类型的 ANOVA，$F=16.97$，$P<0.001$；
母亲职业类型的 ANOVA，$F=17.29$，$P<0.001$。

从家庭经济水平来看，家庭经济水平不同的学生在心理健康状况上存在显著差异，家庭经济水平越高，学生心理健康状况越好（图 2-30）。家庭非常困难的学生心理健康状况最差（$M=3.40$），来自很富裕家庭的学生心理健康状况最好（$M=2.87$）。研究表明，来自较低社会经济地位家庭的青少年在心理健康上处于劣势，比较容易出现心理问题，而具有良好家庭背景的青少年，家庭提供了较好的物质和文化资本，会促进青少年心理健康的提升。[①]

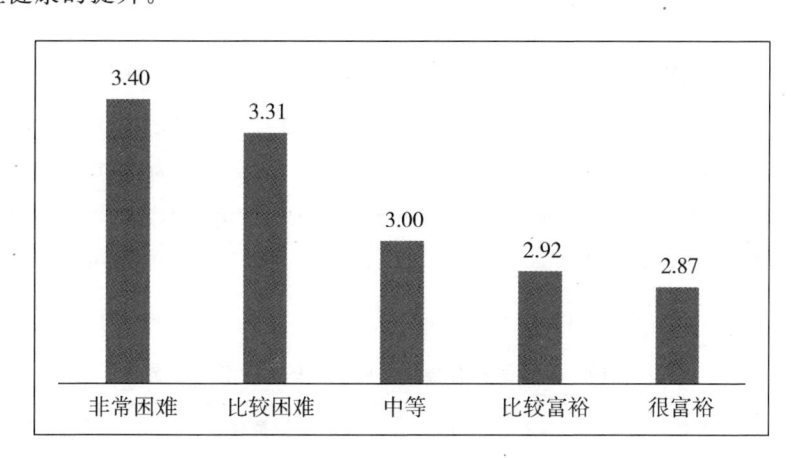

图 2-30 不同家庭经济水平学生的心理健康差异

注：家庭经济水平的 ANOVA，$F=74.68$，$P<0.001$。

[①] 赵如婧.浅议家庭背景与青少年心理健康[J].人口与健康,2019(10):17—19.

三、县域高中学生社会支持差异

县域高中学生的社会支持在父母受教育程度、父母职业及家庭经济水平不同的情况下均存在显著差异。在父母参与方面,父母的受教育程度越高,从事管理类、技术类和一般类职业,家庭经济水平越高,父母参与学生的生活、学习和人际关系越多。在学校归属感方面,父亲学历水平越高,从事管理类、技术类和一般类职业时,学生对学校的归属感越强;母亲学历为大学本科及以上和中专/技校/中职,从事技术类、管理类和一般类职业,家庭属于比较富裕的水平时,学生对学校的归属感更强。在学校满意度方面,父母的受教育程度越高,父母从事管理类、技术类和一般类职业,家庭属于比较富裕的水平时,学生对学校的满意度越高。

1. 学生父母参与的差异

父母的学历水平越高,父母会越广泛地参与到学生的学习与生活中。具体而言(表2-19),当父亲的受教育程度为小学及以下时,父母参与度最低($M=2.35$),父亲的受教育程度为大学本科及以上时,父母参与度最高($M=2.74$);此外,父亲学历为中专/技校/职高($M=2.64$)时,父母参与度高于父亲学历为普通高中的学生($M=2.61$)。母亲受教育程度为中专/技校/职高($M=2.65$)时,父母参与度低于母亲学历为普通高中的学生($M=2.66$)。研究表明父母受教育程度越高、文化资本越丰富的家庭,对子女的教育期望就越高,家长不仅会保证子女充足的学习资源供应,也会更加积极、更加自信地参与到子女的学习与生活中。[1]

表2-19 父母受教育程度不同学生的父母参与差异

父亲受教育程度	父母参与	母亲受教育程度	父母参与
小学及以下	2.35	小学及以下	2.38
初中	2.49	初中	2.53

---

[1] 于冰洁,余锦汉.家庭文化资本、家长参与对学生学业成就的影响效应及作用路径分析[J].教育学术月刊,2020(01):18-24+30.

(续表)

父亲受教育程度	父母参与	母亲受教育程度	父母参与
中专/技校/职高	2.64	中专/技校/职高	2.65
普通高中	2.61	普通高中	2.66
大学专科	2.70	大学专科	2.72
大学本科及以上	2.74	大学本科及以上	2.77

注:父亲受教育程度的 ANOVA,$F=221.23$,$P<0.001$;

母亲受教育程度的 ANOVA,$F=243.92$,$P<0.001$。

父母职业类型不同的学生在父母参与上存在显著差异(表 2-20)。就父亲职业而言,当父亲的职业属于管理类时,父母参与度最高($M=2.71$),其次分别是技术类($M=2.70$)、一般类($M=2.59$)和经济类($M=2.57$),当父亲职业属于无业及其他类时,父母参与度最低($M=2.40$)。就母亲职业而言,当母亲从事管理类职业时,父母参与度最高($M=2.73$),其次分别是技术类($M=2.72$),一般类($M=2.60$)和经济类($M=2.54$)。值得关注,当父母从事占据较多经济资源的工作(如私营企业主)时,父母参与度较低,甚至低于从事占据较少社会资源的一般类工作(如一般管理及办事人员)的父母。

表 2-20 父母职业类型不同的学生的父母参与差异

父亲职业类型	父母参与	母亲职业类型	父母参与
管理类职业	2.71	管理类职业	2.73
技术类职业	2.70	技术类职业	2.72
经济类职业	2.57	经济类职业	2.54
一般类职业	2.59	一般类职业	2.60
体力类职业	2.49	体力类职业	2.49
无业及其他	2.40	无业及其他	2.47

注:父亲职业类型的 ANOVA,$F=112.82$,$P<0.001$;

母亲职业类型的 ANOVA,$F=101.54$,$P<0.001$。

从家庭经济水平来看,家庭经济水平不同的学生在父母参与上存在显著差异,家庭经济水平越高,父母的参与度越高(图2-31)。来自非常困难家庭的学生,父母参与度最低($M=2.38$);来自很富裕家庭的学生,父母参与度最高($M=2.87$)。这一方面是由于家庭经济地位较低学生的父母,在价值观上将他们作为养育者和教育者的角色分离,将教育的责任全部归于学校;另一方面是因为经济水平较低的家庭,缺乏向子代传递的社会资本,无法为学生成长提供相应的支持,故而父母参与度较低。[1]

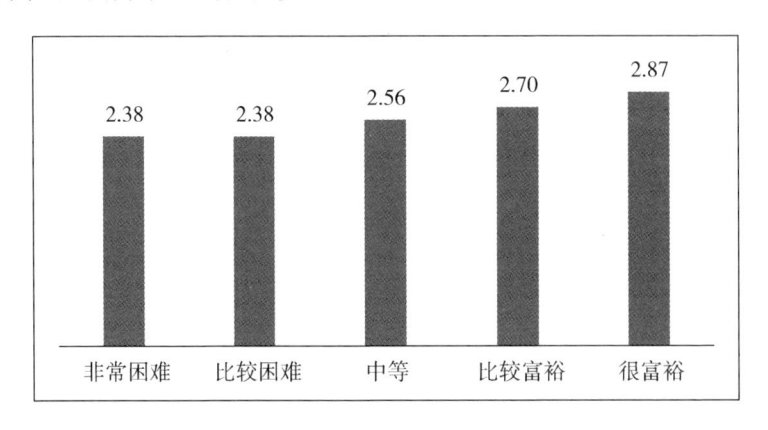

图 2-31 不同家庭经济水平学生的父母参与差异

注:家庭经济水平的 ANOVA,$F=135.67$,$P<0.001$。

2.学校归属感的差异

父母学历水平不同的学生在学校归属感[2]上存在显著差异(表2-21)。从父亲学历来看,父亲学历水平越高的学生,学校归属感越强。父亲学历为大学本科及以上的学生学校归属感最高($M=3.72$),其次分别大学专科($M=3.67$)、中专/技校/职高($M=3.66$)和普通高中($M=3.58$);父亲受教育程度为小学及以下的学生,学校归属感最低($M=3.42$)。从母亲的

---

[1] 安桂清,杨洋.不同社会经济地位家庭的家长参与对子女学业成就影响的差异研究[J].教育发展研究,2018(20):17-24.
[2] 学校归属感均值是将消极情感题项进行了反向计分后计算,即分值越高,归属感越强。

学历水平来看,母亲学历为大学本科及以上的学生学校归属感最高($M=3.77$),母亲受教育程度为中专/技校/职高的学生($M=3.69$)的学校归属感强于母亲受教育程度为大学专科的学生($M=3.67$),母亲学历分别为普通高中、初中和小学及以下学生的学校归属感均值分别为3.57、3.54和3.45。

表2-21 父母受教育程度不同的学生的学校归属感差异

父亲受教育程度	学校归属感	母亲受教育程度	学校归属感
小学及以下	3.42	小学及以下	3.45
初中	3.52	初中	3.54
中专/技校/职高	3.66	中专/技校/职高	3.69
普通高中	3.58	普通高中	3.57
大学专科	3.67	大学专科	3.67
大学本科及以上	3.72	大学本科及以上	3.77

注:父亲受教育程度的ANOVA,$F=84.31$,$P<0.001$;
母亲受教育程度的ANOVA,$F=93.24$,$P<0.001$。

父母职业类型不同的学生在学校归属感上存在显著差异(表2-22)。具体而言,当父亲从事管理类职业时,学生的学校归属感最高($M=3.72$),其次分别是技术类职业($M=3.66$)、一般类职业($M=3.58$)、经济类职业($M=3.55$)和体力类职业($M=3.52$),父亲职业为无业及其他时,学生的学校归属感最低($M=3.46$)。与父亲职业对学校归属感的影响不同,当母亲从事技术类职业时,学生的学校归属感最高($M=3.70$),其次分别是管理类($M=3.65$)、一般类职业($M=3.58$)、经济类职业($M=3.51$)和体力类职业($M=3.52$)。

表2-22 父母职业类型不同学生的学校归属感差异

父亲职业类型	学校归属感	母亲职业类型	学校归属感
管理类职业	3.72	管理类职业	3.65
技术类职业	3.66	技术类职业	3.70

(续表)

父亲职业类型	学校归属感	母亲职业类型	学校归属感
经济类职业	3.55	经济类职业	3.51
一般类职业	3.58	一般类职业	3.58
体力类职业	3.52	体力类职业	3.52
无业及其他	3.46	无业及其他	3.52

注:父亲职业类型的 ANOVA,$F=38.27$,$P<0.001$;
母亲职业类型的 ANOVA,$F=33.09$,$P<0.001$。

从家庭经济水平来看,家庭经济水平不同学生的学校归属感存在显著差异,随着家庭经济水平的增加,学生学校归属感先增加后降低。具体而言(图 2-32),来自非常困难家庭学生的学校归属感最低($M=3.37$),然后依次分别是比较困难家庭($M=3.41$)和中等经济水平家庭($M=3.57$),来自比较富裕家庭学生的学校归属感最强($M=3.75$),而来自很富裕家庭学生的学校归属感($M=3.58$)则弱于比较富裕家庭的学生。

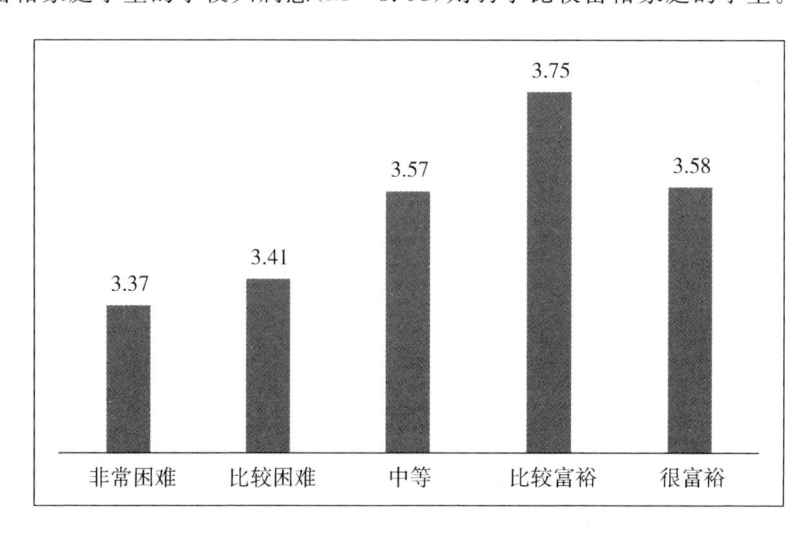

图 2-32 不同家庭经济水平学生的学校归属感差异

注:家庭经济水平的 ANOVA,$F=77.79$,$P<0.001$。

3.学校满意度的差异

父母受教育程度不同的学生在学校满意度上存在显著差异,父母受教育程度越高的学生,学校满意度越高(表2-23)。就父亲的学历水平而言,父亲的学历为大学本科及以上时,学生的学校满意度最高($M=3.68$),父亲的学历为小学及以下时,学生的学校满意度最低($M=3.34$);其中,父亲学历为中专/技校/职高的学生($M=3.50$)对学校的满意度要高于父亲学历为普通高中的学生($M=3.44$)。与父亲学历水平对学生学校满意度的影响相似,母亲学历为大学本科及以上的学生对学校的满意度最高($M=3.67$),母亲学历为小学及以下的学生对学校的满意度最低($M=3.36$)。

表 2-23 父母受教育程度不同学生的学校满意度差异

父亲受教育程度	学校满意度	母亲受教育程度	学校满意度
小学及以下	3.34	小学及以下	3.36
初中	3.40	初中	3.41
中专/技校/职高	3.50	中专/技校/职高	3.57
普通高中	3.44	普通高中	3.45
大学专科	3.55	大学专科	3.57
大学本科及以上	3.68	大学本科及以上	3.67

注:父亲受教育程度的 ANOVA,$F=54.66$,$P<0.001$;
母亲受教育程度的 ANOVA,$F=54.89$,$P<0.001$。

父母职业类型不同的学生在学校满意度上存在显著差异(表2-24)。具体而言,当父亲从事管理类职业($M=3.58$)、技术类职业($M=3.58$)时,学生对学校满意度最高,其次分别是一般类职业($M=3.47$)、体力类职业($M=3.41$)和经济类职业($M=3.40$)。而当母亲从事技术类职业($M=3.59$)时,学生的学校满意度最高,其后依次是管理类职业($M=3.55$)、一般类职业($M=3.49$)、体力类职业($M=3.41$)和经济类职业($M=3.33$)。

表 2-24 父母职业类型不同学生的学校满意度差异

父亲职业类型	学校满意度	母亲职业类型	学校满意度
管理类职业	3.58	管理类职业	3.55
技术类职业	3.58	技术类职业	3.59
经济类职业	3.40	经济类职业	3.33
一般类职业	3.47	一般类职业	3.49
体力类职业	3.41	体力类职业	3.41
无业及其他	3.31	无业及其他	3.38

注:父亲职业类型的 ANOVA,$F=28.89$,$P<0.001$;

母亲职业类型的 ANOVA,$F=28.74$,$P<0.001$。

从家庭经济水平来看,家庭经济水平不同的学生对学校满意度存在显著差异,随着家庭经济水平的增加,学生学校满意度先增加后降低。具体而言(图 2-33),来自非常困难家庭学生的学校满意度最低($M=3.16$),然后依次是比较困难的家庭学生($M=3.31$)、中等家庭学生($M=3.46$),来自比较富裕家庭的学生的学校满意度最高($M=3.54$),而来自很富裕家

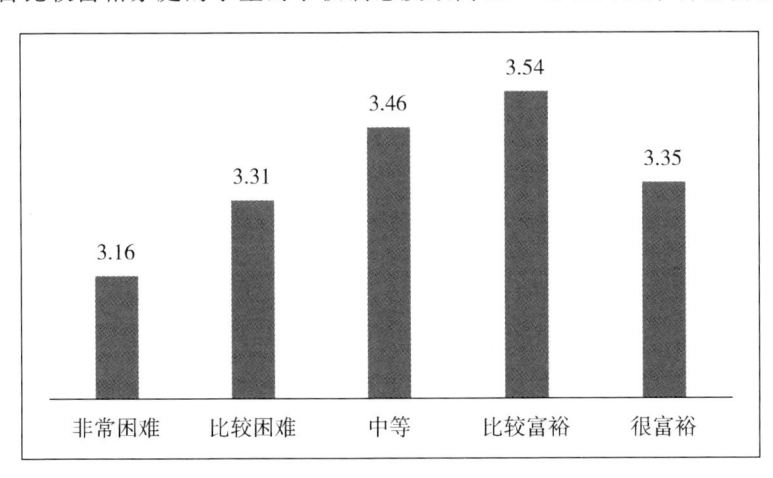

图 2-33 不同家庭经济水平学生的学校满意度差异

注:家庭经济水平的 ANOVA,$F=42.08$,$P<0.001$。

庭学生的学校满意度均值为3.35,低于来自中等家庭学生的学校满意度。研究也表明,家庭社会经济地位对学生学校生活满意度具有显著的正向预测作用。[①]

四、县域高中学生综合实践差异

县域高中学生的综合实践能力与家务劳动时长在不同的父母受教育程度、父母职业及家庭经济水平下均存在显著差异。在综合实践能力方面,父母受教育程度越高、从事拥有较多组织资源和文化资源的工作、家庭经济水平越高的学生,综合实践能力越强。在家务劳动方面,父母受教育程度对学生家务劳动时长具有负向影响,但父母的学历为普通高中的学生会更多地参与到家务劳动中;父亲从事体力职业、母亲从事管理类职业的学生参与家务劳动的时间更多;而家庭经济水平与学生参与家务劳动时间呈U形关系。

1. 综合实践能力的差异

父母学历水平不同的学生的综合实践能力存在显著差异,父母的学历水平越高,学生的综合实践能力越强(表2-25)。父母受教育程度为大学本科及以上时,学生综合实践能力最好($M_父=3.61,M_母=3.66$),父母受教育程度为小学及以下学生的综合实践能力相对较弱($M_父=3.27,M_母=3.27$)。值得关注的是,父母的学历水平为中专/技校/职高($M_父=3.56,M_母=3.56$)学生的综合实践能力仅次于父母学历水平为大学本科及以上的学生,高于父母学历水平为普通高中的学生($M_父=3.44,M_母=3.48$)。

表2-25 父母受教育程度不同学生的综合实践能力差异

父亲受教育程度	综合实践	母亲受教育程度	综合实践
小学及以下	3.27	小学及以下	3.27
初中	3.36	初中	3.39

[①] 杜玲玲.中小学生学校生活满意度及其影响因素分析[J].教育科学研究,2018(06):58-63.

(续表)

父亲受教育程度	综合实践	母亲受教育程度	综合实践
中专/技校/职高	3.56	中专/技校/职高	3.56
普通高中	3.44	普通高中	3.48
大学专科	3.54	大学专科	3.55
大学本科及以上	3.61	大学本科及以上	3.66

注:父亲受教育程度的 ANOVA,$F=93.63$,$P<0.001$;
母亲受教育程度的 ANOVA,$F=112.43$,$P<0.001$。

父母职业类型不同的学生的综合实践能力存在显著差异,父母从事拥有较多社会资源的职业时,学生的综合实践能力更强(表 2-26)。从父亲的职业类型来看,父亲从事管理类职业的学生,综合实践能力最强($M=3.57$),其次分别是父亲从事技术类($M=3.55$)、一般类($M=3.48$)和经济类($M=3.43$)职业的学生。从母亲的职业类型来看,母亲从事技术类职业的学生的综合实践能力最强($M=3.60$),其后依次是母亲从事管理类($M=3.58$)、一般类($M=3.48$)和经济类($M=3.42$)职业的学生。

表 2-26 父母职业类型不同学生的学校满意度差异

父亲职业类型	综合实践	母亲职业类型	综合实践
管理类职业	3.57	管理类职业	3.58
技术类职业	3.55	技术类职业	3.60
经济类职业	3.43	经济类职业	3.42
一般类职业	3.48	一般类职业	3.48
体力类职业	3.36	体力类职业	3.36
无业及其他	3.27	无业及其他	3.33

注:父亲受教育程度的 ANOVA,$F=54.81$,$P<0.001$;
母亲受教育程度的 ANOVA,$F=58.60$,$P<0.001$。

从家庭经济水平来看,家庭经济水平不同的学生的综合实践能力存在显著差异,家庭经济水平越高,学生的综合实践能力越强(图 2-34)。来自很富裕家庭的学生的综合实践能力最强($M=3.77$),来自比较困难家庭的学生的综合实践能力相对最弱($M=3.28$),而家庭经济水平属于非常困难的学生的综合实践能力($M=3.34$)强于比较困难家庭的学生。

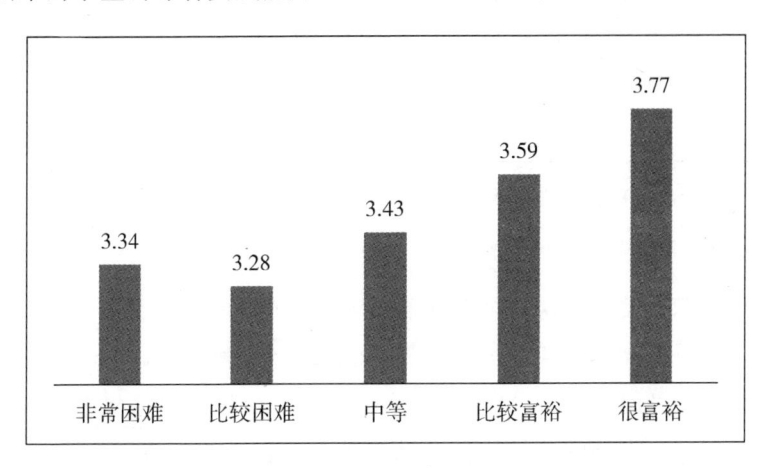

图 2-34 不同家庭经济水平学生的综合实践能力差异

注:家庭经济水平的 ANOVA,$F=51.57$,$P<0.001$。

2. 家务劳动时长的差异

父母学历水平不同的学生每周参与家务劳动的时长存在显著差异,父母受教育程度越高,学生每周参与家务劳动的时长越少(表 2-27)。父母学历为小学及以下时,学生每周参与家务劳动的时长分别为 2.65 小时和 2.63 小时。随着父母学历水平增加,学生每周参与家务劳动的时长减少,父母学历为大学本科及以上的学生每周参与家务劳动的时长分别为 2.19 小时和 2.29 小时。但值得关注的是,当父母的学历为普通高中时,学生每周参与家务劳动的时长最长($M_父=2.69$,$M_母=2.79$)。

表 2-27 父母受教育程度不同学生的家务劳动时长差异

父亲受教育程度	时长(小时/周)	母亲受教育程度	时长(小时/周)
小学及以下	2.65	小学及以下	2.63
初中	2.64	初中	2.62

(续表)

父亲受教育程度	时长(小时/周)	母亲受教育程度	时长(小时/周)
中专/技校/职高	2.50	中专/技校/职高	2.39
普通高中	2.69	普通高中	2.79
大学专科	2.35	大学专科	2.35
大学本科及以上	2.19	大学本科及以上	2.29

注:父亲受教育程度的 ANOVA,$F=15.33$,$P<0.001$;
母亲受教育程度的 ANOVA,$F=12.84$,$P<0.001$。

父母职业类型不同的学生每周参与家务劳动的时长也存在显著差异(表 2-28)。从父亲的职业类型来看,父亲从事管理类职业的学生每周参与家务劳动的时长最短($M=2.22$),然后由短到长分别是父亲从事技术类($M=2.38$)、一般类($M=2.49$)和经济类($M=2.54$)的学生,父亲从事体力类工作的学生每周参与家务劳动的时长最长($M=2.68$)。

母亲职业对学生参与家务劳动的影响与父亲不同。母亲从事技术类职业的学生每周参与家庭劳动的时长最短($M=2.29$),然后由短到长分别是母亲从事无业及其他($M=2.44$),一般类职业($M=2.50$)的学生,母亲从事管理类职业的学生参与家务劳动的时长最长($M=2.78$)。母亲职业是无业或其他,或者从事工作时间相对规律、工作压力较小的技术类和体力类工作时,母亲更有时间照顾家庭,承担更多的家务劳动,这可能也导致了学生较少地进行家务劳动。

表 2-28 父母职业类型不同学生的家务劳动时长差异

父亲职业类型	时长(小时/周)	母亲职业类型	时长(小时/周)
管理类职业	2.22	管理类职业	2.78
技术类职业	2.38	技术类职业	2.29
经济类职业	2.54	经济类职业	2.76
一般类职业	2.49	一般类职业	2.50

(续表)

父亲职业类型	时长(小时/周)	母亲职业类型	时长(小时/周)
体力类职业	2.68	体力类职业	2.70
无业及其他	2.59	无业及其他	2.44

注:父亲职业类型的 ANOVA,$F=12.60$,$P<0.001$;
母亲职业类型的 ANOVA,$F=15.91$,$P<0.001$。

家庭经济水平不同的学生每周参与家务劳动的时长存在显著差异,学生每周参与家务劳动的时长与家庭经济水平呈现 U 形关系。具体而言(图 2-35),来自非常困难的家庭的学生每周参与家务劳动的时长为 3.57 小时。随着家庭经济水平增加,学生参与家务劳动时长减少。来自比较富裕的家庭的学生进行家务劳动的时长最短,但来自很富裕家庭的学生每周参与家务劳动的时长最长($M=4.88$),显著高于其他类型家庭的学生。

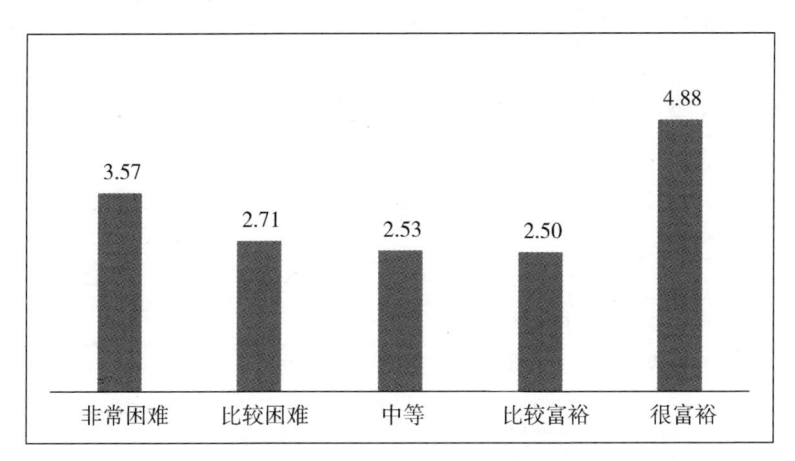

图 2-35 不同家庭经济水平学生的家务劳动时长差异

注:家庭经济水平的 ANOVA,$F=34.44$,$P<0.001$。

第四节　县域高中与地市级高中学生发展差异

本节比较县域高中与地市级高中学生在学业发展、身心健康、社会支持和劳动实践等维度的差异。

一、不同类型高中学生学业发展差异

总体上看,地市级高中学生的学业发展优于县域高中学生,县域高中学生认为课业负担,特别是课业数量的负担更大,学习效能感与学习动机较低,学习策略的使用也较差。

1.课业负担的差异

为便于进一步分析县域高中与地市级高中学生课业负担的压力,我们对课业负担量表的题项进行了探索性因子分析。探索性因子分析的KMO值为0.848,最终识别两个因子,总方差解释率为84.80%,两个因子分别命名为课业数量与课业难度,各题项的因子载荷如表2-29所示。

表2-29　课业负担的旋转成分矩阵

题项	成分	
	课业数量	课业难度
我觉得现在老师布置的作业太多	0.845	
我觉得现在校内各种考试太多	0.865	
我觉得现在老师布置的作业太难		0.821
我觉得现在校内各种考试太难		0.824
我觉得有的老师上课教的内容太难		0.874

在课业整体负担上,相较于地市级高中学生($M=3.16$),县域高中学生认为课业负担更大($M=3.13$),统计结果表明,县域高中与地市级高中学生在课业负担评价的差异上具有显著性(图2-36)。在课业难度维度

上,县域高中学生认为作业、考试和上课学习的内容都太难($M=3.13$),高于地市级高中学生课业难度的评价均值($M=3.10$);在课业数量维度上,尽管不同类型高中的学生都认为作业与考试太多,但相较于地市级高中而言($M=3.17$),县域高中学生的评价均值更高($M=3.22$),也就是说,县域高中学生在课业数量上的负担更大。

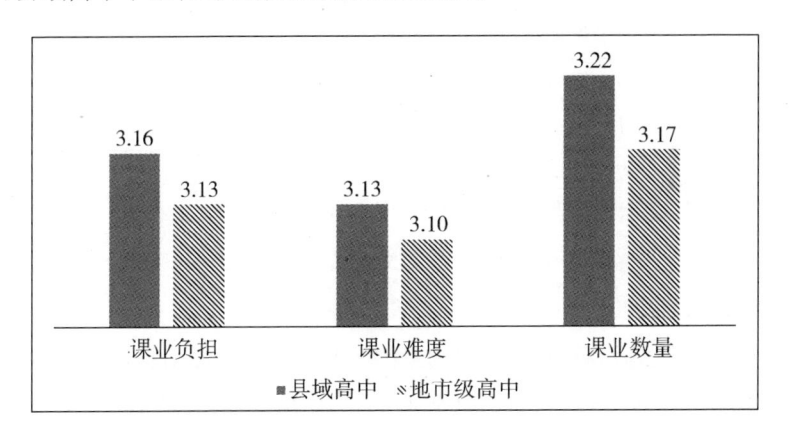

图 2-36 不同类型高中学生课业负担差异

注:$T_{课业负担}=5.23,P<0.001$;$T_{课业难度}=3.52,P<0.001$;$T_{课业数量}=6.64,P<0.001$。

2.学习效能感与学习动机的差异

为进一步分析不同类型高中学生在学习效能感与学习动机上的差异,我们对学校效能感和学习动机分别进行了探索性因子分析。其中学习效能感量表仅能识别一个特征根大于 1 的因子,其方差解释率达到 75%,且每个题项的因子载荷均大于 0.85,故未对学习效能感再进行维度划分。同时,我们对学习动机进行了探索性因子分析,识别出两个因子,两个因子的方差解释率为 78%,分别将两个因子命名为内部动机与外部动机,各题项的因子载荷如表 2-30 所示。

中国县域教育发展蓝皮书:县域高中

表 2-30 学习动机的旋转成分矩阵

题项	成分	
	外部动机	内部动机
我经常把所学的学科知识应用到生活中去		0.828
我解决学习中的问题是为了自我提升		0.685
我学习的目的是为了将来能找到好的工作	0.828	
我的大多数朋友都在努力学习	0.685	
我的父母认为学习对我以后的发展很重要	0.856	

图 2-37 显示,在学习效能感方面,地市级高中学生的学习效能感更强($M=3.69$),县域高中学生的学习效能感较弱($M=3.60$),且二者的差异具有显著性。

在学习动机方面,整体而言,地市级高中学生学习动机($M=3.91$)强于县域高中学生($M=3.84$),且所有高中学生学习的外部动机都强于内部动机,即高中学生的学习动力多源自对未来优秀工作的追求、同伴的压力与父母的要求。而地市级高中与县域高中学生学习动机的差异主要表

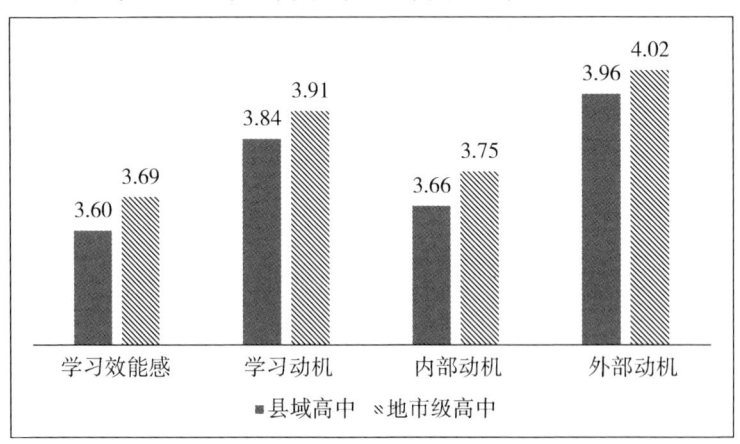

图 2-37 不同类型高中学生学习效能感与学习动机差异

注:$T_{学习效能感}=12.37,P<0.001$;$T_{学习动机}=12.03,P<0.001$;$T_{内部动机}=12.76,P<0.001$;$T_{外部动机}=9.62,P<0.001$。

现在内部动机的差异上,县域高中学生外部动机评价均值($M=3.96$)比地市级高中($M=4.02$)低 0.06,内部动机的评价均值($M=3.66$)比地市级高中($M=3.75$)低 0.09。

3.认知策略的差异

认知策略可以划分为三类,即复述策略、精细加工策略和组织策略[1]。复述策略是指在工作记忆中为了保持信息,运用内部语言在大脑中重现学习材料或刺激,以便将注意力维持在学习材料上的方法;精细加工策略是指把新信息与头脑中的旧信息联系起来从而增加新信息意义的深层加工策略;组织策略是将经过精细加工提炼出来的知识点加以构造,形成更高水平的知识结构的信息加工策略,如归类、知识导图等。[2] 基于此,本研究对已有的认知策略量表进行验证性因子分析,其 KMO 值为 0.913,三个因子总方差解释率为 79%,各题项的因子载荷如表 2-31 所示。尽管题项"当我学习时,我总是从我确实需要学习的内容入手"和"当我学习时,我会自我检测是否记得先前已经完成的任务"两题在对应成分上的因子载荷小于 0.4,但考虑到本量表已是较为成熟的量表,故此处未删除因子载荷小于 0.4 的题项。

表 2-31 学习策略使用的旋转成分矩阵

题项	精细加工策略	复述策略	组织策略
当我进行测验时,我试图从最重要的部分入手			0.884
当我学习时,我试着揣摩那些我还没有正确理解的概念			0.423
当我学习时,我总是从我确实需要学习的内容入手			0.302

---

[1] 张大均.教育心理学[M].北京:人民教育出版社,2012:170.
[2] 冯忠良等.教育心理学[M].北京:人民教育出版社,2010:158.

(续表)

题项	成分		
	精细加工策略	复述策略	组织策略
当我学习时,我会思考新的方法来得到答案	0.773		
当我学习时,我设法把它与其他学科学到的内容联系起来	0.793		
我会思考自己学到的学科知识如何在日常生活中应用	0.696		
当我学习时,我会自我检测是否记得先前已经完成的任务		0.279	
为了记住解决某个问题的方法,我会反复地看例题		0.546	
有些问题我会反复做,我觉得闭着眼睛都能解决		0.895	

在认知策略方面,地市级高中学生($M=3.69$)优于县域高中学生($M=3.61$)。相较而言,三类认知策略中学生们能够较好使用的是组织策略,其次是精细加工策略,使用较差的是复述策略。具体来说(图 2-38),地市级高中学生在三种策略使用上均优于县域高中学生,且这种差异具有统计意义的显著性。但县域高中学生评价均值($M=3.53$)与地市级高中学生评价均值($M=3.62$)差距最大的是复述策略,即地市级高中学生会通过反复练习、自我检测先前的学习任务来加强知识的学习,县域高中学生却不擅长使用这种方法。

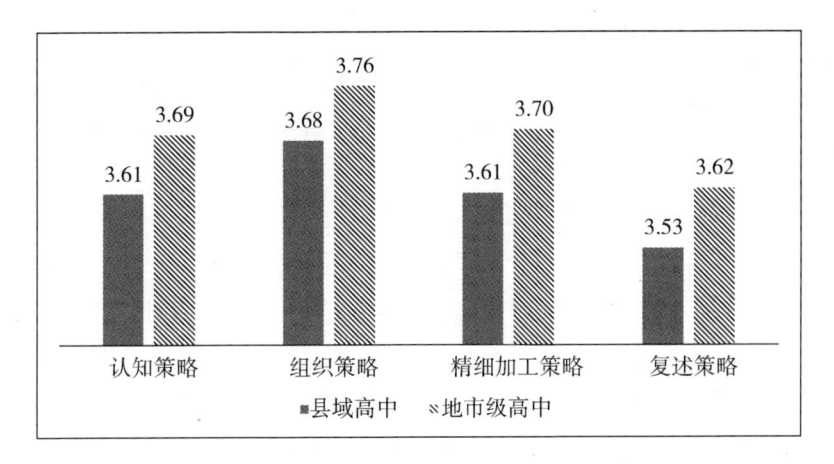

图 2-38 不同类型高中学生学习效能感与学习动机差异

注：$T_{学认知策略}=13.14,P<0.001$；$T_{组织策略}=11.67,P<0.001$；$T_{精细加工策略}=12.69$，$P<0.001$；$T_{复述策略}=12.38,P<0.001$。

二、不同类型高中学生身心健康差异

地市级高中学生的身心健康状况优于县域高中学生。其中，地市级高中与县域高中学生在近视发生率上的差异不具有显著性。但地市级高中学生参加体育锻炼的频率更高，日均睡眠时间更长，心理健康状况更好。相较而言，县域高中学生心理健康较差，其主要原因是学习压力更大。

1. 体育锻炼频率的差异

在体育锻炼的频率方面，地市级高中学生与县域高中学生存在显著差异（表2-32）。具体而言，地市级高中学生每天参加体育运动的学生比例（$M=47.3\%$）高于县域高中（$M=43.3\%$），地市级高中学生每周进行体育锻炼的学生比例（$M=32.8\%$）低于县域高中（$M=34.0\%$），即地市级高中学生比县域高中学生参加体育锻炼的频率更高，参与体育活动更为积极。

表 2-32 不同类型高中学生的体育锻炼频率差异

体育锻炼频率		学校类型		合计
		地市级高中	县域高中	
每天都参加	计数	11461	12459	23920
	百分比	47.3%	43.3%	45.1%
每周都参加	计数	7944	9805	17749
	百分比	32.8%	34.0%	33.5%
偶尔参加	计数	3866	5064	8930
	百分比	15.9%	17.6%	16.8%
几乎不参加	计数	978	1471	2449
	百分比	4.0%	5.1%	4.6%
合计	计数	24249	28799	53048
	百分比	100.0%	100.0%	100.0%

注：卡方检验，$\chi^2=107.25$，$P<0.001$。

2. 日均睡眠时间的差异

在睡眠时长方面，地市级高中与县域高中学生在日均睡眠时间上存在显著差异(图 2-39)。县域高中学生日均睡眠时间($M=7.03$)略少于地市级高中学生($M=7.07$)，这种差异主要源于工作日期间睡眠时长不同。具体来说，县域高中学生在周中日均睡眠时长($M=6.75$)显著少于地市级高中学生($M=6.80$)，而在周末，县域高中学生与地市级高中学生的日均睡眠时长不具有差异性。

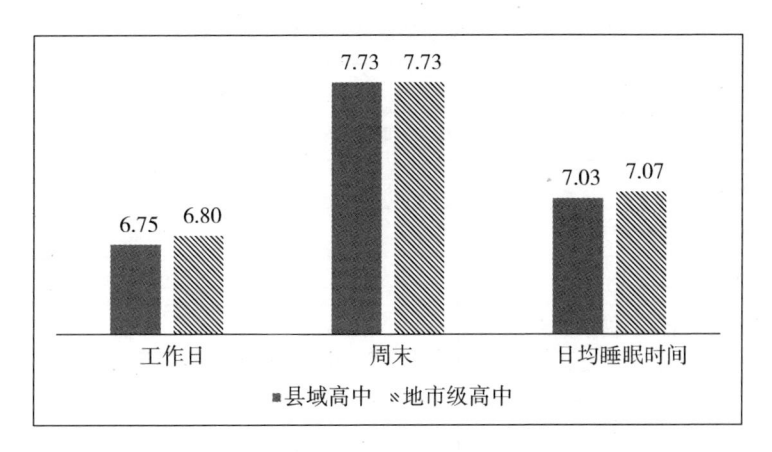

图 2-39　不同类型高中学生睡眠时间的差异

注：$T_{工作日} = -5.64, P<0.001$；$T_{周末} = -0.04, P=0.968$；$T_{日均睡眠时间} = -4.23$，$P<0.001$。

3. 心理健康状况的差异

本研究对心理健康量表进行了验证性因子分析，其 KMO 值为 0.953，抑郁、焦虑和学习压力的三个因子的方差解释率为 76%，各题项的因子载荷如表 2-33 所示。其中"我常常无精打采，提不起劲来""我感到紧张或容易紧张"和"我讨厌上学"三个题项在对应成分上的因子载荷小于 0.4，但大量的调查分析表明《中学生心理健康量表》具有良好的结构效度[1]，故此处未删除因子载荷小于 0.4 的题项。

---

[1] 王极盛，赫尔实，李焰. 9970 名中学生心理素质的研究[J]. 心理科学，1998(5)：404－406＋479.

表 2-33　心理健康量表的旋转成分矩阵

题项	成分 抑郁	成分 焦虑	成分 学习压力
我感到苦闷	0.765		
我感到前途没有希望	0.607		
经常责怪自己	0.757		
我常常无精打采,提不起劲来	0.360		
我感到紧张或容易紧张		0.170	
我无缘无故地突然感到害怕		0.531	
觉得心里不踏实		0.683	
心里总觉得有事		0.652	
我感到学习负担很重			0.614
上课总担心老师会提问自己			0.766
一听说考试,心理就感到紧张			0.755
我讨厌上学			0.311

在心理健康[①]方面,地市级高中学生心理健康状况($M=2.97$)优于县域高中学生($M=3.05$),且这种差异具有显著性。具体而言(图 2-40),县域高中学生在心理健康的三个维度——抑郁、焦虑和学习压力——的均值都高于地市级高中的学生,其中在学习压力方面,县域高中学生的评价均值($M=3.23$)与地市级高中($M=3.13$)的差异最大。

三、不同类型高中学生社会支持差异

地市级高中学生的社会支持显著优于县域高中学生。具体而言,首先地市级高中学生的父母参与度更高,主要表现在地市级高中学生家长

[①] 心理健康量表的计分方式见本章第二节第四部分,心理健康测评的分数越高,代表学生的心理健康状况越差.

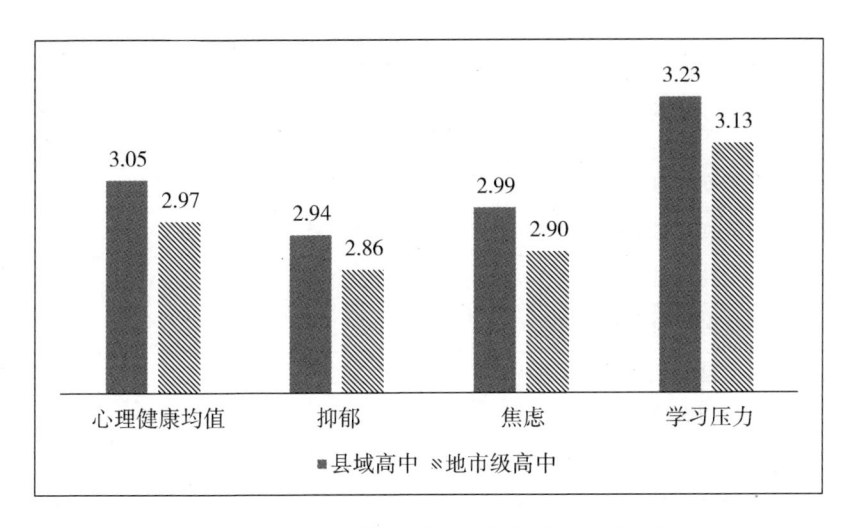

图 2-40　不同类型高中学生心理健康状况的差异

注：$T_{均值}=8.31$，$P<0.001$；$T_{抑郁}=6.78$，$P<0.001$；$T_{焦虑}=7.90$，$P<0.001$；$T_{学习压力}=8.73$，$P<0.001$。

会更多地参与到学生的社会关系网中。其次是地市级高中学生的学校归属感更强。再次，地市级高中学生和县域高中学生对语文教师满意度差异最大，对英语老师满意度差异最小；对教师命题能力的满意度差异最大，对工作态度满意度差异最小。最后，地市级高中学生对学校活动组织和管理制度满意度显著高于县域高中学生。

1. 父母参与的差异

本研究对父母参与量表进行了探索性因子分析，其 KMO 值为 0.793，识别出三个因子，三个因子的累积贡献率为 78%，我们分别将三个因子命名为人际关系参与、学业参与和家校活动参与（表 2-34）。

表 2-34 父母参与量表的旋转成分矩阵

题项	人际关系参与	学业参与	家校活动参与
父母经常辅导我的学习(功课)		0.890	
父母经常检查我的家庭作业		0.876	
父母经常与其他家长之间进行交流	0.846		
父母认识很多我的朋友和同学	0.728		
父母经常主动联系老师,与老师讨论我在学校的表现	0.776		
父母会积极出席每一次的家长会			0.883
如果学校邀请,父母会主动出席每一场有我参加的学校活动(如文艺演出、运动会等)			0.838

在父母参与方面(图 2-41),地市级高中学生的父母参与度($M=2.62$)显著高于县域高中($M=2.54$)。具体而言,地市级高中($M=2.61$)和县域高中($M=2.52$)学生的父母在社会关系参与维度的差异最大,县域高中

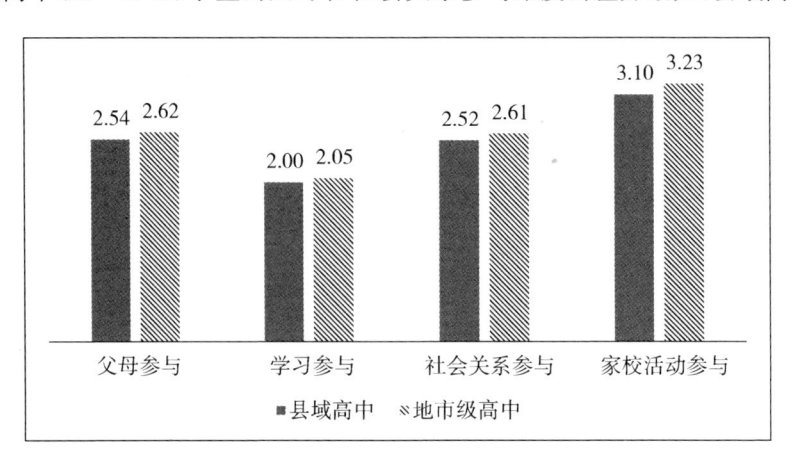

图 2-41 不同类型高中学生父母参与的差异

注:$T_{父母参与}=17.33,P<0.001$;$T_{学习参与}=6.99,P<0.001$;$T_{社会关系参与}=13.99$,$P<0.001$;$T_{家校活动参与}=20.92,P<0.001$。

学生父母较少主动联系老师、认识孩子的朋友和同学以及与其他家长交流。县域高中($M=2.00$)和地市级高中($M=2.05$)学生的父母在学习参与维度差距最小,这说明在高中阶段,父母都较少辅导与监督学生学习。

2. 学校归属感的差异

本研究对学校归属感量表进行了验证性因子分析,其 KMO 值为 0.771,两个因子的累积贡献率为 81%,各题项的因子载荷如表 2-35 所示。

表 2-35 学校归属感量表的旋转成分矩阵

题项	成分	
	积极情感	消极情感
我在学校很容易结交朋友	0.854	
我觉得我属于学校的一份子	0.831	
其他同学似乎喜欢我	0.868	
我在学校感觉像是局外人		0.910
我在学校感到尴尬和失落		0.941
我在学校感到孤独		0.931

图 2-42 显示,在学校归属感[1]方面,地市级高中学生的学校归属感($M=3.64$)强于县域高中学生($M=3.55$),且差异显著。在积极情感方面,地市级高中学生与县域高中学生的均值分别为 3.70 和 3.58;在消极情感方面,二者的均值分别是 2.41 和 2.48。研究表明影响学生学校归属感的因素包括内部因素和外部因素,内部因素主要是学生个体的自我概念,即在社会互动中形成的关于外表、能力、特长和社会接受性等方面的自我评价,学生自我概念越积极、学校归属感越强。[2] 外部因素包括同伴关系[3]、

---

[1] 学校归属感均值是将消极情感题项进行了反向计分后计算,即分值越高,归属感越强。
[2] 谢玉兰,阳泽.影响中学生学校归属感的因素分析[J].中国教育学刊,2012(11):43—46.
[3] 王雨田.集团化办学下生生关系对学生学业发展的影响:学校归属感与跨校互动的中介效应[J].上海教育科研,2019(04):10—14.

师生关系[①]、学校环境等,这也导致学校归属感存在显著的学校类型差异,例如重点中学学生的学校归属感明显高于普通高中的学生。[②]

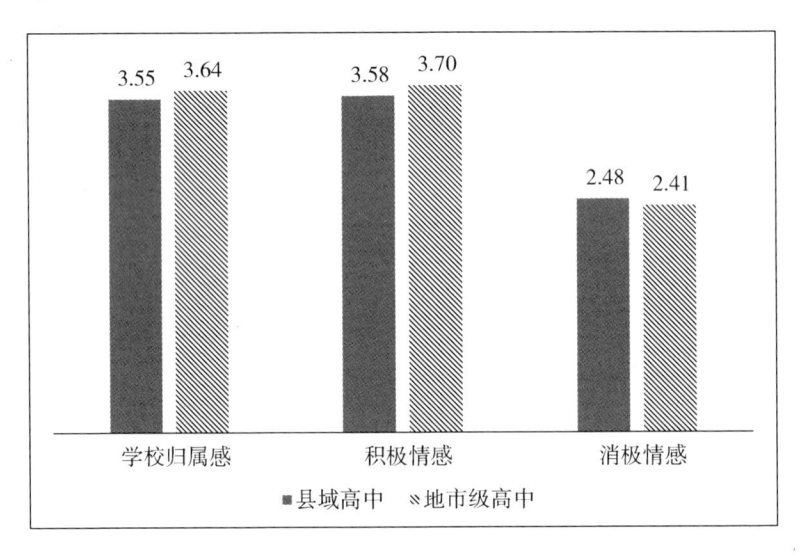

图 2-42 不同类型高中学生学校归属感的差异

注:$T_{学校归属感}=14.18$,$P<0.001$;$T_{积极情感}=16.02$,$P<0.001$;$T_{消极情感}=-7.76$,$P<0.001$。

3. 教师满意度评价

在教师满意度方面,不同类型高中学生对教师的满意度存在显著差异。相较于县域高中学生,地市级高中学生对教师满意度整体更高。就学科而言,县域高中与地市级高中学生对语文教师的满意度差异最大,其次是对数学老师的满意度,而对英语老师的满意度差异最小(图 2-43)。就评价维度而言,县域高中与地市级高中学生在命题能力方面的满意度差异最大,其次是在关心学生程度方面。在工作态度方面,县域高中学生

---

① 吴春琼.教师支持方式对 15 岁学生积极情绪的影响:学校归属感的中介作用[J].上海教育科研,2020(07):28-33+92.
② 包克冰,李卉,徐琴美.中学生学校归属感及其与自我概念的关系研究[J].教育科学研究,2006(01):25-28.

与地市级高中学生满意度差距最小(图 2-44)。

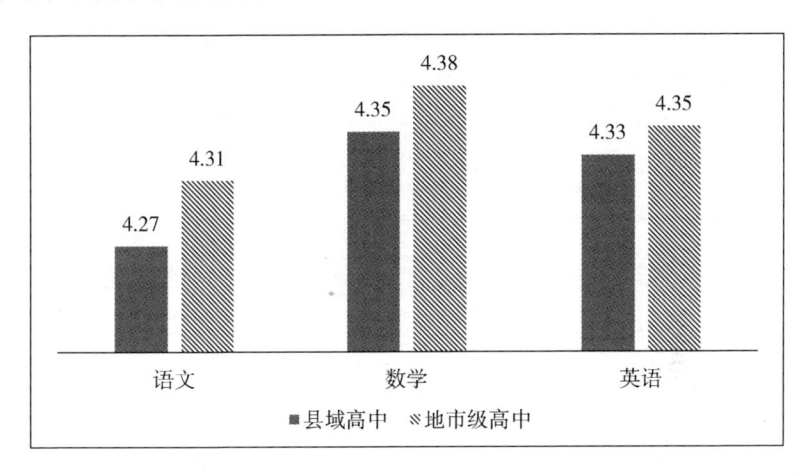

图 2-43 不同类型高中学生教师满意度的差异(分学科)

注:$T_{语文}=6.36, P<0.001$; $T_{数学}=4.77, P<0.001$; $T_{英语}=2.89, P=0.004$。

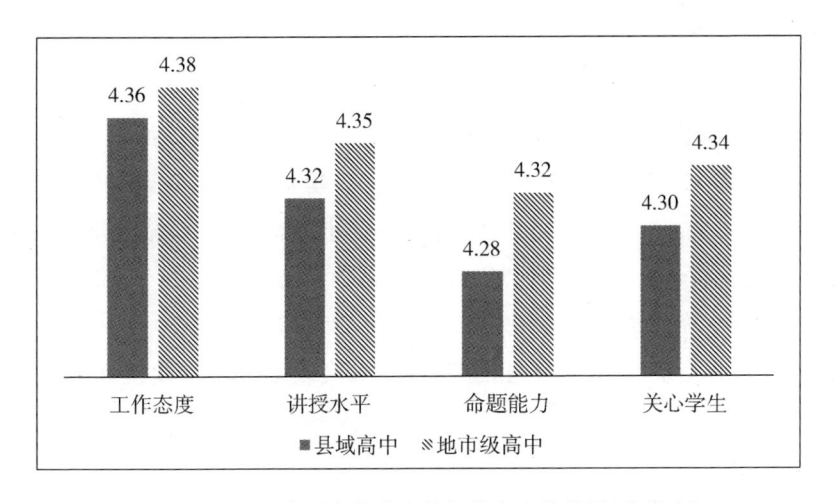

图 2-44 不同类型高中学生教师满意度的差异(分维度)

注:$T_{工作态度}=2.84, P=0.004$; $T_{讲授水平}=5.08, P<0.001$; $T_{命题能力}=7.11, P<0.001$; $T_{关心学生}=5.40, P<0.001$。

4.学校满意度评价

本研究对学校满意度评价量表进行了探索性因子分析,其 KMO 值为 0.912,共识别出两个因子,两个因子分别命名为活动组织和管理制度,两因子的累积贡献率为 86%,各题项的因子载荷如表 2-36 所示。

表 2-36　学校满意度评价量表的旋转成分矩阵

题项	成分	
	活动组织	管理制度
学校文体活动的实施	0.856	
校园安全纪律活动的开展	0.704	
学生实践活动的组织	0.843	
学校作息时间的安排		0.351
校园育人环境的管理		0.786
校内收费制度的公开		0.891

图 2-45 显示,在学校满意度方面,地市级高中学生($M=3.63$)对学校的满意度显著高于县域高中学生($M=3.44$)。学校活动的丰富程度是影响学生学校生活满意度主要的因素之一,学生可以在各类学校活动中丰富自我认知、学会与人交往,形成良好的审美情感、思维能力和求知欲望[1]。就学校活动组织而言,地市级高中学生的满意度($M=3.57$)显著高于县域高中学生($M=3.37$)。此外,有效的管理制度能够规范与协调学校各方面的关系,以建立良好的管理氛围,实现学校可持续发展的目标。从管理制度来看,地市级高中学生的满意度($M=3.69$)显著高于县域高中学生($M=3.50$)。

---

[1] 于胜刚,王海英.初中生学校生活质量满意度的实证研究[J].江西教育科研,2007(07):81-83.

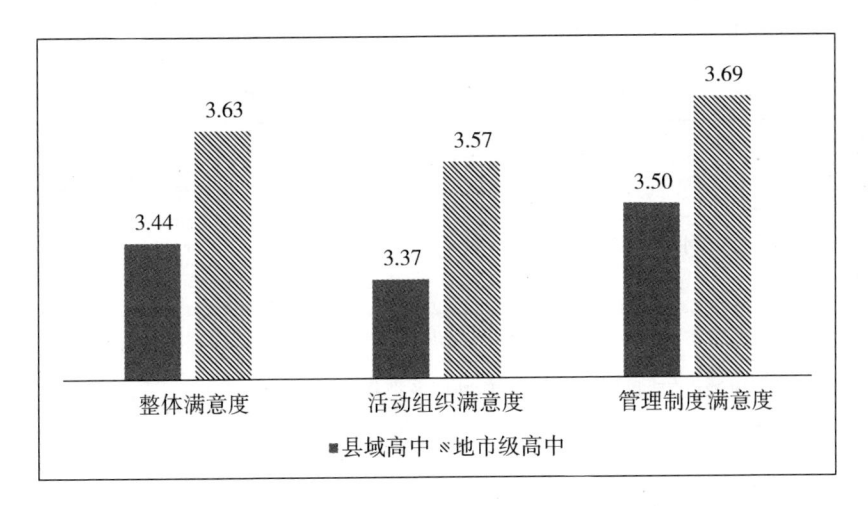

图 2-45　不同类型高中学生教师满意度的差异

注：$T_{整体满意度}=23.82$，$P<0.001$；$T_{活动组织}=23.26$，$P<0.001$；$T_{管理制度}=22.77$，$P<0.001$。

四、不同类型高中学生综合实践差异

本研究比较了地市级高中和县域高中学生在综合实践能力、家务劳动参与、学校劳动教育和学校生涯规划教育的差异。其中,县域高中与地市级高中学生在家务劳动参与的频率和时长上不具有显著差异,即学校类型对家务劳动参与情况没有影响。研究发现地市级高中学生的综合实践能力更强,学校劳动教育和生涯规划教育的开展与实施情况也更好。

1. 综合实践能力的差异

本研究对综合实践量表进行了探索性因子分析,其 KMO 值为 0.885,共识别出两个因子,两个因子分别命名为问题解决与责任担当,其累积贡献率为 81%,各题项的因子载荷如表 2-37 所示。

在学生综合实践能力方面,地市级高中学生的综合实践能力($M=3.55$)优于县域高中学生($M=3.41$),且差异具有显著性。地市级高中学生在综合实践能力包含的问题解决和责任担当两个维度的均值都显著高于县域高中学生(图 2-46)。

表 2-37 综合实践量表的旋转成分矩阵

题 项	成 分	
	问题解决	责任担当
我能够通过上网搜索、查阅图书、请教老师等方式来收集相关资料	0.885	
我能够根据指示图,借助一些工具,制作出我想要的东西	0.821	
解决问题的过程中,我能够通过仔细观察来把握问题的关键信息	0.838	
我会积极参加学校组织的公益活动,如做社区志愿者、打扫街道等		0.772
我经常参与社区开展的资源节约、科普宣传等便民活动		0.890
我经常参加或者独自进行一些小型的社会调查		0.883

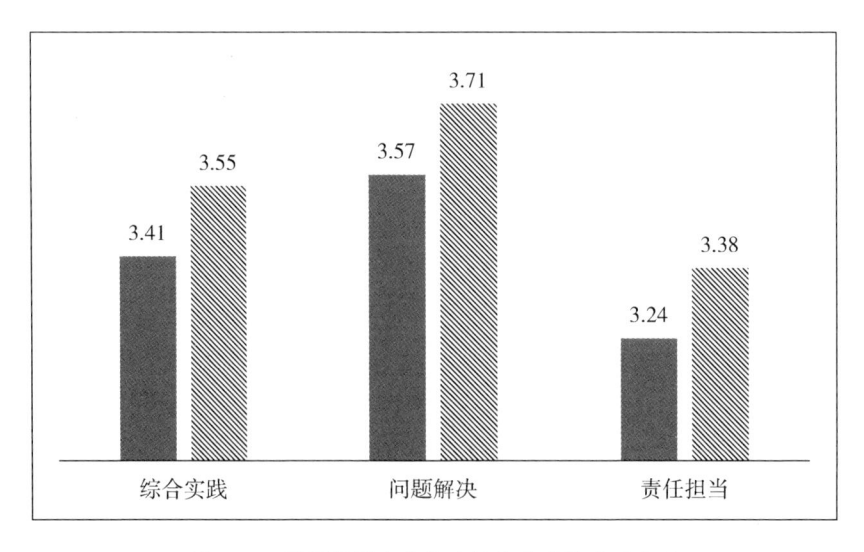

图 2-46 不同类型高中学生综合实践能力的差异

注:$T_{综合实践} = 19.33$,$P<0.001$;$T_{问题解决} = 16.77$,$P<0.001$;$T_{责任担当} = 19.63$,$P<0.001$。

2.学校劳动教育的差异

在学校劳动教育方面,地市级高中劳动教育的实施情况要优于县域高中(表2-38,表2-39)。从开设劳动教育必修课来看,37.6%的地市级高中学生表示学校开设了劳动教育必修课,仅32.9%的县域高中学生表示开设过。从劳动教育实践活动来看,19.7%的地市级高中学生所就读学校未开展过劳动教育实践活动,但有24.1%的县域高中学生所就读学校未开展过;此外,每周开展一次、两次和三次劳动教育实践活动的地市级高中学生比例均高于县域高中学生的比例。已有研究也表明,办学质量越好、教育知名度越高、越有良好传统的学校,对劳动教育的理解越深刻,因而越重视学校劳动教育的实施与开展。[①] 尽管地市级高中对劳动教育的关注度更高,学生对劳动教育的认知更强,但在调研中发现,县域高中劳动教育资源的丰富性和实践的多元性却远超地市级高中,只是县域高中缺乏对丰富的劳动教育资源的利用。

表2-38 不同类型高中劳动必修课开设的差异

是否开设必修课		学校类型		合计
		地市级高中	县域高中	
是	计数	9127	9486	18613
	百分比	37.6%	32.9%	35.1%
否	计数	15122	19313	34435
	百分比	62.4%	67.1%	64.9%
合计	计数	24249	28799	53048
	百分比	100.0%	100.0%	100.0%

注:卡方检验,$\chi^2 = 127.47, P < 0.001$。

[①] 夏心军.普通高中的劳动教育:挑战与应对[J].河北师范大学学报(教育科学版),2020(03):46—52.

表 2-39　不同类型高中劳动教育实践的差异

学校劳动教育频率		学校类型		合计
		地市级高中	县域高中	
未开展	计数	4783	6944	11727
	百分比	19.7%	24.1%	22.1%
一周一次	计数	15980	17919	33899
	百分比	65.9%	62.2%	63.9%
一周两次	计数	2401	2613	5014
	百分比	9.9%	9.1%	9.5%
一周三次	计数	436	487	923
	百分比	1.8%	1.7%	1.7%
一周四次及以上	计数	649	836	1485
	百分比	2.7%	2.9%	2.8%
合计	计数	24249	28799	53048
	百分比	100.0%	100.0%	100.0%

注：卡方检验，$\chi^2=155.34$，$P<0.001$。

3. 生涯规划教育的差异

在生涯规划教育方面，地市级高中生涯规划教育的实施情况优于县域高中（表2-40，表2-41）。具体而言，地市级高中约25.8%的学生表示学校十分明确地提出过生涯规划教育，而县域高中仅20.4%的学生表示学校十分明确地提及生涯规划教育；表示不太明确和未提及的地市级高中学生比例低于县域高中学生的比例。从生涯规划教育课的开展情况来看，地市级高中37.3%的学生表示学校开设了此课程，仅27.2%的县域高中学生表示学校开设过生涯规划课。随着新高考制度改革的推进，生涯规划教育的重要程度也日益增加，为更好地应对新高考制度改革对县域高中带来的冲击，县域高中需要进一步加强职业生涯规划教育的实施。

表 2-40 不同类型高中生涯规划教育的差异

学校是否明确提出生涯规划教育		学校类型		合计
		地市级高中	县域高中	
十分明确	计数	6248	5862	12110
	百分比	25.8%	20.4%	22.8%
比较明确	计数	11006	13287	24293
	百分比	45.4%	46.1%	45.8%
不太明确	计数	5931	8065	13996
	百分比	24.5%	28.0%	26.4%
未提及	计数	1064	1585	2649
	百分比	4.4%	5.5%	5.0%
合计	计数	24249	28799	53048
	百分比	100.0%	100.0%	100.0%

注：卡方检验，$\chi^2 = 266.02, P < 0.001$。

表 2-41 不同类型高中生涯规划课开设的差异

是否开设生涯规划课		学校类型		合计
		地市级高中	县域高中	
是	计数	9044	7823	16867
	百分比	37.3%	27.2%	31.8%
否	计数	15205	20976	36181
	百分比	62.7%	72.8%	68.2%
合计	计数	24249	28799	53048
	百分比	100.0%	100.0%	100.0%

注：卡方检验，$\chi^2 = 622.74, P < 0.001$。

本章小结

在本次学生调研的样本中,男女比例较为均衡,多数调研对象来自普通家庭,家庭经济条件以中等为主,其父母学历水平总体不高,仅有约两成学生的父母受过高等教育,他们从事的职业所占有的组织、经济、文化资源均较少。学生在学业发展、身心健康、社会支持、综合实践等四个方面的整体情况如下。

在学业发展方面,首先,就整体情况而言,县域高中学生的学业负担处于中等水平,其学习效能感总体较高,学习动机很强,但以外部动机为主,擅长使用归类和知识导图等认知策略,对认知策略的运用表现良好。其次,就内部差异性而言,父母受教育程度越高、从事拥有各类资源较多的职业、家庭经济水平越富裕的学生,其课业负担越轻,学习效能感越高,学习动机越强,对认知策略的使用也更为熟练。最后,就外部差异性而言,与地市级高中学生相比,县域高中学生的学业发展整体处于劣势,具体表现为其学业负担更重,学习效能感与学习动机较低,对学习策略的使用相对较差。可以发现,县域高中学生的学业发展受家庭影响十分明显,要克服这一劣势,他们必须付出更多的努力。此外,想要从根本上改善这一境况,仍然离不开社会与学校的补偿性支持。

在身心健康方面,首先,就整体情况而言,县域高中学生在四个维度上表现不一,学生近视发生率低于全国高中生平均水平,心理健康状况处于中等水平,体育锻炼和睡眠时间上表现不佳,学生开展锻炼的时长不足、形式单一、场所有限,充足的睡眠时间也无法得到保障。其次,就内部差异性而言,父母受教育程度、父母职业类型和家庭社会经济水平不同的县域高中学生的身心健康存在显著差异。除了近视发生率与家庭经济水平呈现倒 U 形关系外,通常父母学历处于中上水平、从事占有较多资源的职业且家庭经济水平较高的学生,在体育锻炼、睡眠时间、心理健康状况等方面表现更加良好。最后,就外部差异性而言,县域高中学生的身心健康状况整体不如地市级高中学生,虽然两类学生在近视发生率上的差异不具有显著性;但是地市级高中学生参加体育锻炼的频率更高,日均睡眠时间更长,心理健康状况更好。可以发现,由于在学业发展上的劣势,县域高中生不得不将更多的时间与精力投入到学习中,挤占了体育锻炼与睡眠休息的时间,同时也增加了他们在学业上的心理压力。

在社会支持方面,首先,就整体情况而言,县域高中学生的社会支持处于中等水平,在父母、学校、教师三个社会主体中,学生对教师的满意度最高。主要问题在父母参与方面,学生父母大多缺乏参与意识,在子女学业方面参与不足。此外,学生对学校的归属感和满意度均有待提高。其次,就内部差异性而言,父母受教育程度越高、从事占有更多资源的职业、家庭经济水平越高,学生对学校的归属感和满意度也越高,并且他们的父母也更积极地参与到学生的生活、学习、人际关系等方面。最后,就外部差异性而言,县域高中学生的社会支持程度明显不如地市级高中学生。地市级高中学生在父母参与度、学校归属感、教师满意度和学校满意度等方面均优于县域高中学生。对于父母学历、家庭条件等处于劣势地位的县域高中学生而言,社会支持对其发展至关重要。

在综合实践方面,首先,就整体情况而言,县域高中学生的综合实践情况良好,学生的综合实践能力,尤其是社会实践问题解决能力较强,在家庭和学校的劳动参与方面均比较积极。但是学校工作方面仍存在一些不足,比如劳动教育形式单一、课程有待完善、对学生生涯规划的重视程度不足等。其次,就内部差异性而言,父母受教育程度越高、从事拥有较多组织资源和文化资源的工作、家庭经济水平越高的学生,综合实践能力越强。相比较而言,学生家务劳动参与的差异性更为复杂,父母受教育程度越高的学生,每周参与家务劳动的时间就越短;父亲从事体力职业、母亲从事管理类职业的学生参与家务劳动的时间更多;而家庭经济水平与学生参与家务劳动的时长则呈现 U 形关系。最后,就外部差异性而言,县域高中与地市级高中学生在家务劳动参与的频率和时长上不具有显著差异,但是地市级高中学生的综合实践能力明显比县域高中学生更强,学校劳动教育和生涯规划教育的开展与实施情况也比县域高中更好。可以发现,在综合实践方面,县域高中学生在家庭背景上的劣势反而转化为其参与劳动实践的优势,学校应当因势利导,积极开展劳动教育与生涯规划教育,提高学生对劳动价值的认知与职业规划的意识。

第三章　县域高中教师调研报告

第一节　调研工具与样本描述

一、调研工具介绍

为进一步贯彻落实教育部《"十四五"县域普通高中发展提升行动计划》要求，努力建设一支数量充足、结构合理、素质优良、相对稳定的县域高中教师队伍，本报告以课题组设计的《普通高中教育质量调查问卷（教师卷）》作为主要测量工具。报告包括教师专业素质、教师专业情意、教师个人发展三个一级指标，每个一级指标下包含四到五个二级指标，具体如图 3-1 所示。

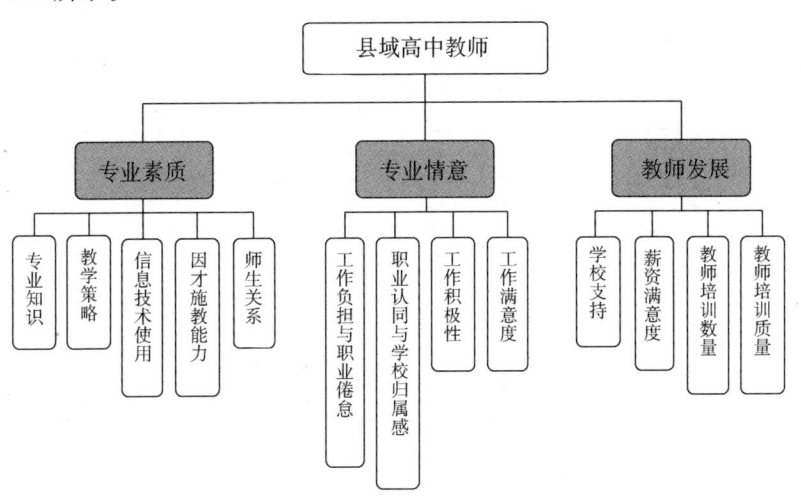

图 3-1　教师调查问卷结构图

二、基本情况描述

课题组主要对福建和山东两省1465名县域高中教师进行了调查(表3-1)。从县域高中教师的性别来看,县中教师以女性教师为主(63.1%),男性教师占比为36.9%。就从教时间而言,本次调研将教师的教龄划分为5年及以下、6—10年、11—15年、16—20年、21—25年和26年及以上六个时间段,其中教龄在26年及以上的占比最多(23.4%),其次分别是教龄为16—20年(21.6%)、21—25年(16.0%)和5年及以下(16.0%),调研样本中各时间段教龄的教师占比相对较为均衡。就教师学历而言,教师的学历均在大学专科及以上,其中拥有本科学历的教师最多(80.7%),其次分别是研究生学历(16.1%)和大学专科学历(3.2%)。就教师职称而言,拥有一级职称的教师占比最多(42.6%),其次分别是二级职称(28.1%)、高级职称(23.1%)和三级职称或没有职称的教师(6.2%)。

表3-1 填答者基本信息

名称	类别	人数	百分比(%)
性别	男	540	36.9
	女	925	63.1
教龄	5年及以下	234	16.0
	6—10年	154	10.5
	11—15年	184	12.6
	16—20年	316	21.6
	21—25年	234	16.0
	26年及以上	343	23.4
教师学历	大学专科	47	3.2
	大学本科	1182	80.7
	研究生	236	16.1

(续表)

名称	类别	人数	百分比(%)
教师职称	三级职称教师或没有职称	91	6.2
	二级职称教师	411	28.1
	一级职称教师	624	42.6
	高级职称教师	339	23.1

第二节 县域高中教师专业素质表现及其影响因素

教师专业素质包括专业知识能力、教学策略使用能力、信息技术使用能力、因材施教能力和与学生相处能力五个二级指标。本节先对县域高中教师的专业素质情况进行整体描述,然后基于教师的从教特征(性别、教龄、学历和职称等)进行差异性分析。

一、县中教师专业素质表现整体情况

研究发现,县中教师的整体专业素质总体较为优良。教师的专业知识能力过硬,基本功扎实,但缺少相应专家型教师的思维;教师能够熟练应用传统教学策略,但对于涉及新技术方面的教学策略关注不足;教师的因材施教能力以及与学生相处的能力都较为优秀。

1. 县中教师专业知识能力

县域高中教师在理解教学内容、熟悉所讲授教材方面的得分均值较高,但在像专家教师一样思考教学内容上的得分较低(图3-2)。在测量教师专业知识能力的各个题项中,县域高中教师得分均值最高的两个题项分别为:"我能够清晰地了解知识点间的关系,对教学内容有很深的理解""我有足够的学科知识,对讲授的教材非常熟悉",得分均值排名第三的为"我掌握所教授学科的概念、规律和原理"。县域高中教师在这三个题项

上的得分均值都在4.2分以上,远远高于在题项"我能像专家教师一样思考教学内容"上的得分均值($M=3.81$)。这说明大多数县域高中教师能掌握教学范围内的知识及其相关概念、规律与原理,但还未达到能够像专家型教师一样思考教学内容的水平。

题项	均分
我能够清晰地了解知识点间的关系,对教学内容有很深的理解	4.30
我有足够的学科知识,对讲授的教材非常熟悉	4.27
我掌握所教授学科的概念、规律和原理	4.21
我能像专家教师一样思考教学内容	3.81

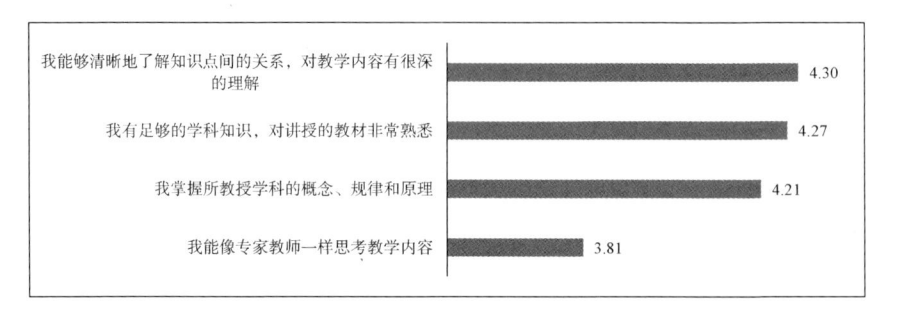

图3-2　教师专业知识能力均分

2.县中教师教学策略使用能力

县域高中教师选择合适的教学策略并应用到课堂的能力较强,但在知晓具体哪些技术能为教学服务方面还有所欠缺(图3-3)。具体来看,县域高中教师在"我具备根据不同的教学内容选择合适的教学策略(协作学习、探究学习等)的能力""我能够把讲授的学科内容、技术和教学方法整合到课堂教学中"这两个题项上的得分均值分别为4.20分和4.17分。县域高中教师在"我知道哪些技术能够为我讲授的学科服务"上的得分均

题项	均分
我具备根据不同的教学内容选择合适的教学策略(协作学习、探究学习等)的能力	4.20
我能够把讲授的学科内容、技术和教学方法整合到课堂教学中	4.17
我知道哪些技术能够为我讲授的学科服务	3.95

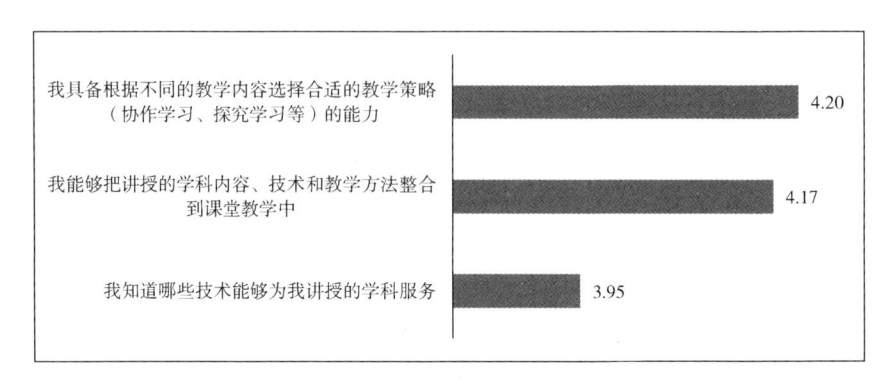

图3-3　教师教学策略使用能力均分

值低于 4 分,为 3.95 分。这一结果表明,县域高中教师在根据自己所教授内容选择合适的教学技术方面还有待提高,这也是未来教师培训需要继续重点关注的方向。

具体到不同教学方式的使用频率,县域高中教师在课堂教学中使用"练习体验"的频率最高,使用"分组讨论"的频率最低(图 3-4)。该题的题干为"您在班级教学时采取以下教学方式的频率",选项分为"从不""偶尔""有时""经常""总是",分别对这些选项进行 1—5 分计分。总体来看,县域高中教师主要采用"练习体验"($M=3.97$)、"任务驱动"($M=3.88$)和"自主学习"($M=3.86$)这三种教学方式来进行班级教学;其次是"直观演示""读书指导"和"传统讲授"($M=3.72$)。而"分组讨论"是县域高中教师采用频率最低的教学方式($M=3.63$)。究其原因,相较于其他教学方式,"分组讨论"对教师的教学设计能力、组织协调能力和学生知识基础等条件要求更高,而这些可能是县域高中师生相对欠缺的。

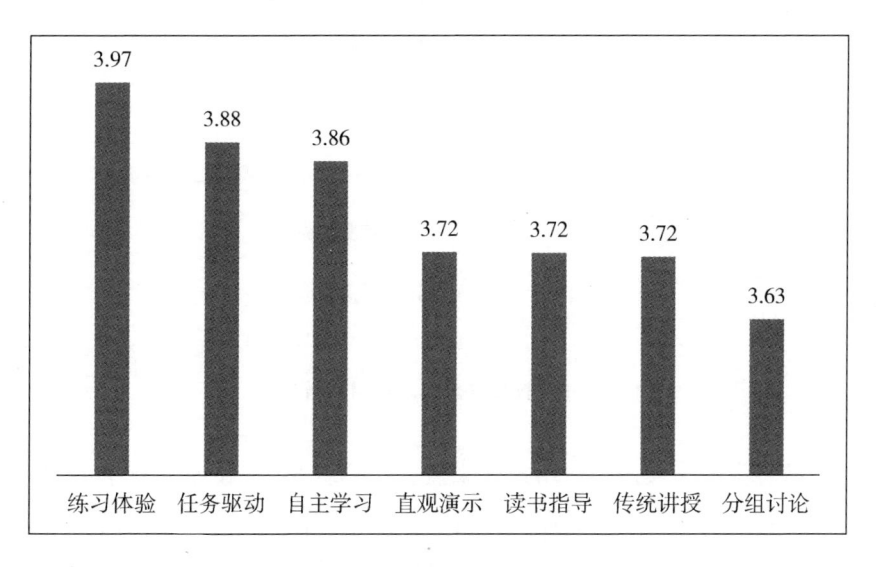

图 3-4 教师教学策略使用频率

3. 县中教师信息技术使用能力

县域高中教师的信息技术使用能力偏弱,尤其是紧跟新技术的发展的能力相对欠缺(图3-5)。在教学信息化理念的影响下,教师对信息化教学、信息技术、教育技术等名词也已不再陌生,但教师对自己信息技术使用能力的评价相对较低。具体而言,县域高中教师使用合适的专业软件用于学科教学的能力最强,得分均值为3.98分;此外,县域高中教师在轻松学会使用这些技术,采用信息技术进行指导与评价、支持学生学习等方面的能力也相对较强,得分均值均在3.92分及以上。县域高中教师在解决遇到的技术问题、紧跟新技术的发展这两方面能力相对较弱,得分均值分别为3.84分和3.82分。这说明县域高中教师虽然能够利用信息技术和软件为教学服务,但并不熟练。在深入普及信息化教学的社会背景下,县域高中教师应当充分认识到信息化教学对学生学习、自身专业发展的重要作用,并通过多种渠道切实提升自己的信息技术使用能力。

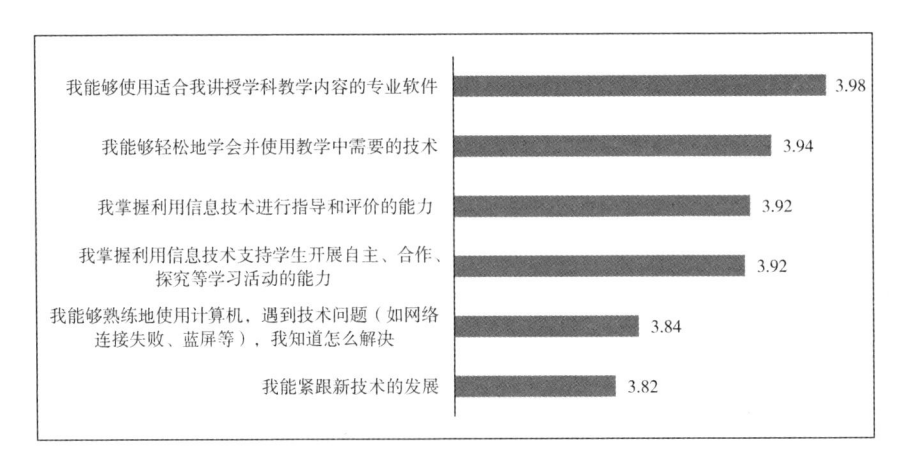

项目	均分
我能够使用适合我讲授学科教学内容的专业软件	3.98
我能够轻松地学会并使用教学中需要的技术	3.94
我掌握利用信息技术进行指导和评价的能力	3.92
我掌握利用信息技术支持学生开展自主、合作、探究等学习活动的能力	3.92
我能够熟练地使用计算机,遇到技术问题(如网络连接失败、蓝屏等),我知道怎么解决	3.84
我能紧跟新技术的发展	3.82

图3-5 教师信息技术使用能力均分

从各类教学媒体的使用现状来看,县域高中教师在课堂教学中使用频率最高的是PPT(PowerPoint)课件,使用频率最低的是个人网络空间和挂图、模型、海报(图3-6)。该题询问的是"您在班级教学时采取以下教学媒体的频率",并对"从不、偶尔、有时、经常、总是"五个选项分别计1—5分。其中,PPT课件($M=4.18$)和课程视频($M=3.71$)是县域高中教师在课堂教学中最常使用的教学媒体。其次,县域高中教师使用一些线上交流软件、专用学科教学软件和电子试卷的频率也相对较高,得分均值在 3.22 分到 3.35 分之间。但县域高中教师在班级教学过程中较少采用挂图、模型、海报($M=2.30$)、个人网络空间($M=2.25$)这两类教学媒体。

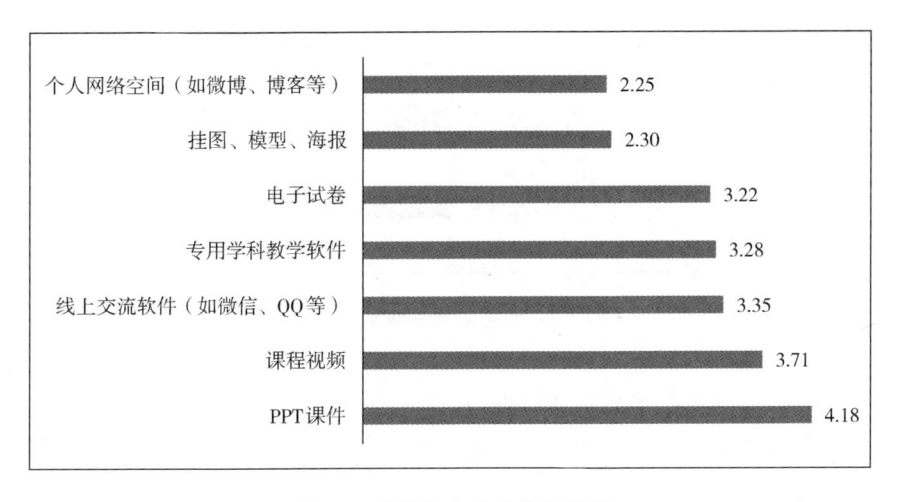

教学媒体	得分
个人网络空间(如微博、博客等)	2.25
挂图、模型、海报	2.30
电子试卷	3.22
专用学科教学软件	3.28
线上交流软件(如微信、QQ等)	3.35
课程视频	3.71
PPT课件	4.18

图 3-6　教师信息技术使用频率

4.县中教师因材施教能力

县域高中教师具有较强的因材施教能力,尤其擅长根据学生情况及时调整教学进度(图 3-7)。在评价教师因材施教能力的 4 个题项中,县域高中教师在"我能够根据学生当前的理解程度及时调整我的教学进度"上得分最高,均值为 4.29 分;其次依次为"我能够正确判断学生是否正确理解了教学内容""我具备一定的学习者分析能力,能够因材施教""我能够采用多种方式评价学生的学习效果",该三个题项的得分均值均在 4.19 分及以上。这表明县域高中教师非常了解自己所教授班级学生的基本情况,并能够在此基础上采取较为有效的教学策略。

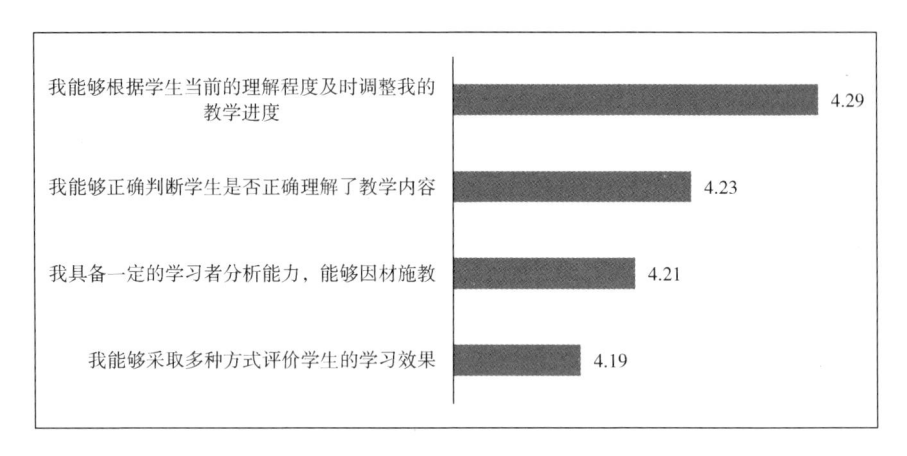

中国县域教育发展蓝皮书：县域高中

图 3-7　教师因材施教能力均分

5. 县中教师与学生相处能力

县域高中教师认为自己与学生相处的能力相对较强。具体来说（图 3-8），多数县域高中教师认为自己对学生很公平（$M=4.41$，满分为 5）、非常关注学生的身心健康（$M=4.37$），并与学生相处得很好（$M=4.33$）。但县域高中教师在"学生很乐意找我说心里话"这一题项上的得分均值略低，为 4.17 分。这说明从主观感受来看，县域高中教师认为自己具有相对较强的与学生相处的能力；但从相对客观的学生行为来看，县域高中教

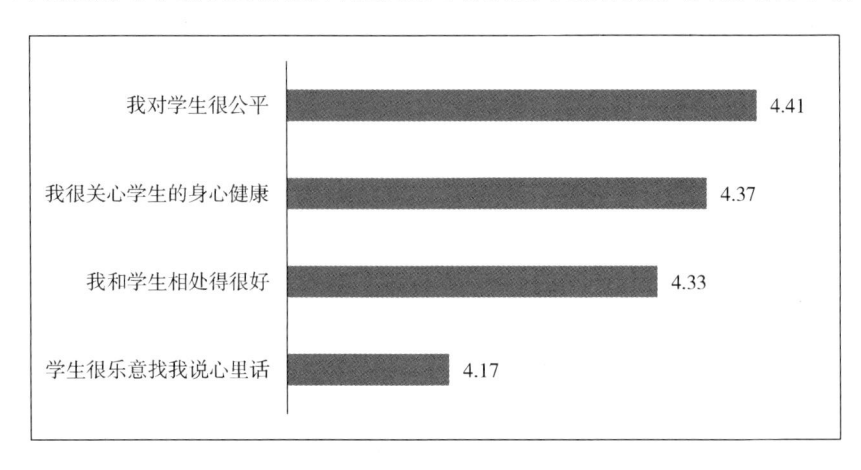

图 3-8　教师与学生相处的能力均分

师和学生之间存在一定的距离,学生对教师并不能完全敞开心扉。这一现象可能与高中生的身心发展规律有关,是县域高中教师在与学生相处过程中需要重点关注的问题。

二、县中教师专业素质差异性分析

在县中教师专业素质中,教师的专业知识能力在不同的性别、学历背景与职称水平下存在显著差异(表3-2)。男性、具有大学本科学历以及高级职称县域高中教师的专业知识能力更强;教师的教学策略使用能力在各个维度上没有统计意义上的显著差异;教师的信息技术使用能力仅在不同职称教师间存在显著差异,二级职称教师的信息技术使用能力最强,而高级职称教师的信息技术使用能力最弱;教师的因材施教能力在不同的职称和学历水平下存在显著差异,教师职称越高,因材施教能力更强,具有本科学历的县域高中教师的因材施教能力得分最高;教师与学生相处的能力在不同教龄水平下存在显著差异,11—15年教龄的县域高中教师在该能力上表现最好。

1. 专业知识能力差异

不同性别、学历背景与职称的县域高中教师的专业知识能力存在显著差异,其中,男性、具有大学本科学历以及高级职称县域高中教师的专业知识能力更强,但不同教龄教师的专业知识能力没有显著差异。

首先,在性别方面,县域高中男教师的专业知识能力自评得分($M=4.25$)高于女教师($M=4.09$)。独立样本T检验结果表明,两者之间存在统计意义上的显著差异。

其次,在教龄方面,11—15年教龄县域高中教师的专业知识能力自评得分最高,均值为4.26分;其他教龄段教师的专业知识能力自评得分略低,在4.1—4.15分。但不同教龄教师之间在专业知识能力上的差异在统计意义上不显著。

再次,在学历方面,单因素方差分析结果表明,不同学历层次县域高中教师的专业知识能力自评得分具有显著差异。其中,具有大学本科学历的县域高中教师($M=4.18$)的专业知识能力自评得分高于具有研究生学历的教师($M=4.00$)和具有大学专科学历的教师($M=3.99$)。

最后,在职称方面,县域高中教师的职称越高,专业知识能力越强。具体而言,专业知识能力自评得分最高的是高级职称教师($M=4.29$),其次依次为一级职称教师($M=4.16$)、二级职称教师($M=4.07$),这三类职称教师的专业知识能力自评得分均高于 4 分。三级职称教师或没有职称教师的专业知识能力自评得分相对较低,均值仅为 3.88 分。统计检验结果也显示,四类职称的县域高中教师在专业知识能力上的表现存在统计意义上的显著差异。这可能在一定程度上说明,专业知识能力是职称评定的一个重要参考因素,三级职称教师或没有职称教师的专业知识能力普遍相对较弱。

表 3-2 不同类型教师专业知识能力差异性

名称	类别	均值	差异性检验
性别	男	4.25	$T=5.039$
	女	4.09	$P<0.01$
教龄	5 年及以下	4.15	
	6—10 年	4.13	
	11—15 年	4.26	$F=1.478$
	16—20 年	4.10	$P>0.05$
	21—25 年	4.13	
	26 年及以上	4.15	
教师学历	大学专科	3.99	$F=10.047$
	大学本科	4.18	$P<0.01$
	研究生	4.00	
教师职称	三级职称教师或没有职称	3.88	
	二级职称教师	4.07	$F=13.841$
	一级职称教师	4.16	$P<0.01$
	高级职称教师	4.29	

2.信息技术使用能力差异

县域高中教师在信息技术使用能力上的群体差异仅在不同职称教师间显著,在不同性别、教龄、学历群体间不显著(表3-3)。二级职称教师的信息技术使用能力最强,而高级职称教师的信息技术使用能力最弱。

不同性别、不同教龄县域高中教师在信息技术使用能力、教学策略使用能力上的差别均不存在统计意义上的显著性。在教师学历方面,不同学历县域高中教师的专业知识能力、教学策略使用能力的差异不显著。就教师职称而言,二级职称教师的信息技术使用能力最强,得分均值为4.01分;其次是三级职称教师或没有职称的老师($M=3.98$)、一级职称教师($M=3.89$);而得分均值最低的为高级职称教师,仅为3.77分,且这些差异在统计意义上显著。这一结果与前文对专业知识能力、教学策略使用能力的教师职称差异的分析结果有很大不同。这表明不同职称县域高中教师在职业发展方面的优势与劣势并不相同,国家在制定促进县中教师专业发展的相关政策时,应该将这种群体差异考虑在内,从而提高政策的精准性与有效性。

表3-3　不同类型教师信息技术使用能力差异性

名称	类别	均值	差异性检验
性别	男	3.93	$T=1.004$
	女	3.89	$P>0.05$
教龄	5年及以下	3.94	
	6—10年	3.84	
	11—15年	4.00	$F=1.192$
	16—20年	3.88	$P>0.05$
	21—25年	3.89	
	26年及以上	3.89	

(续表)

名称	类别	均值	差异性检验
教师学历	大学专科	3.82	$F=0.649$ $P>0.05$
	大学本科	3.90	
	研究生	3.94	
教师职称	三级职称教师或没有职称	3.98	$F=7.458$ $P<0.01$
	二级职称教师	4.01	
	一级职称教师	3.89	
	高级职称教师	3.77	

3.因材施教能力差异

县域高中教师的因材施教能力存在显著的职称和学历背景差异（表3-4）。教师职称越高,因材施教能力越强;具有本科学历的县域高中教师的因材施教能力得分最高;但这种群体差异在不同性别、不同教龄的县域高中教师之间不显著。

具体而言,在学历方面,单因素方差分析结果表明,不同学历县域高中教师在因材施教能力自评得分上的差异在统计意义上显著。他们在该项能力上的得分均值从高到低排序依次为大学本科学历教师（$M=4.25$）、研究生学历教师（$M=4.15$）和大学专科学历教师（$M=4.12$）,这一排序与县域高中教师的专业知识能力、教学策略使用能力的学历背景差异完全一致。

在职称方面,总体来看,县域高中教师职称越高,因材施教能力自评得分也越高,并且职称间的差异达到了统计意义上的显著性水平。其中,高级职称教师、一级职称教师、二级职称教师、三级职称教师或没有职称教师在因材施教能力自评得分上的均值分别为4.29分、4.25分、4.20分和4.02分。前文对不同职称教师专业知识能力的分析结果（得分排序与显著性水平）与之完全相同,表明教师的因材施教能力与专业知识能力具有一定的相关性。

表 3-4 不同类型教师因材施教能力差异性

名称	类别	均值	差异性检验
性别	男	4.21	$T=-0.806$
	女	4.24	$P=0.420>0.05$
教龄	5年及以下	4.22	
	6—10年	4.26	
	11—15年	4.33	$F=1.359$
	16—20年	4.20	$P>0.05$
	21—25年	4.19	
	26年及以上	4.22	
教师学历	大学专科	4.12	$F=3.474$
	大学本科	4.25	$0.01<P<0.05$
	研究生	4.15	
教师职称	三级职称教师或没有职称	4.02	
	二级职称教师	4.20	$F=5.403$
	一级职称教师	4.25	$P<0.01$
	高级职称教师	4.29	

4. 与学生相处能力的差异

与学生相处能力存在显著的教龄差异(表3-5)。11—15年教龄县域高中教师在这方面的表现最好,但不同性别、学历、职称的县域高中教师在与学生相处能力上没有显著差异。

与教师教学策略使用能力不存在性别差异类似,男性与女性县域高中教师与学生相处的能力也几乎不存在差异,两者在这项能力上的得分均值分别为4.31分和4.32分,且在统计意义上差异不显著。

在教龄方面,结合前四项能力的分教龄样本分析结果可以发现,11—15年教龄县域高中教师在各项能力上自评得分在所有教龄段样本中都是最高的。例如,在与学生相处能力方面,11—15年教龄教师的得分均值为 4.43;其次是 6—10 年教龄教师,为 4.36 分;16—20 年教龄教师的得分最低,只有 4.28 分;且上述差异达在统计上显著。

在学历方面,不同学历县域高中教师在与学生相处能力方面并无显著差异。这与前文对不同学历教师的专业知识能力、教学策略使用能力和因材施教能力的分析结果基本相同。

在职称方面,不同职称教师在与学生相处能力上的差异在统计上意义上不显著。

表 3-5　不同类型教师与学生相处能力差异性

名称	类别	均值	差异性检验
性别	男	4.31	$T=-0.443$ $P>0.05$
	女	4.32	
教龄	5 年及以下	4.30	$F=1.861$ $P>0.05$
	6—10 年	4.36	
	11—15 年	4.43	
	16—20 年	4.28	
	21—25 年	4.33	
	26 年及以上	4.29	
教师学历	大学专科	4.21	$F=1.148$ $P>0.05$
	大学本科	4.33	
	研究生	4.29	
教师职称	三级职称教师或没有职称	4.21	$F=2.018$ $P>0.05$
	二级职称教师	4.29	
	一级职称教师	4.33	
	高级职称教师	4.36	

第三节　县中教师专业情意表现及其影响因素

教师专业情意包括工作负担与职业倦怠、职业认同与学校归属感、工作积极性和工作满意度四个二级指标。本节先对县域高中教师的专业情意进行整体描述,然后基于教师的从教特征,如性别、教龄、学历和职称,进行差异分析。

一、县中教师专业情意表现的整体情况

教师专业情意表现出整体满意度不高、工作负担较重、职业倦怠感等较为常见的特征,但在职业认同和学校归属感方面得分较高。具体而言,教师认为太多检查、评比和考核的工作是工作负担的主要来源;超过80%的教师感受到不同程度的职业倦怠;在职业认同方面,如果重新选择,还会选择在原来的学校任教的教师最多;在学校归属感上,县域高中教师在"愿意尽最大努力来促进本校发展"这一项上平均得分最高;拓宽职务/职称晋升通道、提高职务/课时津贴是县域高中教师认为最能提高工作积极性的两种方式;值得关注的是,教师的总体工作满意度偏低。

1. 县中教师工作负担与职业倦怠

在县域高中教师工作负担上,教师认为有太多检查、评比和考核的工作,而教学研究与科研任务相对而言不会成为教师的负担。具体来看(图3-9),县域高中教师认为工作负担由重到轻分别是:检查、评比以及考核工作($M=4.32$)、加班或把工作带回家($M=4.19$)、备课和批改作业($M=4.10$)、个人觉得每天都很累($M=4.08$)、感受到教学负担很累($M=4.02$)和教学研究与科研任务($M=3.92$)。

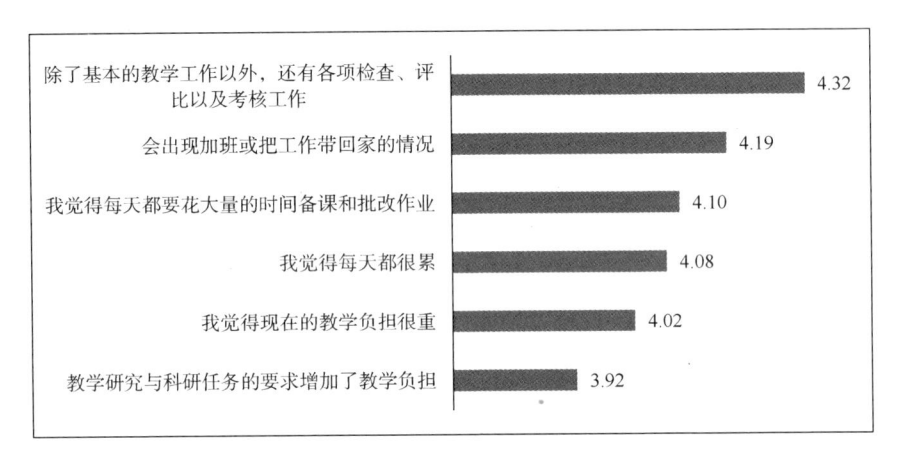

中国县域教育发展蓝皮书:县域高中

项目	分值
除了基本的教学工作以外,还有各项检查、评比以及考核工作	4.32
会出现加班或把工作带回家的情况	4.19
我觉得每天都要花大量的时间备课和批改作业	4.10
我觉得每天都很累	4.08
我觉得现在的教学负担很重	4.02
教学研究与科研任务的要求增加了教学负担	3.92

图 3-9 教师工作负担情况

在县域高中教师职业倦怠上,有 18.6% 的教师表示对职业从未感受到厌倦,感到厌倦的占比 81.4%,其中感到经常厌倦的占比 8.5%。具体来看(图 3-10),有 18.6% 的教师表示从未对教师职业感到厌倦,选择偶尔厌倦的占比 48.1%,选择有时会厌倦的占比 24.8%,经常厌倦的占比 8.5%。由此可以看出教师职业倦怠较严重,有超过 80% 的教师曾对教师职业感到厌倦。

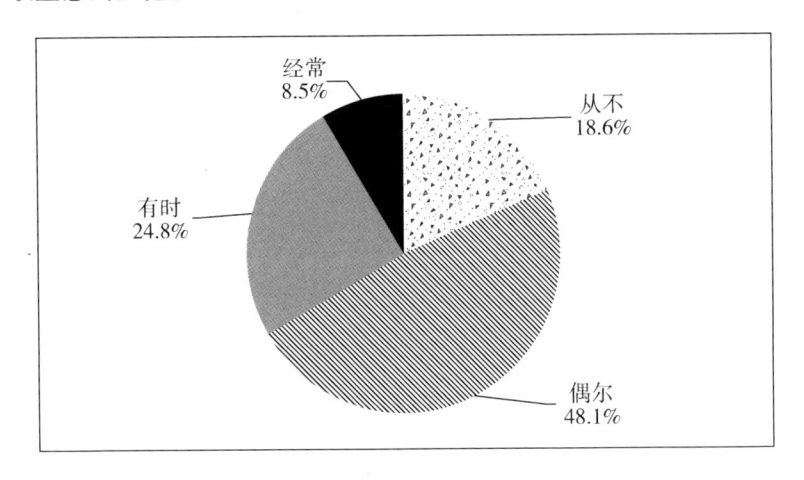

图 3-10 教师职业倦怠情况

2.县中教师职业认同与学校归属感

在县域高中教师职业认同感调查中,如果重新选择,还会选择在原来的学校任教的教师最多,其次是选择教师这个职业,最后是选择做高中教师。具体来看(图 3-11),均值结果从高到低依次为:还会选择这所学校任教($M=2.17$),还会选择教师这个职业($M=2.15$),还会选择做高中教师($M=1.95$)。这从一定程度上体现出县域高中教师在高考指挥棒的指挥下工作负担较重,心理压力较大,可能也缺乏教学支持,因此相较之下更不愿意做高中教师。

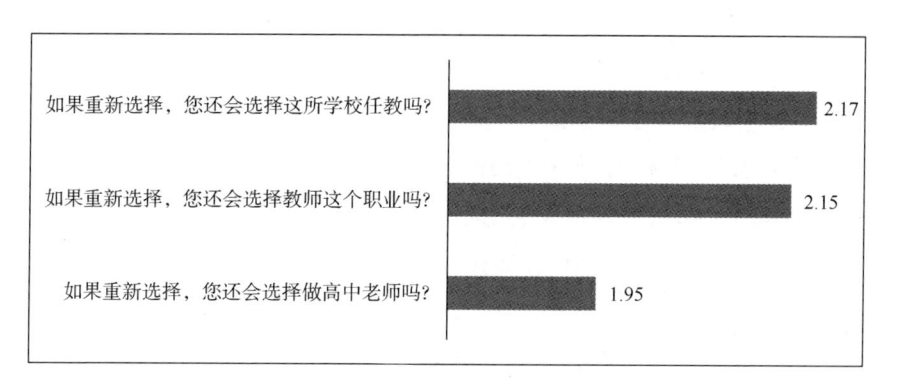

如果重新选择,您还会选择这所学校任教吗?	2.17
如果重新选择,您还会选择教师这个职业吗?	2.15
如果重新选择,您还会选择做高中老师吗?	1.95

图 3-11 教师职业认同情况

在学校归属感上,县域高中教师在"愿意尽最大努力来促进本校发展"这一项上平均得分最高,在"很高兴能在这所学校而不是其他学校当老师"的得分最低。具体而言(图 3-12),教师愿意尽自己最大的努力促进本校发展的程度最高($M=4.20$),也有较强的学校荣誉感,他们比较认同"当别人对自己所任教的学校进行批评时,自己也觉得受到了批评"($M=4.06$)。相比之下,"我很认同学校的发展目标和愿景"选项得分略低于前两项($M=3.99$)。"教师很高兴在自己学校而不是其他学校当老师"在四项中得分最低($M=3.88$)。由此看来,教师愿意通过自己的努力将自己所在的学校建设得更好,但是学校的发展目标、组织和制度建设也需要让教师积极主动参与,征求教师的意见。

愿意尽我最大的努力来促进本校的发展	4.20
我内心常常感到别人对本校的批评就好像是对我自己的批评	4.06
我很认同学校的发展目标和愿景	3.99
我非常高兴能在这所学校而不是其他学校当教师	3.88

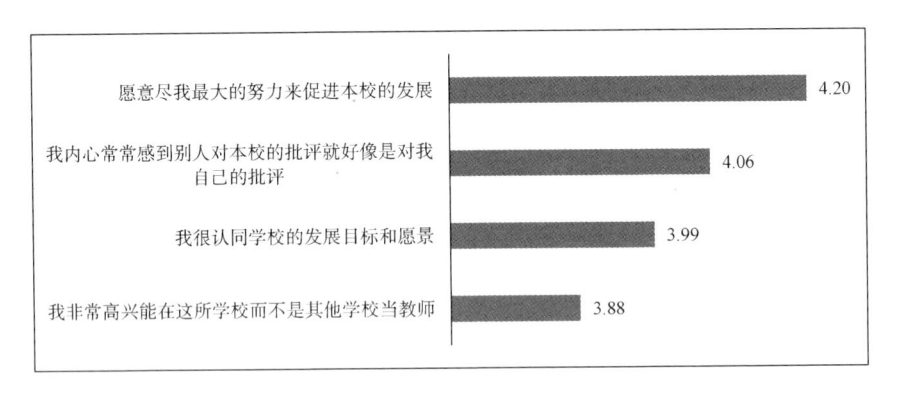

图 3-12　教师的学校归属感情况

3. 县中教师工作积极性

拓宽职务/职称晋升通道、提高职务/课时津贴是县域高中教师认为最能提高工作积极性的两种方式。具体来看(图 3-13),在提高教师工作积极性的外部因素中,教师认为最重要的是拓宽职务/职称晋升通道($M=4.08$),其次是提高职务/课时津贴($M=3.99$),增加教师外出学习和交流的机会也有利于提升教师工作的积极性($M=3.78$)。再者是为教师改善办公环境($M=3.68$),增加教师参与学校管理和决策的机会($M=3.66$)。相比较而言,提供福利房在激发教师工作积极性方面的

拓宽职务/职称晋升通道	4.08
提高职务/课时津贴	3.99
增加外出培训、交流、学习机会	3.78
改善办公环境	3.68
增加教职工参与学校管理和决策的机会	3.66
提供福利房	3.58

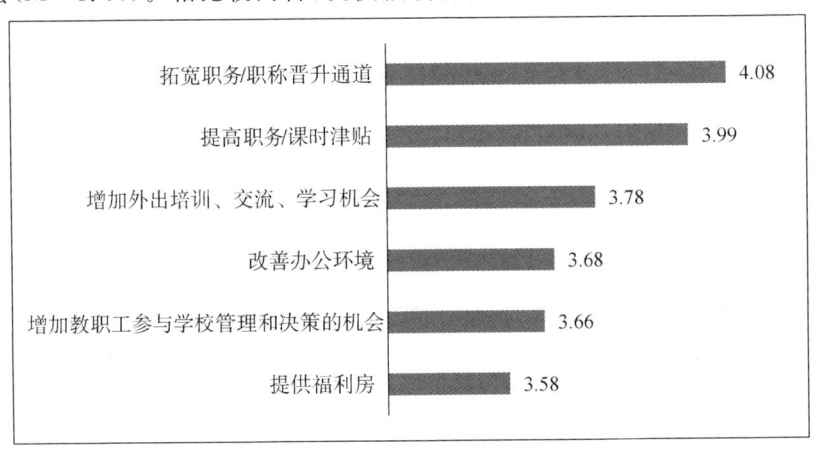

图 3-13　提高教师工作积极性的外部因素

效果不如前述选项($M=3.58$)。

4.县中教师工作满意度

对教师工作满意度从教师对工作状况的总体满意度、学校硬件条件、学校管理方式、学生素质和薪酬待遇五个方面来衡量(图3-14)。总体而言,教师的工作满意度偏低($M=3.20$),其中教师对薪酬待遇的满意度最低($M=2.92$),其次满意度较低的是学校管理方式($M=3.28$)。教师对学生素质($M=3.43$)和学校的硬件设施($M=3.45$)满意度较高。

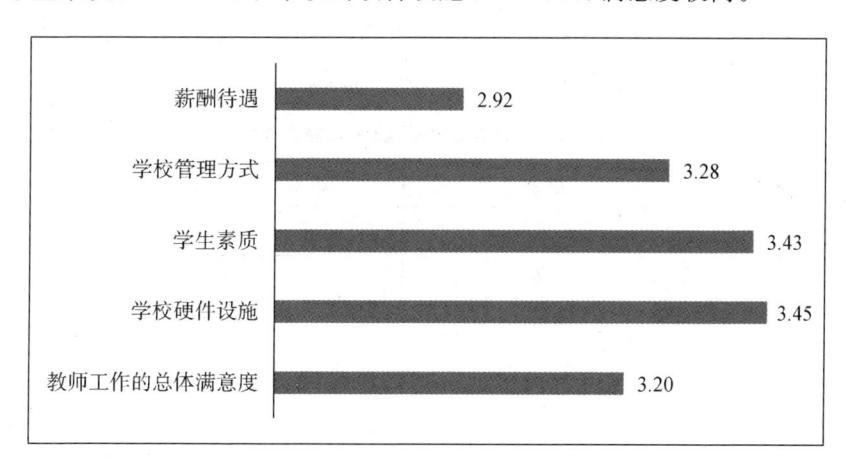

薪酬待遇	2.92
学校管理方式	3.28
学生素质	3.43
学校硬件设施	3.45
教师工作的总体满意度	3.20

图 3-14 教师工作满意度情况

二、县中教师专业情意的差异性分析

在县中教师的专业情意中,教师的职业倦怠情况在不同性别与职称水平下存在显著差异(表3-6)。县域高中男教师的职业倦怠更明显,同时,教师的职称越高,职业倦怠现象越严重。教师的学校归属感在不同学历水平下存在显著差异,大学本科学历教师对学校产生的归属感更高。教师的工作满意度在不同学历和职称水平下存在显著差异,大学本科学历教师、高级职称教师的工作满意度更高。

1.职业倦怠的差异

在职业倦怠上,县域高中男教师的职业倦怠更明显,职称越高,职业倦怠现象越严重。

具体而言,不同教龄、不同学历县域高中教师的职业倦怠感差异不显著。但在性别方面,县域高中男教师($M=2.33$)的职业倦怠高于女教师($M=2.18$),独立样本T检验结果表明,两者之间存在统计意义上的显著差异($T=15.518,P<0.01$)。

在职称方面,三级职称教师或没有职称的教师的职业倦怠($M=1.92$)显著低于二级职称教师($M=2.21$)、一级职称教师($M=2.30$)和高级职称教师($M=2.21$)。单因素方差分析结果表明,四类职称的教师存在统计意义上的显著差异($F=5.690,P<0.01$)。

表3-6 不同类型教师职业倦怠差异性

名称	类别	均值	差异性检验
性别	男	2.33	$T=15.518$ $P<0.01$
	女	2.18	
教龄	5年及以下	2.24	$F=0.597$ $P>0.05$
	6—10年	2.27	
	11—15年	2.16	
	16—20年	2.27	
	21—25年	2.25	
	26年及以上	2.20	
教师学历	大学专科	2.02	$F=1.826$ $P>0.05$
	大学本科	2.23	
	研究生	2.28	
教师职称	三级职称教师或没有职称	1.92	$F=5.690$ $P<0.01$
	二级职称教师	2.21	
	一级职称教师	2.30	
	高级职称教师	2.21	

2.学校归属感的差异

不同性别、不同教龄县域高中教师的学校归属感不具有显著差异性

（表3-7）。但在学历方面，大学本科学历教师的学校归属感（$M=4.06$）显著高于研究生学历教师（$M=3.90$），专科学历教师在学校归属感上与本科以及研究生学历教师不存在统计意义上的显著差异。单因素方差分析结果表明，三类学历教师存在统计意义上的显著差异（$F=4.996$，$P<0.01$）。

在职称方面，三级职称教师或没有职称的教师的学校归属感得分为3.89，二级职称教师的学校归属感得分为4.01，一级职称教师的学校归属感得分为4.05，高级职称教师的学校归属感得分为4.07。单因素方差分析结果表明，四类职称的教师存在统计意义上的显著差异（$F=1.632$，$P>0.05$）。

表3-7 不同类型教师学校归属感差异性

名称	类别	均值	差异性检验
性别	男	4.06	$T=0.256$
	女	4.02	$P>0.05$
教龄	5年及以下	4.07	$F=0.270$
	6—10年	4.06	
	11—15年	4.04	
	16—20年	4.01	$P>0.05$
	21—25年	4.03	
	26年及以上	4.02	
教师学历	大学专科	3.97	$F=4.996$
	大学本科	4.06	$P<0.01$
	研究生	3.90	
教师职称	三级职称教师或没有职称	3.89	$F=1.632$
	二级职称教师	4.01	
	一级职称教师	4.05	$P>0.05$
	高级职称教师	4.07	

3. 工作满意度的差异

在工作满意度上,大学本科学历教师、高级职称教师的工作满意度更高(表3-8)。

在学历方面,大学本科学历教师的工作满意度($M=3.23$)显著高于研究生学历的教师($M=3.05$),专科学历的教师在工作满意度上与本科以及研究生学历的教师不存在统计意义上的显著差异。单因素方差分析结果表明,三类学历的教师存在统计意义上的显著差异($F=4.545, P<0.01$)。

在职称方面,高级职称教师的工作满意度($M=3.35$)显著高于二级职称教师($M=3.18$)和一级职称教师($M=3.14$),三级职称教师或没有职称的教师与其他级别的教师在工作满意度上没有统计意义上的显著差异。

表3-8 不同类型教师工作满意度差异性

名称	类别	均值	差异性检验
性别	男	3.19	$T=3.560$
	女	3.21	$P>0.05$
教龄	5年及以下	3.19	$F=0.386$
	6—10年	3.21	
	11—15年	3.28	
	16—20年	3.16	$P>0.05$
	21—25年	3.20	
	26年及以上	3.21	
教师学历	大学专科	3.32	$F=4.545$
	大学本科	3.23	$0.01<P<0.05$
	研究生	3.05	
教师职称	三级职称教师或没有职称	3.19	$F=4.087$
	二级职称教师	3.18	
	一级职称教师	3.14	$0.01<P<0.05$
	高级职称教师	3.35	

第四节　县中教师个人发展及其影响因素

教师个人发展包括学校支持、薪资满意度、教师培训的频率、教师培训数量与教师培训质量四个二级指标。本节先对县域高中教师的个人发展进行整体描述,然后基于教师的从教特征,如性别、教龄、学历和职称,进行差异分析。

一、县中教师个人发展的整体情况

县中教师的个人发展整体情况呈现出学校支持不充分、薪酬满意度不足的特点;同时,教师参与培训的频率较为合理,培训的层级较为多元,培训的内容也较为丰富。具体而言,在学校支持方面,学校对教师的学习与培训、鼓励教师创新的支持最多,对教师多元或个性的需求关注较少;在薪酬满意度方面,超过40%的教师对自己的工资持不满意态度;在教师培训频率方面,主要集中在半年一次、每季一次和一年一次;在培训层级方面,参加区县级培训的教师人数最多,培训级别越高,教师参加培训的人数越少;在培训内容方面,培训效果最好的是对于新政策和新知识类的培训。

1. 学校对县中教师发展的支持

学校对县域高中教师学习与培训、鼓励教师创新的支持最多,对教师多元或个性的需求关注较少(图3-15)。在学校对教师群体相互交流沟通的支持方面,包括鼓励教研组互相观摩学习($M=4.02$)、鼓励教师参与教学培训活动($M=3.95$)、鼓励教师重视新知识的学习与交流($M=3.89$)等支持教师学习的内容。在学校对教师个体的支持方面,教师较为满意的方面是:尊重和支持教师在教学上的创新($M=3.81$),鼓励教师尝试新的教学理念($M=3.77$),创设机会为教师提供有效专业指导与帮助($M=3.72$),为教师提供深化教学改革的机会($M=3.65$)。相比较而言,对教师的教育教学提供丰富的社会资源（$M=3.6$）、通过教师职业生涯规划来促进教师专业发展（$M=3.58$）、主动询问教师进修需求并提供信息、资料和渠道（$M=3.56$）、就学校的教育管理等问题征询教师意见（$M=3.54$）得分相对较低。由此来看，学校在工作中还需要给予教师更多的自主性，引导教师对自身的教育教学和专业发展做更多的规划。学校可以针对教师的个性化发展给予更多支持，并在学校的建设和改革中倾听教师的声音。

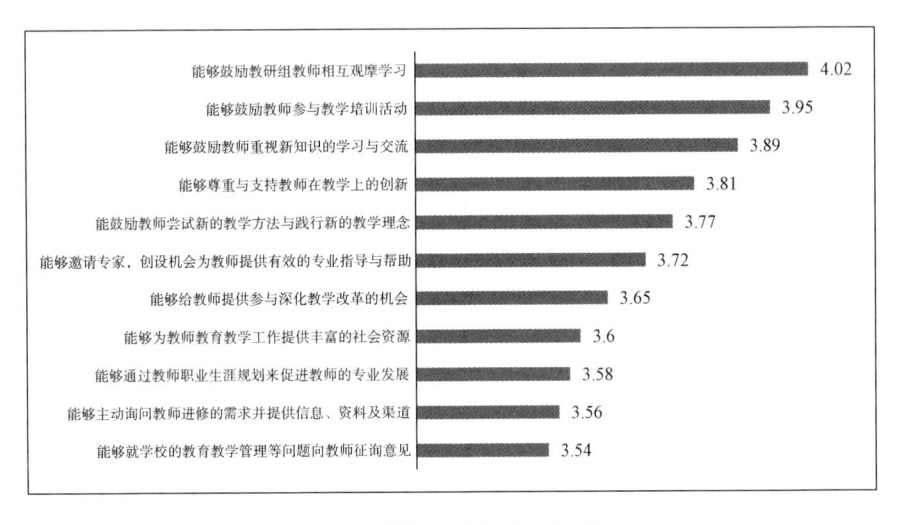

项目	分值
能够鼓励教研组教师相互观摩学习	4.02
能够鼓励教师参与教学培训活动	3.95
能够鼓励教师重视新知识的学习与交流	3.89
能够尊重与支持教师在教学上的创新	3.81
能鼓励教师尝试新的教学方法与践行新的教学理念	3.77
能够邀请专家，创设机会为教师提供有效的专业指导与帮助	3.72
能够给教师提供参与深化教学改革的机会	3.65
能够为教师教育教学工作提供丰富的社会资源	3.6
能够通过教师职业生涯规划来促进教师的专业发展	3.58
能够主动询问教师进修的需求并提供信息、资料及渠道	3.56
能够就学校的教育教学管理等问题向教师征询意见	3.54

图 3-15 学校对教师的支持情况

2.县中教师的薪资满意度

近一半的教师工资主要集中在每年收入 5 万－8 万元。具体而言（图 3-16），26.8%的县中教师年收入不足 5 万元，48.5%的县中教师年收入在 5 万－8 万元，24.8%的教师年收入在 8 万元以上。整体而言，县域高中教师的薪资相对较低。

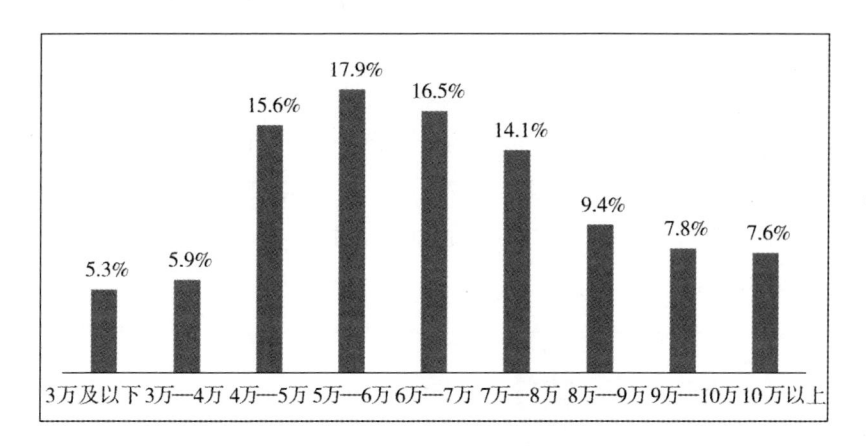

图 3-16 县中教师年收入

超过七成的教师认为自己的工资低于当地公务员的工资。具体而言（图 3-17），73.6%的教师认为自己的工资低于当地公务员工资，24.1%的教师认为自己的工资水平与当地公务员的工资水平差不多，仅有 2.2%的教师认为自己的工资高于公务员。因此，还需要进一步巩固义务教育教师平均工资收入水平不低于当地公务员平均工资收入水平的成果，确保"不低于政策"持续落实落地。

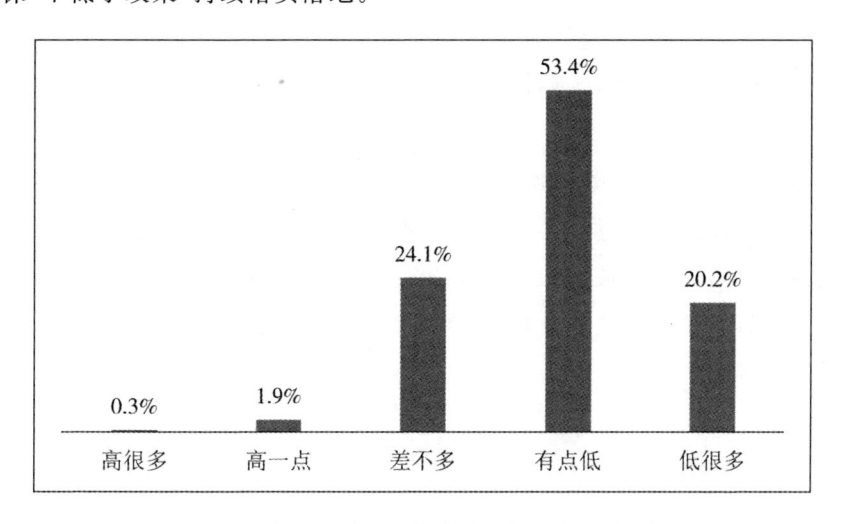

图 3-17 教师工资收入与当地公务员收入的比较

3. 县中教师培训频率

在教师培训频率中,主要集中在半年一次、每季一次和一年一次。具体而言(图3-18),从高到低依次为:半年培训一次的频率最高(33%),频率较高的是一个季度一次(21.7%)、一年一次(20.9%)、一个月一次(16.4%)、多于三年一次(4.5%)、超过两年才参与一次培训(2.5%)和三年培训一次(1.1%)。

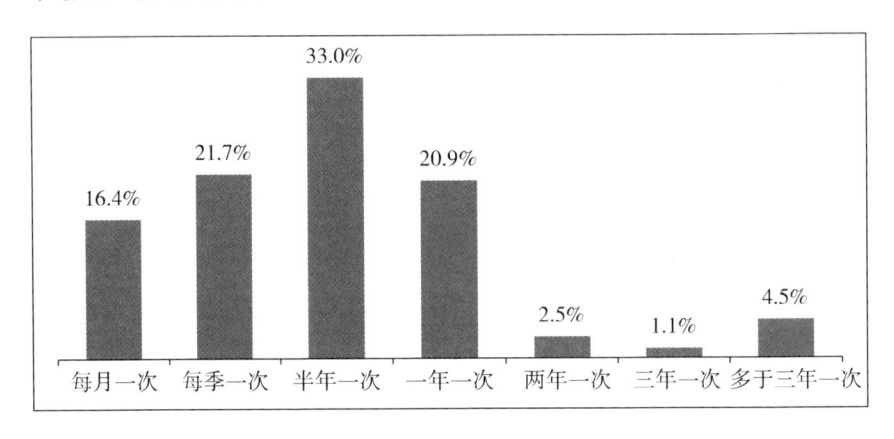

图3-18 县中教师培训频率

4. 县域高中教师培训层级

参加区县级培训的教师人数最多,参加国家级培训的教师人数最少。在本次调查样本中,有38.2%的教师参加过国家级教师培训,66.1%的教师参加过省部级教师培训,84.3%的教师参加过地市级教师培训,90.1%的教师参加过区县级教师培训。由此可以看出,培训级别越高,教师参加培训的人数越少。在参加过各级各类培训的教师当中,教师认为国家级的培训效果最好,其次是省部级和地市级,培训效果最差的是区县级(图3-19)。

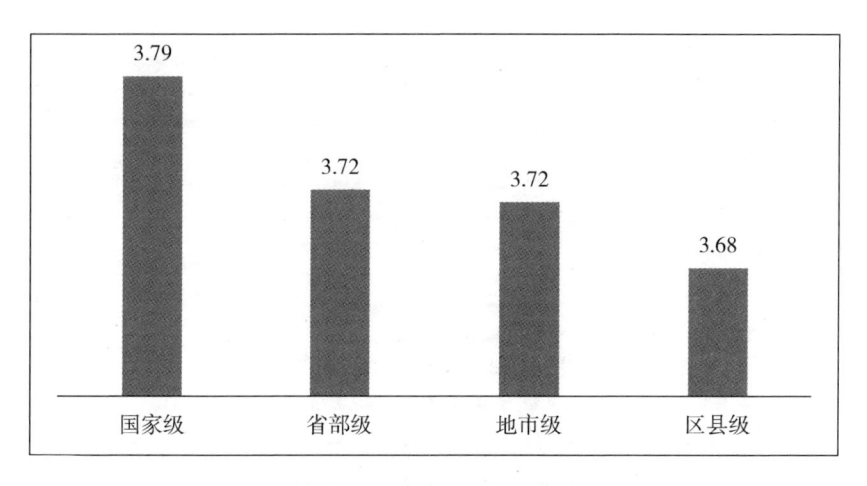

```
       3.79
              3.72      3.72
                                 3.68
     国家级   省部级    地市级   区县级
```

图 3-19　各级各类教师培训效果

5. 县域高中教师培训内容

在参与过相关培训的教师当中,培训效果最好的是对于新政策和新知识类的培训,其次是具体方法类,再次是技术类和观念类。具体而言(图 3-20),教师认为新政策和知识性的培训效果最好,包括新高考($M=3.87$)、学科专业知识($M=3.87$)、如何根据国家课程标准实施教学($M=3.84$);关于如何使用具体方法展开教学,这类培训的效果次之,分别是如何更好使用教材($M=3.82$)、教学内容的分析和组织($M=3.79$)、教学创新的技能和方法($M=3.78$)、如何在教育教学中开展科研($M=3.77$);关于具体技术类的培训和教学观念类的培训,效果则排在较后的位置,包括信息技术应用($M=3.76$)、文体培训($M=3.76$)、教育教学观念的更新($M=3.75$)、学生心理健康教育($M=3.75$)、职业生涯规划($M=3.73$)。

```
新高考                          3.87
学科专业知识                    3.87
如何根据国家课程标准实施教学    3.84
如何更好使用教材                3.82
教学内容的分析和组织            3.79
教学创新的技能和方法            3.78
如何在教育教学中开展科研        3.77
信息技术运用                    3.76
文体培训                        3.76
教育教学观念的更新              3.75
学生心理健康教育                3.75
职业生涯规划                    3.73
```

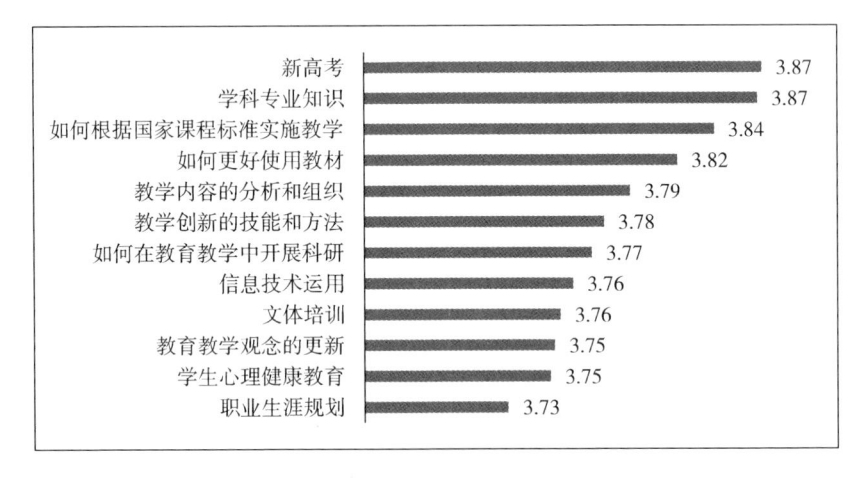

图 3-20 不同内容的教师培训效果

二、县中教师个人发展的差异性分析

在学校支持感知上,县域高中教师在性别上表现出显著差异,女性教师感知高于男性;在工资满意度上,县域高中教师在不同的性别和职称水平下表现出显著差异,男性教师、具有高级职称的教师对工资的满意度更高;在各级培训效果上,则均不存在统计意义上的显著差异。

1. 学校支持感知的差异

在学校支持感知上,县域高中女性教师感受到了更多的学校支持。

在性别方面,县域高中男教师对学校支持的感知($M=3.67$)低于女教师($M=3.77$),独立样本 T 检验结果表明,两者之间存在统计意义上的显著差异($T=-2.073, P<0.05$)。但不同教龄、不同学历和不同职称的县域高中教师的学校支持感知的差异不显著(表 3-9)。

表 3-9 不同类型教师关于学校支持感知差异性

名称	类别	均值	差异性检验
性别	男	3.67	$T=-2.073$
	女	3.77	$0.01<P<0.05$

(续表)

名称	类别	均值	差异性检验
教龄	5年及以下	3.70	$F=0.488$ $P>0.05$
	6—10年	3.77	
	11—15年	3.77	
	16—20年	3.71	
	21—25年	3.70	
	26年及以上	3.78	
教师学历	大学专科	3.61	$F=0.526$ $P>0.05$
	大学本科	3.74	
	研究生	3.74	
教师职称	三级职称教师或没有职称	3.82	$F=1.343$ $P>0.05$
	二级职称教师	3.78	
	一级职称教师	3.73	
	高级职称教师	3.67	

2.工资满意度的差异

在工资满意度上,县域高中男性教师、具有高级职称的教师对工资的满意度更高,但不同教龄、不同学历的县域高中教师的工资满意度不具有显著差异。

具体而言(表3-10),在性别方面,县域高中男教师对工资的满意度($M=2.64$)高于女教师($M=2.54$),独立样本T检验结果表明,两者之间存在统计意义上的显著差异($T=2.079,P<0.05$)。

在职称方面,高级职称教师的工资满意度($M=2.88$)显著高于一级职称教师($M=2.54$)、二级职称教师($M=2.44$)和三级职称或没有职称教师($M=2.37$)。单因素方差分析结果表明,四类职称的教师存在统计意义上的显著差异($F=21.727,P<0.01$)。

表 3-10 不同类型教师工资满意度差异性

名称	类别	均值	差异性检验
性别	男	2.64	$T=2.079$
	女	2.54	$0.01<P<0.05$
教龄	5 年及以下	2.57	
	6—10 年	2.52	
	11—15 年	2.57	$F=0.757$
	16—20 年	2.65	$P>0.05$
	21—25 年	2.54	
	26 年及以上	2.58	
教师学历	大学专科	2.62	$F=2.231$
	大学本科	2.60	$P>0.05$
	研究生	2.47	
教师职称	三级职称教师或没有职称	2.37	
	二级职称教师	2.44	$F=21.727$
	一级职称教师	2.54	$P<0.01$
	高级职称教师	2.88	

3.各层级教师培训的效果差异

(1)国家级教师培训的差异

不同类型的教师在国家级培训效果上均不存在统计意义上的差异。

具体来看(表 3-11),首先,在性别方面,县域高中男教师对国家级培训效果的平均打分为 4.81,女教师的平均打分为 4.78。独立样本 T 检验结果表明,两者之间不存在统计意义上的显著差异($T=0.429,P>0.05$)。

其次,在教龄方面,教师参加国家级培训效果由高到低依次为 11—15 年($M=4.86$)、5 年及以下($M=4.83$)、16—20 年($M=4.78$)、21—25 年($M=4.76$)、26 年及以上($M=4.77$)和 6—10 年($M=4.57$)。单因素方差分析结果表明,它们之间不存在统计意义上的显著差异($F=2.052$,

$P>0.05$)。

再次,在学历方面,大学专科学历的教师在国家级培训效果上的平均打分为4.50,大学本科学历的教师打分为4.83,研究生学历的教师打分为4.81。单因素方差分析结果表明,三类学历教师不存在统计意义上的显著差异($F=2.210,P>0.05$)。

最后,在职称方面,三级职称或没有职称教师在国家级培训效果上的均分为4.81,二级职称教师打分为4.74,一级职称教师打分为4.80,高级职称教师打分为4.84。单因素方差分析结果表明,四类职称的教师不存在统计意义上的显著差异($F=0.273,P>0.05$)。

表3-11 不同类型教师国家级培训效果差异性

名称	类别	均值	差异性检验
性别	男	4.81	$T=0.429$ $P>0.05$
	女	4.78	
教龄	5年及以下	4.83	$F=2.052$ $P>0.05$
	6—10年	4.57	
	11—15年	4.86	
	16—20年	4.78	
	21—25年	4.76	
	26年及以上	4.77	
教师学历	大学专科	4.50	$F=2.210$ $P>0.05$
	大学本科	4.83	
	研究生	4.67	
教师职称	三级职称教师或没有职称	4.81	$F=0.273$ $P>0.05$
	二级职称教师	4.74	
	一级职称教师	4.80	
	高级职称教师	4.84	

(2)省部级教师培训的差异

不同类型的教师在省部级培训效果上均不存在统计意义上的差异。

具体来看(表3-12),首先,在性别方面,县域高中男教师对省部级培训效果的平均打分为4.71,女教师的平均打分为4.73。独立样本T检验结果表明,两者之间不存在统计意义上的显著差异($T=0.293,P>0.05$)。

其次,在教龄方面,教师参加省部级培训效果的均分从高到低依次为11-15年($M=4.84$)、21-25年($M=4.76$)、5年及以下($M=4.74$)、26年及以上($M=4.72$)、16-20年($M=4.67$)和6-10年($M=4.66$)。单因素方差分析结果表明,它们之间不存在统计意义上的显著差异($F=0.725,P>0.05$)。

再次,在学历方面,大学专科学历的教师在省部级培训效果上的平均打分为4.83,大学本科学历的教师打分为4.74,研究生学历的教师打分为4.63。单因素方差分析结果表明,三类学历的教师不存在统计意义上的显著差异($F=1.080,P>0.05$)。

最后,在职称方面,三级职称或没有职称的教师在省部级培训效果上的均分为4.87,二级职称教师打分为4.74,一级职称教师打分为4.72,高级职称教师打分为4.69。单因素方差分析结果表明,四类职称的教师不存在统计意义上的显著差异($F=0.425,P>0.05$)。

表3-12 不同类型教师省部级培训效果差异性

名称	类别	均值	差异性检验
性别	男	4.71	$T=-0.293$
	女	4.73	$P>0.05$
教龄	5年及以下	4.74	
	6-10年	4.66	
	11-15年	4.84	$F=0.725$
	16-20年	4.67	$P>0.05$
	21-25年	4.76	
	26年及以上	4.72	

(续表)

名称	类别	均值	差异性检验
教师学历	大学专科	4.83	$F=1.080$ $P>0.05$
	大学本科	4.74	
	研究生	4.63	
教师职称	三级职称教师或没有职称	4.87	$F=0.425$ $P>0.05$
	二级职称教师	4.74	
	一级职称教师	4.72	
	高级职称教师	4.69	

(3)地市级教师培训差异

不同类型的教师在地市级培训效果上均不存在统计意义上的差异。

具体来看(表3-13),首先,在性别方面,县域高中男教师对地市级培训效果的平均打分为4.74,女教师的平均打分为4.70。独立样本 T 检验结果表明,两者之间不存在统计意义上的显著差异($T=0.790,P>0.05$)。

其次,在教龄方面,教师参加地市级培训效果的均分从高到低依次为11—15年($M=4.83$)、26年及以上($M=4.74$)、5年及以下($M=4.72$)、6—10年($M=4.70$)、16—20年($M=4.70$)和21—25年($M=4.62$)。单因素方差分析结果表明,它们之间不存在统计意义上的显著差异($F=1.147,P>0.05$)。

再次,在学历方面,大学专科学历的教师在地市级培训效果上平均打分为4.76,大学本科学历的教师打分为4.73,研究生学历的教师打分为4.65。单因素方差分析结果表明,三类学历的教师不存在统计意义上的显著差异($F=0.815,P>0.05$)。

最后,在职称方面,三级职称或没有职称的教师在地市级培训效果上的均分为4.71,二级职称教师打分为4.72,一级职称教师打分为4.72,高级职称教师打分为4.69。单因素方差分析结果表明,四类职称的教师不存在统计意义上的显著差异($F=0.097,P>0.05$)。

表 3-13　不同类型教师地市级培训效果差异性

名称	类别	均值	差异性检验
性别	男	4.74	$T=0.790$ $P>0.05$
	女	4.70	
教龄	5 年及以下	4.72	$F=1.147$ $P>0.05$
	6—10 年	4.70	
	11—15 年	4.83	
	16—20 年	4.70	
	21—25 年	4.62	
	26 年及以上	4.74	
教师学历	大学专科	4.76	$F=0.815$ $P>0.05$
	大学本科	4.73	
	研究生	4.65	
教师职称	三级职称教师或没有职称	4.71	$F=0.097$ $P>0.05$
	二级职称教师	4.72	
	一级职称教师	4.72	
	高级职称教师	4.69	

本章小结

教师调研样本中,女教师居多,占比超过 60％,80.7％的教师学历为大学本科,在教龄、职称方面的分布较平均。调研对象在教师专业素质、专业情意和教师发展三个方面的整体情况如下。

县中教师的整体专业素质情况较好。首先,研究结果表明,教师的专业知识能力过硬,在理解教学内容、熟悉教材等方面具有扎实的基本功,相关题项的得分均值较高。但大部分教师都欠缺成为专家型教师的能力,对于教学内容的思考还不够。差异性分析表明,男性、具有大学本科学历以及高级职称的县域高中教师的专业知识能力相对更强。其次,大部分调研对象能够根据具体教学内容选择并恰当地使用教学策略,这也与教师的专业知识能力过硬这一研究结果相吻合。但教师最常使用的还是"练习体验""任务驱动"和"自主学习"等传统、聚焦性不强的策略,针对不同的教学目的对教学策略进行整合的能力仍然需要进一步提升,应在今后的教师培训中得到重点关注。同时,教师的信息技术使用能力普遍偏弱,对于新兴技术的掌握尤为不足。在教学信息化蓬勃发展的当下,教师既要意识到信息技术的重要作用,也要不断提升自身的相关能力。再次,大部分教师具有较强的因材施教能力,能够根据学生的实际情况及时进行相应调整,如调整教学进度、采取不同评价方式等,这也体现出教师对自己教授学生的熟悉程度。差异性分析表明,教师的因材施教能力也需要在实际的教学过程中通过大量的积累而不断发展。最后,在师生关系方面,教师认为自身能够与学生和谐相处,在日常教学中做到公平对待学生,关心学生身心健康。但从学生角度而言,这一认知存在一定偏差,这提醒教师需要关注学生的身心发展规律,将科学规律与实际情况相结合,从而更为融洽地与学生相处。

县中教师的专业情意表现出整体满意度不高、工作负担较重、职业倦怠感等较为常见的特征,但在职业认同和学校归属感方面得分较高。首先,教师的工作负担大多来源于检查、评比和考核工作等教学以外的内容,而教研和科研任务则不被认为是负担的来源,这体现出当前教师在教学本职工作以外仍需要完成其他很多任务的现实状况。此外,仅有不到两成的教师从未产生过职业倦怠,这也在一定程度上体现出教师工作的繁重。特别是,职称越高,职业倦怠现象越严重。其次,教师的职业认同与学校归属感整体呈现出较为乐观的结果。愿意选择在原学校任教与愿意努力促进本校发展的教师最多,体现出教师对自身职业具有较高的认可度。再次,在提高教师工作积极性的外部因素中,教师认为最重要的是拓宽职务及职称晋升通道。最后,教师工作满意度相对而言得分不高,薪酬待遇是最需要提升满意度的部分,这也与前述结果相印证。差异性分析表明,具有大学本科学历的教师或拥有高级职称教师的工作满意度更高。因此,提供学历提升机会和职业晋升机会可能是提升教师工作满意度的一种有效途径。

县中教师的个人发展整体情况呈现出学校支持不充分、薪酬满意度不足的特点;但与之相对的是,教师参与培训的频率较为合理,培训的层级较为多元,培训的内容也较为丰富。首先,学校能够为教师提供一定的学习、培训信息与资源,并鼓励教师进行创新,能够尊重和支持教师的职业生涯发展。然而,相比较而言,学校对于教师的个性化发展支持不足,在后续的实践中仍需要进一步给予教师更多的自主权。其次,教师的薪资满意度不高,超过四成的教师对自己的工资非常不满意或不满意,只有不到一成的教师对自己的工资感到满意。就年收入而言,近一半的教师工资主要集中在每年收入5万－8万元,近三成教师年收入不足5万元,仅不到一成教师年收入大于10万元。相对而言,男性、具有高级职称的教师对工资的满意度更高。提升教师薪资待遇也是助力教师更好发展的途径之一。最后,教师接受培训的频率主要为半年一次、每季一次和一年一次;参加区县级培训的教师人数最多,参加国家级培训的教师人数最少,培训级别越高,教师参加培训的人数越少,但各级培训效果并不存在统计意义上的显著差异;培训内容效果最好的是关于新政策和新知识方面的培训,如新高考知识、学科专业知识和课程标准实施等,这也表明教师在实际教学中更为关注基础知识部分的内容。

第四章　县域高中家长调研报告

第一节　家长调研基本信息

一、调研对象与内容

为准确把握县域高中家庭教育现状，进一步贯彻教育部发布的《家长家庭教育基本行为规范》政策文件要求，切实引导家长树立正确的家庭教育理念，掌握科学的家庭教育方法，不断提升家庭教育水平，针对县域高中家长群体，研究团队设计了《普通高中教育质量调查问卷（家长卷）》。县域高中家长调查包括教育期望、家庭支持、学校教育满意度和教育焦虑四个一级指标，各一级指标包含二至四个二级指标。

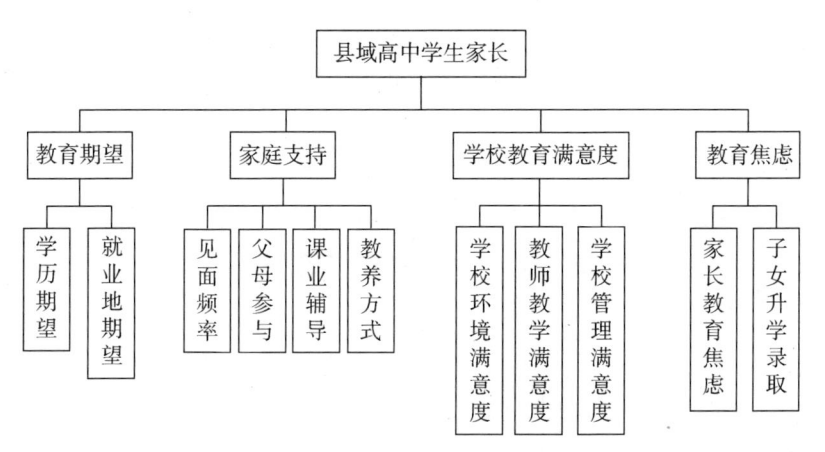

图 4-1　县域高中学生家长调查问卷结构图

本次调查的家长问卷中使用了父母参与、教养方式、教育焦虑等6个量表,并对所有量表进行了信效度分析。就信度而言,每个量表的克隆巴赫 α 系数均在0.8以上,符合系数大于0.7就将量表视为高信度的标准,这表明所有测量工具都具有良好的信度。就效度而言,所有测量工具的KMO值均大于0.75,其巴特利球形度检验结果均为显著,这说明测量工具具有很好的效度结构。

此外,为便于读者理解,本调查所有测量工具的题项均采用从"非常不同意(或非常不符合)"到"非常同意(或非常符合)"的五级计分方式,其中1表示"非常不同意(或非常不符合)",5表示"非常同意(非常符合)"。各量表中所有题项的均值作为该量表的均值,表示调研对象在该量表所代表的二级指标的整体情况。当均值小于2.5时,表示调研对象在该二级指标表现较差;当均值大于2.5小于3.5时,表示调研对象在该二级指标上表现尚可或一般;当均值大于3.5时,表示调研对象在该二级指标上表现良好。

二、基本情况描述

本次调查问卷共回收38574份,剔除填答时间过短、填答内容明显不合理的问卷后,共获得有效问卷35516份,有效问卷回收率为92.1%。其中,子女就读于县域高中的家长占比56.4%,子女就读于地市级高中家长占比43.6%。

从家长的社会经济地位来看,在政治面貌方面,父亲是中共党员(含预备党员)的占比为16.6%,母亲是中共党员的占比仅为5.9%。在学历方面,父/母亲学历在高中及以下的比例分别为79.4%和83.1%,其中又以初中段最为集中,分别占比44.4%和43.8%,接受过高等教育的父/母亲占比仅为20.7%和16.9%。在职业类型方面,父亲职业占比排名前三的职业分别为商业、服务业人员(23.1%)、个体工商户(18.4%)和农(林、牧、渔)民(13.4%),母亲职业占比前三位则是商业、服务业人员(23.5%)、无业及其他(21.8%)和个体工商户(15.0%)。在家庭经济条件方面[①]，中等收入家庭占比 33.6%，低收入家庭和中低收入家庭分别占比 19.1% 和 24.0%，高收入家庭和中高收入家庭分别占比 4.9% 和 18.4%。

表 4-1 调研家长样本基本信息

变量	分类	人数	百分比(%)	变量	分类	人数	百分比(%)
就读学校类型	县域高中	20027	56.4	孩子户口类型	农业户口	21973	61.9
	地市级高中	15489	43.6		城市户口	13543	38.1
父亲政治面貌	中共党员	5902	16.6	母亲政治面貌	中共党员	2082	5.9
	非党员	29614	83.4		非党员	33434	94.1

变量	分类	人数	百分比(%)
父亲学历	小学及以下	3917	11.0
	初中	15769	44.4
	普通高中	4913	13.8
	中专/技校/职业高中	3596	10.1
	大学专科	3401	9.6
	大学本科	3579	10.1
	研究生及以上	341	1.0
母亲学历	小学及以下	6910	19.5
	初中	15563	43.8
	普通高中	3325	9.4
	中专/技校/职业高中	3711	10.4
	大学专科	2905	8.2
	大学本科	2928	8.2
	研究生及以上	174	0.5

---

① 《普通高中教育质量调查问卷（家长卷）》中家长根据家庭实际税后收入选择家庭年总收入的区间，本研究根据各区间的比例分布，将年收入在 2.5 万元以下定义为低收入家庭，2.5 万－5 万元定义为中低收入家庭，5 万－10 万元定义为中等收入家庭，10 万－25 万元定义为中高收入家庭，25 万元以上定位为高收入家庭。

(续表)

变量	分类	人数	百分比(%)
父亲的职业类型	国家与社会管理者	1491	4.2
	企业高层管理人员	806	2.3
	私营企业主	1086	3.1
	专业技术人员	3386	9.5
	一般办事人员	1751	4.9
	个体工商户	6550	18.4
	商业、服务业人员	8190	23.1
	产业工人	4421	12.4
	农(林、牧、渔)民	4772	13.4
	无业及其他	3063	8.6
母亲的职业类型	国家与社会管理者	642	1.8
	企业高层管理人员	288	0.8
	私营企业主	550	1.5
	专业技术人员	3524	9.9
	一般办事人员	1520	4.3
	个体工商户	5345	15.0
	商业、服务业人员	8351	23.5
	产业工人	3027	8.5
	农(林、牧、渔)民	4531	12.8
	无业及其他	7738	21.8
家庭经济条件	低收入	6778	19.1
	中低收入	8532	24.0
	中等收入	11922	33.6
	中高收入	6542	18.4
	高收入	1742	4.9

第二节　县域高中学生家长整体描述

本节以县域高中家长为研究对象,从教育期望、家庭支持、学校教育满意度和教育焦虑四个维度对县域高中家长的子女教育情况进行整体描述。

一、县中家长的教育期望

教育期望是指对于个人未来学业成就、教育获得的期待,例如对子女的学历期望和就业地期望等。[1] 在当代社会背景下,接受更高水平的教育仍然是个体获得更好的物质生活、实现阶层晋升的有效途径。[2] 当前,我国家庭对子女教育的重视程度空前提高,教育期望更加明确和强烈,县中家长也不例外。在学历期望上,县中家长对高等教育存在较高需求,希望子女能够接受较高层次的学历教育;在就业地期望上,近半数的县中家长对子女未来工作的地区没有任何要求,只是希望子女未来能寻找一份稳定且能充分发挥自我价值的工作。

1. 学历期望

几乎所有家长都希望子女将来能够接受大学本科及以上的学历教育,希望子女将来能够获得研究生(博士和硕士)学历的家长占比也超过七成。具体而言(图4-2),家长希望子女将来能够攻读硕士研究生学位的占比最高(40.6%),其次分别为博士研究生学位(30.0%)和本科学位(27.5%),这三者之和约为98%。与之形成鲜明对比的是,家长希望子女读到大学专科(1.8%)和高中(0.1%)的比例非常低。这说明随着我国

---

[1] 牛建林,齐亚强.家庭教育期望的代际偏差、互动及影响[J].社会发展研究,2022(03):162−183+245.
[2] 李若璇,朱文龙,刘红瑞,等.家长教育期望对学业倦怠的影响:家长投入的中介及家庭功能的调节[J].心理发展与教育,2018(04):489−496.

经济、社会的发展，县域居民对高等教育机会存在很高的需求，特别是对更高层次的高等教育（硕士和博士）机会的需求更是日益增加。

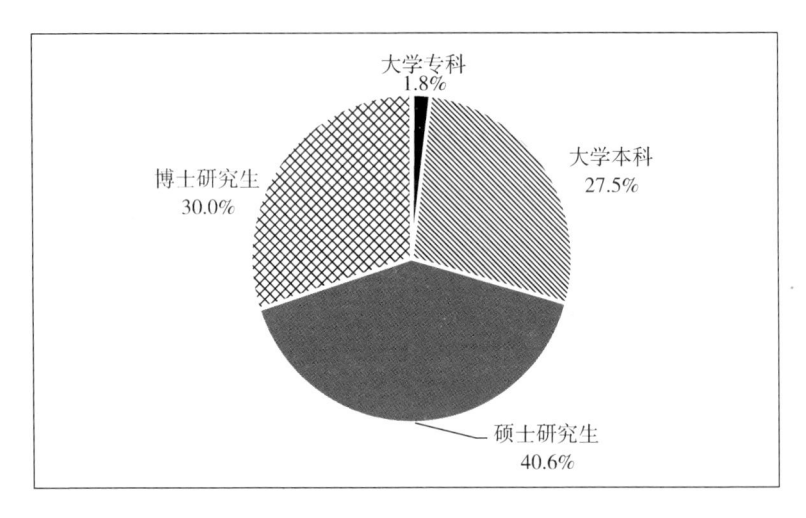

图 4-2　县域高中家长的学历期望

2. 就业地期望

从家长对就业地区的期望来看，近半数的家长对子女未来工作的地区没有任何要求。约四分之一的家长希望子女将来在省内非本县（市）的地区工作。具体而言（图 4-3），17.9%的家长希望子女未来在本县（市）工作，希望子女在省外工作的学生家长占比 14.9%，极少数（0.8%）的家长希望子女可以到国外工作。

从家长的就业观念来看，大多数家长希望子女未来能寻找一份稳定且能充分发挥自我价值的工作。具体来看（图 4-4），人数占比排序靠前的三个选项分别是工作稳定（70.9%）、发挥自我才能（68.4%）和符合自我兴趣（57.9%），而选择收入高（27.9%）、离家近（13.3%）和社会地位高（8.1%）等选项占比却比较低。这说明家长更加看重子女未来工作的个人价值，而非经济价值。

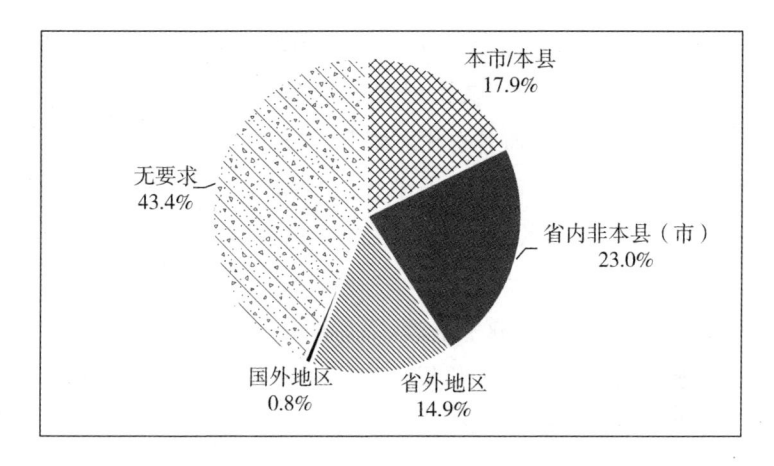

图 4-3　县域高中学生家长的就业地区期望

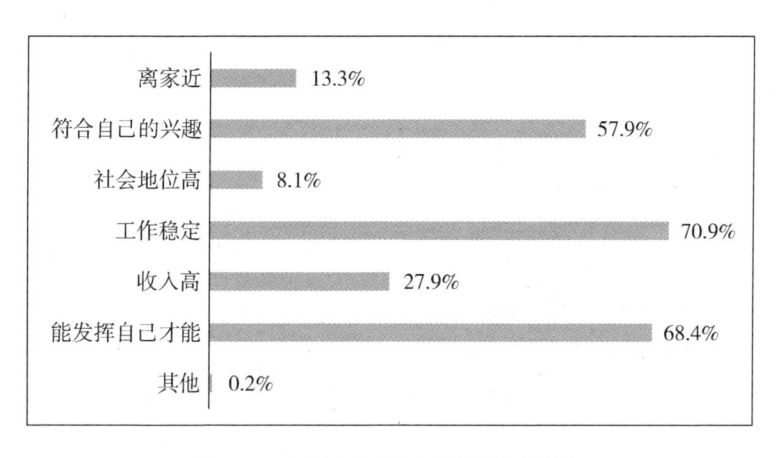

图 4-4　县域高中学生家长的就业观念

二、县中学生的家庭支持

家庭支持是家庭成员之间的联结及家庭资源的整合、交换和利用,具体指家庭中成员通过双向互动进行相互支持、分担压力,给予关怀和帮助,从而促进个体成长的社会行为。① 县中学生的家庭支持主要包含子

---

① 杨秀君,薛敏霞.基于家庭支持视角的高职教育发展路径[J].现代教育管理,2022(08):93－101.

女与家长的见面频率、父母参与、课业辅导和教养方式等四个二级指标。县域高中的学生获得的家庭支持程度较低。具体来看,县域高中寄宿制背景下,家长与子女的见面频率相对较低;家长对子女学业的参与程度较差,也较少为子女提供所需的课业辅导;在教养方式上,家长对子女学习生活方面均有一定程度的管教,但多为民主型教养。

1. 见面频率

从家长和子女见面的频率来看,不足三分之一的家长能每天与子女见面交流,而有半数以上的家长每月与子女见面的频率不足5次。具体而言(图4-5),超过四分之一的家长每周与子女每周见一次,2—3周与子女见一次面的家长占比21.0%。在以县级政府作为基础教育管理责任主体和资源中心的管理体制下,县域内通常仅有一两所普通高中,导致县域高中寄宿制学生较多,因此,县中学生与家长见面的频率相对较低。

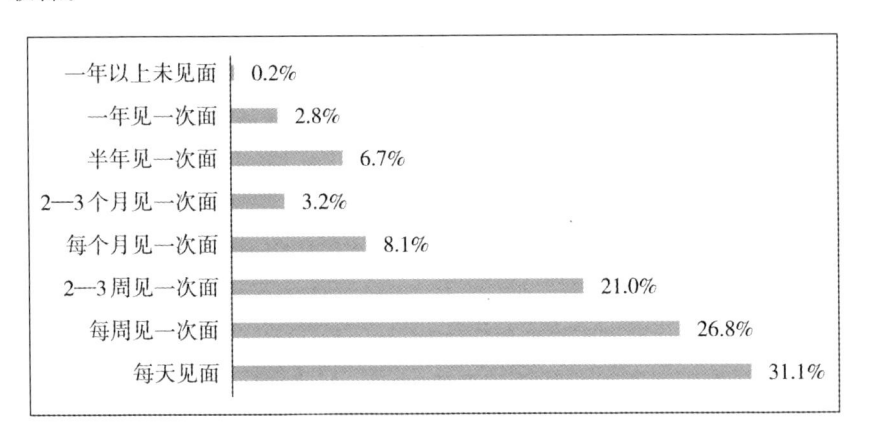

见面频率	占比
一年以上未见面	0.2%
一年见一次面	2.8%
半年见一次面	6.7%
2—3个月见一次面	3.2%
每个月见一次面	8.1%
2—3周见一次面	21.0%
每周见一次面	26.8%
每天见面	31.1%

图 4-5 家长与孩子的见面频率

2. 父母参与

《县域高中学生发展报告》已从学生角度探讨了父母参与情况,本小节将从家长的角度对此进行分析,以便了解家长与子女在父母参与这一维度的差异。相关研究表明父母参与主要涉及两个方面,分别是父母参与家庭教育和父母参与学校教育。[①] 本研究对家长问卷中父母参与量表进行了探索性因子分析,其 KMO 值为 0.739,总方差解释率为 82.7%,识别出三个因子,分别为人际关系参与、学生学业参与和情感参与。

整体而言(图 4-6),县中学生的父母参与程度尚可($M=3.44$),其中在情感参与维度上表现最好,父母都十分关心学生的身心健康发展。父母在人际关系参与维度表现一般,比较积极地参与子女的社会关系,如认识孩子的朋友与同学($M=3.14$)、与其他学生家长交流($M=3.21$)等。相对而言,父母在子女学业参与维度表现最低,县中家长几乎很少检查子女的作业或辅导学生的学习。

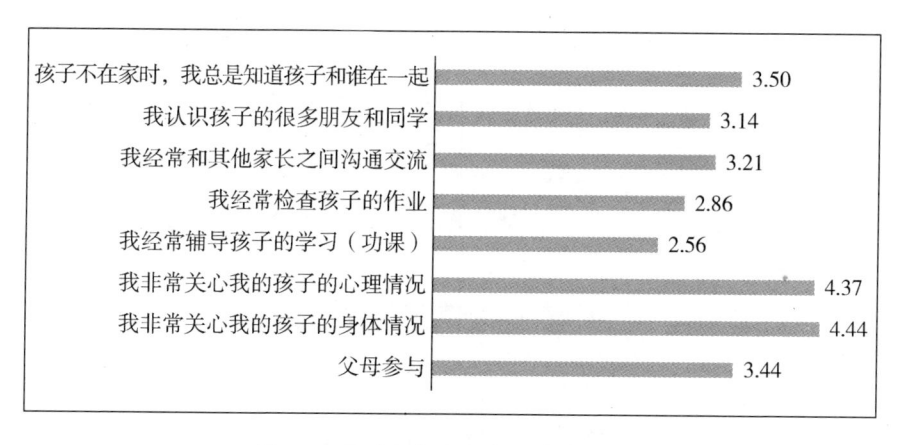

项目	均值
孩子不在家时,我总是知道孩子和谁在一起	3.50
我认识孩子的很多朋友和同学	3.14
我经常和其他家长之间沟通交流	3.21
我经常检查孩子的作业	2.86
我经常辅导孩子的学习(功课)	2.56
我非常关心我的孩子的心理情况	4.37
我非常关心我的孩子的身体情况	4.44
父母参与	3.44

图 4-6 县域高中学生的父母参与情况

3. 课业辅导

八成以上的家长表示高中阶段没有辅导过子女功课,而没有辅导子女学习的家长中,有 65.0% 的家长表示"孩子需要学习辅导,但家长没有能力辅导",30.9% 的家长表示孩子不需要进行学习辅导,表示"孩子需要学习辅导,家长有能力但未辅导"的人数占比仅为 4.1%(图 4-7)。

[①] POMERANTZ E M, MOORMAN E A, LITWACK S D. The How, Whom, and Why of Parents' Involvement in Children's Academic Lives: More is not Always Better[J]. Review of Educational Research, 2007, 77(3): 373—410.

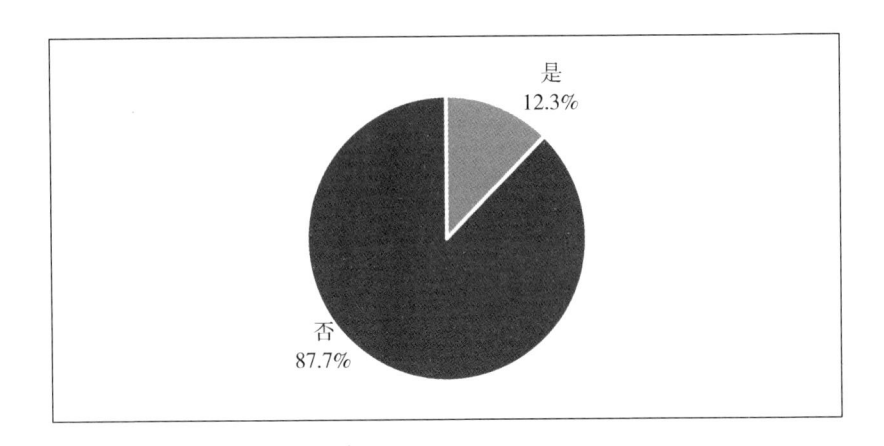

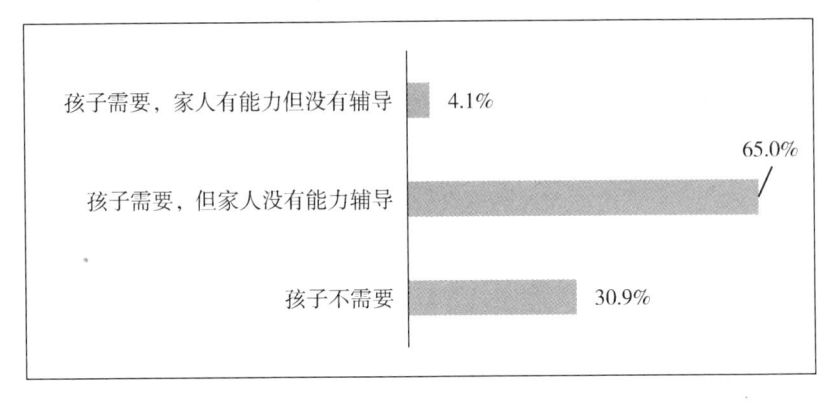

图 4-7　家长辅导孩子功课情况

研究进一步调查了子女参加辅导班的情况(图 4-8),近八成的家长表示子女在高中阶段未参与过课外辅导班,14.5%的家长表示子女参加过语文、数学和英语等高考分值较高科目的辅导班,6.6%的家长表示子女参加过物化生、政史地等科目的辅导班,仅仅 2.8%的家长表示子女参加与学业无关的兴趣班。这表明学校是县域高中学生学习的主要阵地,提高学校教学水平,才能进一步提升县中学生的学习成绩。

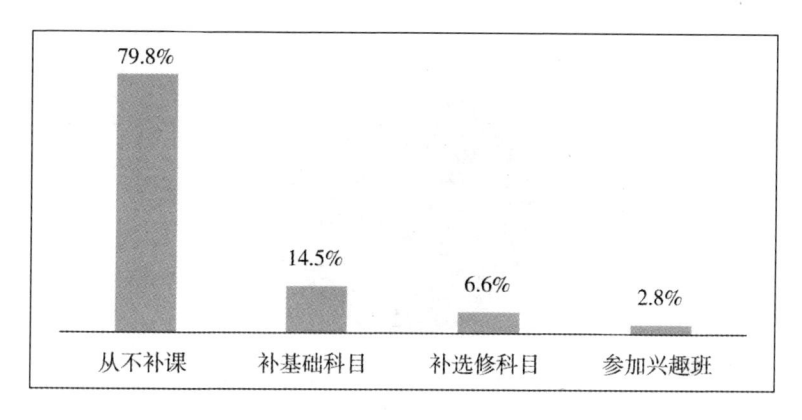

```
79.8%


            14.5%
                      6.6%
                               2.8%
从不补课  补基础科目  补选修科目  参加兴趣班
```

图 4-8　子女参加辅导班情况

4. 教养方式

教养方式是家长与子女互动时的一系列相对稳定的行为与态度。[1] 心理学常从控制(要求)和反应沟通两个维度对教养观念进行分类,将教养行为分为民主型、专制型(权威型)、宠溺型(宽容型)和忽视型(放任型)。[2] 本研究根据父母与子女出现意见不一致(冲突)时的解决办法对教养方式进行分类,将"大多顺着孩子"定义为宠溺型教养,"说服孩子接受您的意见"和"强迫孩子接受您的意见"定义为专制型教养,选择"讨论后看谁有道理,就听谁的意见"的定义为民主型教养,将"不了了之"定义为忽视型教养。

具体来看(图 4-9),民主型教养方式是县中学生家长主要采用的家庭教育模式,近四分之三的县中家长是民主型教养方式,专制型、宠溺型和忽视型教养方式分别占比 10.2%、9.6% 和 3.6%。

---

[1] 李佳丽,赵楷,梁会青.养育差异还是养育陷阱?:家庭教养方式对学生发展的异质性影响研究[J].中国青年研究,2020(09):68—75.

[2] MACCOBY E E , MARTIN J A . Socialization in the Context of the Family: Parent-child Interaction[J]. Handbook of Child Psychology, 1983, 4:1—101.

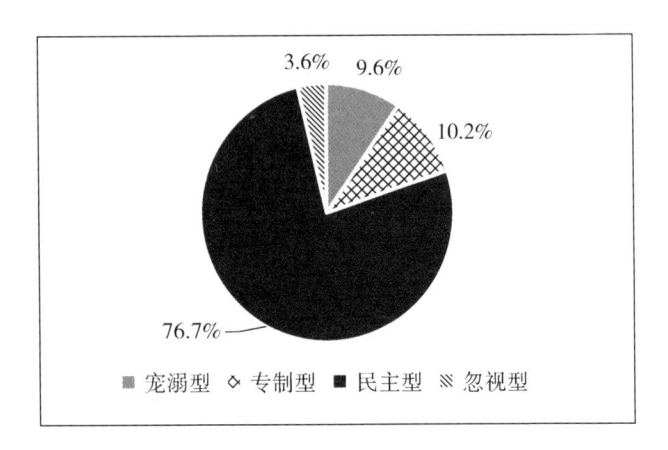

图 4-9　父母教养方式

此外,中国家长教养的核心特征是"管",这种"管"在一定程度上带有权威专制的特征,但更多暗含了家长的关心与支持。[①] 因此,本次调查还借鉴了中国教育追踪调查(CEPS)中关于教养方式的量表,从"管"的角度调查了县中学生家长的教养方式。该量表分别从五个方面(作业、考试,学校表现,上学与回家的时间,与谁交朋友,穿着打扮)是否严格要求(1-不管,2-管但不严格,3-管得很严)来衡量家长的教养方式。

从县中家长的教养方式来看,县中家长对子女学习生活方面都有一定程度的管教(图 4-10)。其中在使用手机、平板电脑等时间上的管教最多,约 97.8%的家长都会管控子女使用手机、电脑等电子设备的时间,并且有 45.9%的家长会严格管控。而在子女的穿着打扮上,有 13.2%的家长不会管,63.2%的家长会管但不严格。此外,95.8%家长会对子女上学和回家的时间进行管教,且有 39.3%的家长会严格管控。

[①] 黄超.家长教养方式的阶层差异及其对子女非认知能力的影响[J].社会,2018(06):216-240.

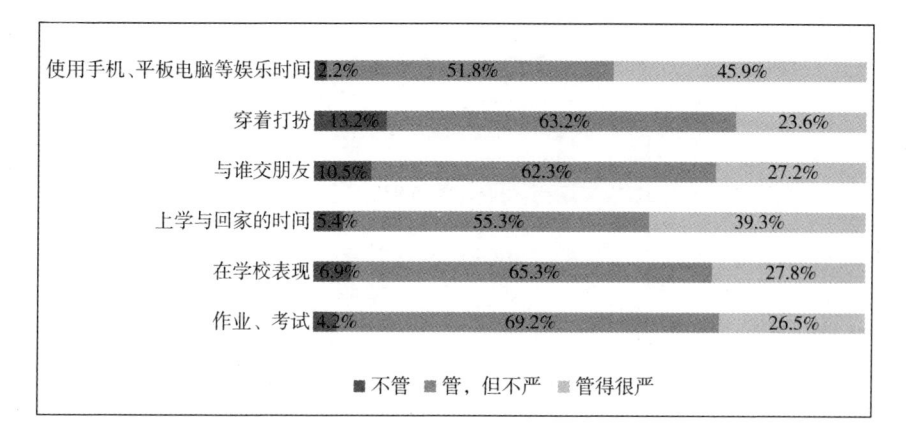

管教内容	不管	管，但不严	管得很严
使用手机、平板电脑等娱乐时间	2.2%	51.8%	45.9%
穿着打扮	13.2%	63.2%	23.6%
与谁交朋友	10.5%	62.3%	27.2%
上学与回家的时间	5.4%	55.3%	39.3%
在学校表现	6.9%	65.3%	27.8%
作业、考试	4.2%	69.2%	26.5%

图 4-10 父母管教行为

三、县中家长学校教育满意度

学校作为教育的主阵地，其教育质量关乎学生的基本成长与发展，是赢得家长和社会对学校的信任的关键因素。因此，提高学校教育满意度是办好教育的重要旨归之一。具体而言，学校教育满意度主要包含学校环境、教师教学和学校管理等方面。县中家长对学校环境、教师教学以及学校管理的整体情况较为满意，但对学校硬件设施的建设、教师命题能力、学生实践活动组织等方面的满意程度相对较低。

1. 学校环境满意度

整体来看，县中家长对学校环境建设的满意度评价良好（$M=4.08$）。具体而言（图 4-11），家长对学校的校园风气（$M=4.20$）和学习氛围（$M=4.19$）较为满意，对学校的多媒体教学设备（$M=4.07$）、体育运动设施（$M=4.04$）以及图书资源（$M=4.03$）的满意程度相对偏低，但仍然在良好的水平；对学校的实验仪器设备满意度评价一般（$M=3.95$）。由此可见，家长认为目前县域高中已为学生提供了良好的学习氛围，但在硬件设施建设方面仍差强人意。所以，县中应进一步夯实校园环境建设，在保证营造优良校园风气等软环境的同时，着力完善校园硬件设施，发挥环境育人的重要作用，提高家长对学校环境的满意度。

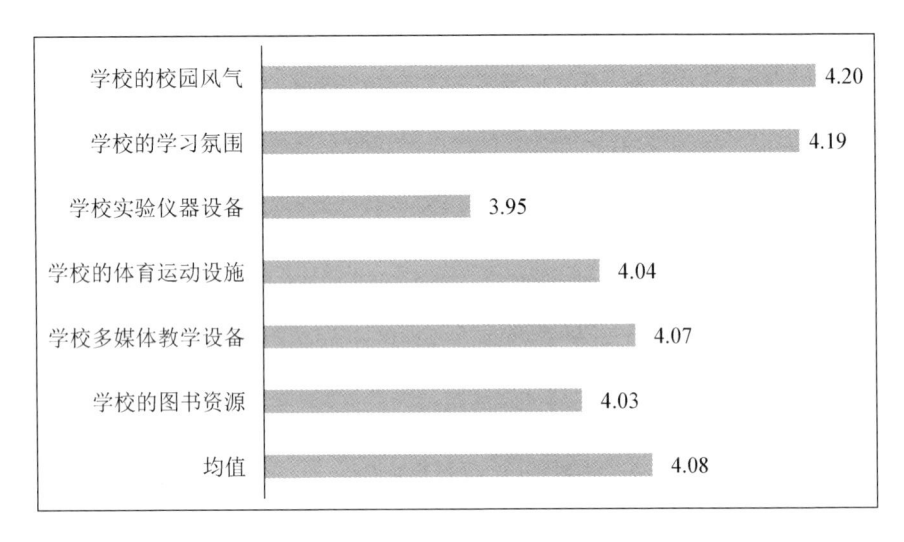

中国县域教育发展蓝皮书:县域高中

项目	值
学校的校园风气	4.20
学校的学习氛围	4.19
学校实验仪器设备	3.95
学校的体育运动设施	4.04
学校多媒体教学设备	4.07
学校的图书资源	4.03
均值	4.08

图 4-11 学校环境的满意度

2. 教师教学满意度

县域高中学生家长整体上对学校教师教学工作评价良好（$M=4.28$）。具体来看（图 4-12），家长对教师的工作态度（$M=4.37$）、对学生的关心程度（$M=4.33$）、班级管理能力（$M=4.30$）以及课堂讲授水平（$M=4.26$）四个方面比较满意，但对教师的命题能力（$M=4.13$）的满意程度远低于其他方面。这可能是缘于县中家长高度重视教师教学能否切实提升学生考试成绩，并因此对于教师命题研究能力的期待产生落差。因此，县中教师在继续保持良好工作态度、做好现有教学与管理任务的同时，也需要把命题能力作为自身专业能力发展的重要内容，全面把握考试真题，深刻研读命题标准，深入分析关键考点，促进师生共同发展与进步，并同时引导家长正确认识学生的学习成长和考试成绩的关系，继而提高家长对于学校教师教学的满意度，与家庭教育形成合力。

项目	值
教师对学生的关心程度	4.33
教师的班级管理能力	4.30
教师的命题能力	4.13
教师的课堂讲授水平	4.26
教师的工作态度	4.37
均值	4.28

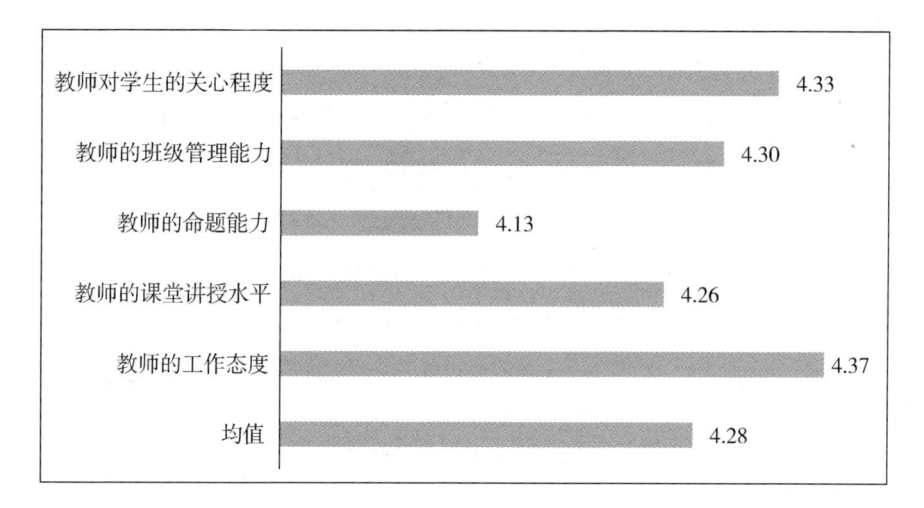

图 4-12　教师教学的满意度

3. 学校管理满意度

总体而言,县中家长对学校管理的满意度评价良好($M=4.13$)。具体来看(图 4-13),家长对校园安全纪律活动的开展情况($M=4.18$)、校园育人环境的管理情况($M=4.18$)以及校内收费制度的公开透明程度($M=4.16$)的满意度相对较高,但在学生实践活动的组织情况($M=4.05$)和学校文体活动的实施情况($M=4.05$)方面满意度相对较低,但仍在良好的水平。这表明目前县中家长已不再单纯追求高成绩,而是希望孩子能在学校中得到个人能力的全方位锻炼与发展。因此,县域中学也需要进一步更新教学理念,在提高学生学业成绩的同时,积极组织各类学生实践活动和校园文体活动,如开发具有特色的校本实践课程等,激发学校的办学活力,促进学生德智体美劳全面发展,提高家长对学校管理的满意度。

中国县域教育发展蓝皮书:县域高中

校内收费制度的公开透明程度	4.16
校园育人环境的管理情况	4.18
学生实践活动的组织情况	4.05
校园安全纪律活动的开展情况	4.18
学校的作息时间的安排情况	4.13
学校文体活动的实施情况	4.05
均值	4.13

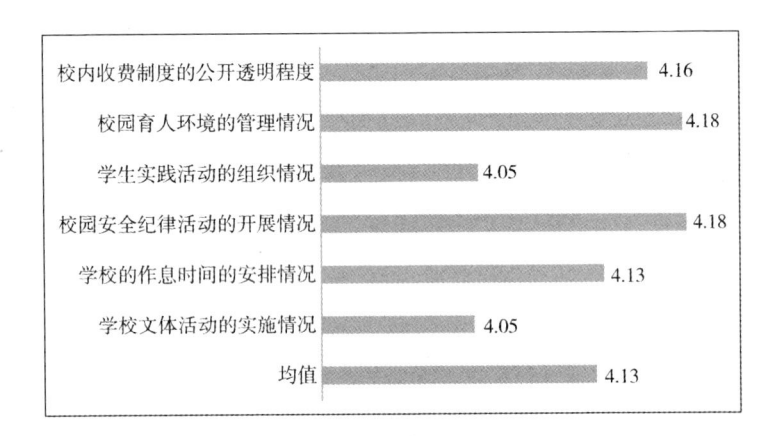

图 4-13 学校管理的满意度

将学校环境、教师教学和学校管理三个方面对比来看(图 4-14),县中家长对教师教学($M=4.28$)的满意度最高,学校管理($M=4.13$)次之,而对学校环境($M=4.08$)的满意度相对较低。这表明在国家政策的支持下,县中教师的教学水平已基本满足学生和家长的期待,我国乡村教师队伍建设取得了一定成效,为县域教育的发展提供了充分的内生动力。但与

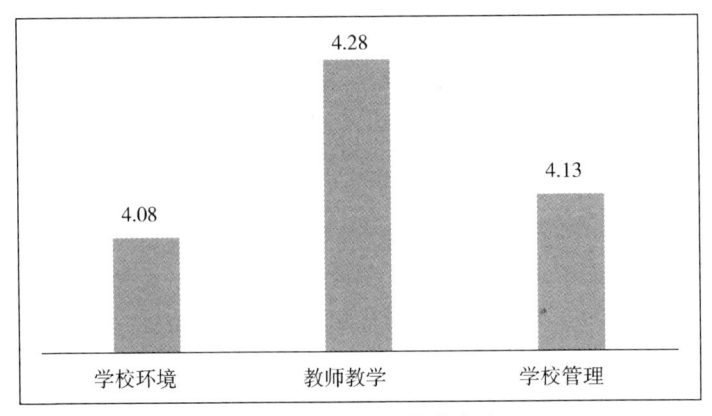

学校环境	4.08
教师教学	4.28
学校管理	4.13

图 4-14 学校教育的满意度

注:$t_{学校环境-教师教学}=-61.294, P<0.001$;$t_{教师教学-学校管理}=51.209, P<0.001$;$t_{学校环境-学校管理}=-16.642, P<0.001$。

此同时,县域高中仍需要进一步优化学校教育教学环境,提升校园硬件设施水平,补齐校园环境短板,完善学校管理制度,提高家长对学校教育的满意度,切实回应学生和家长对优质教育的渴求。

四、县中家长的教育焦虑

家长教育焦虑是指家长在教育子女的过程中因为子女的教育问题产生的忧虑,以及为了促进子女的学习与发展,在家庭、学校、教育市场中形成的教育参与行为。① 本研究从家长的焦虑情绪与家长对子女的升学规划来分析县中家长的教育焦虑。具体来看,县中家长的教育焦虑较为严重,其中主要体现在对子女行为以及子女未来就业、升学等方面。但值得关注的是,在子女升学上,县中家长对现行的农村专项计划、新高考改革政策等有利于教育公平的相关政策知之甚少,这种困惑可能进一步对县中家长造成了心理冲击,加剧了他们的教育焦虑。

1. 家长教育焦虑

近年来,教育焦虑已经成为我国基础教育阶段家长群体教育心态的真实写照。本次调查根据与普通高中学生家长的访谈内容设计了家长焦虑程度评价量表。本研究采用探索性因子分析,识别出两个特征根大于1的因子,两个因子的总方差解释达到70%,分别将两个因子命名为子女发展焦虑与子女行为焦虑。

总体而言,县中家长的教育焦虑程度较高($M=3.55$)。具体来看(图4-15),在子女行为方面,家长担心或焦虑程度最高的是子女过度使用手机($M=3.95$),而在子女的发展方面,家长会担心子女未来的就业($M=3.73$)和升学($M=3.60$)。

---

① 朱新卓,骆婧雅."双减"背景下初中生家长教育焦虑的现状、特征及纾解之道:基于我国8省市初中生家庭教育状况的实证调查[J].中国电化教育,2023(04):49-56.

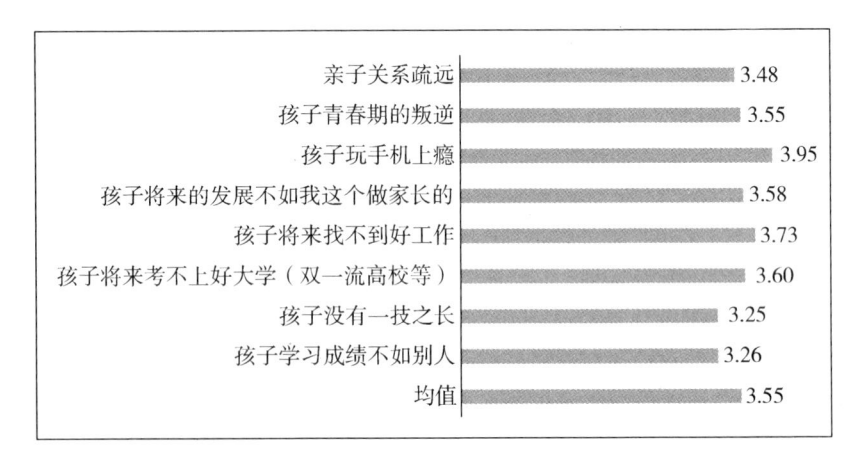

中国县域教育发展蓝皮书:县域高中

亲子关系疏远	3.48
孩子青春期的叛逆	3.55
孩子玩手机上瘾	3.95
孩子将来的发展不如我这个做家长的	3.58
孩子将来找不到好工作	3.73
孩子将来考不上好大学（双一流高校等）	3.60
孩子没有一技之长	3.25
孩子学习成绩不如别人	3.26
均值	3.55

图 4-15 县中家长的教育焦虑

2. 子女升学录取

2020年,教育部《关于在部分高校开展基础学科招生改革试点工作的意见》出台后,形成了高考统招为主,以强基计划、专项计划、特殊类型招生为辅的招生录取新格局。因此,本次调查还分别询问了家长是否会让子女参加艺体特长生、强基计划和农村专项计划①等招生录取方式。

从调研结果来看,少数家长表示会让子女参加艺体特长生、强基计划和农村专项计划等招生录取方式。具体来看(图4-16),仅仅6.5%家长表示会让子女报名参加农村专项计划,52.1%的家长不清楚农村专项计划的具体内容。农村专项计划的目的在于增加农村地区高中学生接受优质高等教育的机会,减少区域间、城乡间优质教育资源的差距,以促进教育公平。但有半数的县中家长不了解农村专项计划,地方政府、学校以及相关高校需进一步加大相关政策的宣传与解读。

---

① 2012年开始我国面向农村和（原）贫困地区实施的重点高校招生专项计划,专项计划包括国家专项、地方专项和高校专项。

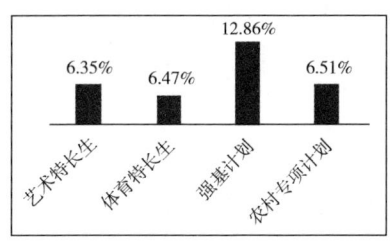

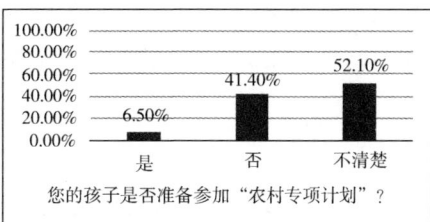

图 4-16　家长计划参与的升学录取类型

2014年以国务院印发《关于深化考试招生制度改革的实施意见》为标志,我国开启了自1977年恢复统一高考以来最全面、最系统、最深刻的一轮高考改革,将高考招生模式从传统的"文理分科、分数至上、择优录取"转向了"不分文理、综合评价、多元录取",旨在深入推进素质教育、促进教育公平、科学选拔人才。截至2023年,全国已有29个省份启动了新高考改革。但调查发现,仍有43.9%的县中家长不太了解新高考政策,且仅有2.1%的家长非常了解相关政策(图4-17)。这表明县中家长对新高考的理念、目标和措施等方面均缺乏完整准确的认知,对新高考改革仍存在较大的困惑。因此,在新高考政策后续推进的过程中,地方政府以及

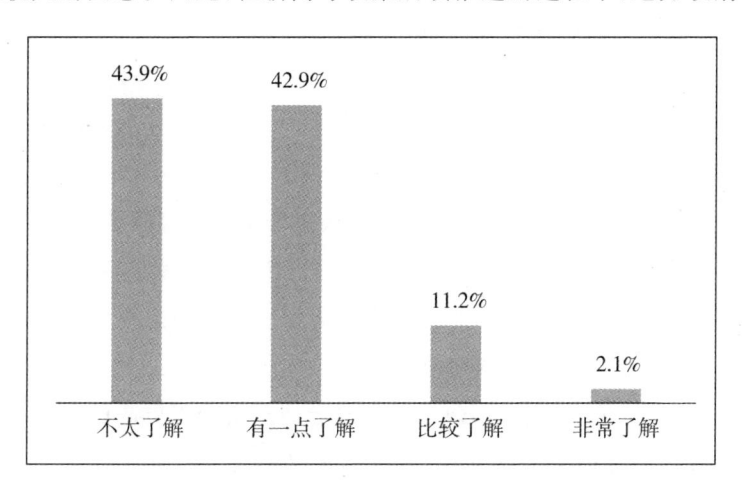

图 4-17　县中家长对新高考政策的了解程度

学校应当注重加强对相关政策的解读和宣传力度,帮助县中家长更好地理解新高考改革,在促进教育公平的基础上缓解县中家长的教育焦虑。

第三节 县域高中学生家长的异质性分析

本节以县域高中学生家长为研究对象,分别探讨不同受教育程度、不同职业的家长以及不同收入水平家庭的子女教育的差异。本研究依据组织资源、文化资源、经济资源占有情况将父母的职业类型划分为占有较多组织资源的管理类职业(包括国家与社会管理者、企业高层管理人员),占有较多文化资源的技术类职业(包括医生、教师和专业技术人员),占有较多经济资源的经济类职业(包括私营企业主),占有较少组织、经济、文化资源的一般类职业(包括一般办事人员、个体工商户),占有极少组织、经济、文化资源的体力类职业(包括产业工人,商业、服务业人员和农/林/牧/渔民),以及其他无法归类的职业和无业人员。[1]

一、教育期望的差异性分析

受教育程度不同的父母对子女的学历期望存在显著差异,父母受教育水平越高,对子女的学历期望越高(表4-2)。当父亲受教育水平为小学及以下时,希望子女仅完成大学本科教育的比例为36.4%,显著高于样本均值(27.5%);接受过高等教育的父亲更希望子女攻读博士学位;当父亲的学历为大学专科或大学本科及以上时,希望子女获得硕士学位的占比分别为50.1%和56.1%,希望子女获得博士学位的比例分别为33.2%和33.3%,均显著高于样本均值。

与之相似,母亲受教育程度越高,越希望子女获得更高的学历。当母亲受教育水平为小学及以下时,希望子女仅完成大学本科教育的占比为

---

[1] 李强.社会分层十讲[M].北京:社会科学文献出版社.2008:235-236.

35.3%,显著高于样本均值(27.5%);当母亲学历为大学专科或大学本科及以上时,希望子女获得硕士学位的比例为53.6%和58.2%,希望子女获得博士学位的比例为32.2%和31.3%。这与国内外相关研究的结论相似,受教育水平高的父母更倾向于让子女接受高层次的教育。①② 拥有较高学历的父母,不仅自身获得了高学历带来的红利,如较高的社会经济地位,而且在受教育的过程中完成了自我身份的认同与建构,更能认识到教育对个体收入和社会地位的影响,因此这类父母对子女的教育期望值更高。③

表4-2 不同受教育水平家长的学历期望差异

学历期望		父亲的受教育水平						合计
		小学及以下	初中	普通高中	中专/技校/职高	大学专科	大学本科及以上	
大学专科及以下	计数	79	234	43	22	6	5	389
	百分比	2.8%	2.4%	1.7%	1.2%	0.4%	0.3%	1.9%
大学本科	计数	1019	3026	611	425	251	170	5502
	百分比	36.4%	31.5%	23.6%	23.1%	16.4%	10.3%	27.5%
硕士研究生	计数	959	3545	1086	846	767	928	8131
	百分比	34.3%	36.9%	42.0%	46.0%	50.1%	56.1%	40.6%
博士研究生	计数	741	2810	848	548	508	550	6005
	百分比	26.5%	29.2%	32.8%	29.8%	33.2%	33.3%	30.0%
合计	计数	2798	9615	2588	1841	1532	1653	20027
	百分比	100.0%	100.0%	100.0%	100.0%	100.0%	100.0%	100.0%

① 李佳丽,胡咏梅."望子成龙"何以实现?:基于父母与子女教育期望异同的分析[J].社会学研究,2021(03):204-224+230.
② MCELROY S W. Early Childbearing, High School Completion, and College Enrollment: Evidence from 1980 High School Sophomores[J]. Economics of Education Review, 1996, 15(3):303-324.
③ 刘天元,王志章.家庭文化资本真的利于孩子形塑良好惯习吗?:家长教育参与和教育期望的中介作用[J].教育科学研究,2019(11):51-57.

(续表)

学历期望		母亲的受教育水平						合计
		小学及以下	初中	普通高中	中专/技校/职高	大学专科	大学本科及以上	
大学专科及以下	计数	154	193	21	17	3	1	389
	百分比	3.1%	2.1%	1.4%	0.9%	0.2%	0.1%	1.9%
大学本科	计数	1765	2744	301	384	174	134	5502
	百分比	35.3%	29.7%	20.6%	21.2%	14.0%	10.5%	27.5%
硕士研究生	计数	1756	3502	618	844	666	745	8131
	百分比	35.1%	37.9%	42.3%	46.6%	53.6%	58.2%	40.6%
博士研究生	计数	1327	2791	521	566	400	400	6005
	百分比	26.5%	30.2%	35.7%	31.3%	32.2%	31.3%	30.0%
合计	计数	5002	9230	1461	1811	1243	1280	20027
	百分比	100.0%	100.0%	100.0%	100.0%	100.0%	100.0%	100.0%

注：父亲受教育水平的卡方检验，$\chi^2=720.05$，$P<0.001$；
母亲受教育水平的卡方检验，$\chi^2=742.27$，$P<0.001$。

职业类型不同的父母对子女的教育期望存在显著差异，父母从事拥有越多社会资源的职业时，对子女的学历期望越高（表4-3）。就父亲的职业类型而言，从事管理类、技术类职业的父亲，希望子女仅完成大学本科教育的占比分别为14.0%和14.4%，显著低于样本均值（27.5%），而希望子女获得硕士研究生学历的人数占比分别为55.1%和52.7%，显著高于样本均值（40.6%）。相较于从事经济类职业的父亲，一般类职业的父亲更希望子女获得硕士学位。

与父亲相似，母亲从事占有越多组织、文化和经济资源的工作时，她们对子女的教育期望越高。当母亲从事技术类职业时，如教师、医生等，她们更加希望子女获得硕士研究生学历；而当母亲是私营企业主时，她们更加希望子女获得博士研究生学历。

表 4-3　不同职业类型家长的学历期望差异

学历期望		父亲的职业类型						合计
		管理类职业	技术类职业	经济类职业	一般类职业	体力类职业	无业及其他	
大学专科及以下	计数	5	9	11	64	256	44	389
	百分比	0.5%	0.5%	1.9%	1.5%	2.4%	2.8%	1.9%
大学本科	计数	138	251	146	1113	3345	509	5502
	百分比	14.0%	14.4%	25.6%	25.4%	31.1%	31.9%	27.5%
硕士研究生	计数	542	919	235	1944	3930	561	8131
	百分比	55.1%	52.7%	41.2%	44.4%	36.5%	35.1%	40.6%
博士研究生	计数	298	564	179	1254	3227	483	6005
	百分比	30.3%	32.4%	31.3%	28.7%	30.0%	30.2%	30.0%
合计	计数	983	1743	571	4375	10758	1597	20027
	百分比	100.0%	100.0%	100.0%	100.0%	100.0%	100.0%	100.0%

学历期望		母亲的职业类型						合计
		管理类职业	技术类职业	经济类职业	一般类职业	体力类职业	无业及其他	
大学专科及以下	计数	2	6	7	54	240	80	389
	百分比	0.6%	0.3%	2.3%	1.5%	2.4%	1.9%	1.9%
大学本科	计数	49	223	88	904	2973	1265	5502
	百分比	13.5%	12.6%	28.7%	25.1%	30.3%	30.2%	27.5%
硕士研究生	计数	191	999	107	1559	3633	1642	8131
	百分比	52.8%	56.3%	34.9%	43.3%	37.1%	39.3%	40.6%
博士研究生	计数	120	548	105	1081	2956	1195	6005
	百分比	33.1%	30.9%	34.2%	30.0%	30.2%	28.6%	30.0%
合计	计数	362	1776	307	3598	9802	4182	20027
	百分比	100.0%	100.0%	100.0%	100.0%	100.0%	100.0%	100.0%

注：父亲受教育水平的卡方检验，$\chi^2=484.82$，$P<0.001$；

母亲受教育水平的卡方检验，$\chi^2=429.36$，$P<0.001$。

年收入不同的家庭对子女的教育期望也不同,且这种差异具有统计意义的显著性(表4-4)。低收入家庭希望子女仅完成大学本科教育的人数占比最高(32.0%),中高收入家庭希望子女获得硕士学位人数占比最高(48.4%)。值得关注的是,低收入家庭希望子女获得博士学位的人数占比也最高(31.6%),这可能是由于国人出于"读书改变命运"的观念,把教育作为"找到好工作"和"获得更高收入"的工具,从而摆脱贫困、实现阶层跨越。①

表4-4 不同收入水平家庭的学历期望差异

学历期望		家庭经济水平					合计
		低收入	中低收入	中等收入	中高收入	高收入	
大学专科及以下	计数	120	132	99	22	16	389
	百分比	3.0%	2.6%	1.5%	0.7%	1.8%	1.9%
大学本科	计数	1298	1549	1817	666	172	5502
	百分比	32.0%	30.8%	26.9%	20.2%	19.1%	27.5%
硕士研究生	计数	1356	1918	2832	1596	429	8131
	百分比	33.4%	38.2%	42.0%	48.4%	47.6%	40.6%
博士研究生	计数	1284	1426	1997	1014	284	6005
	百分比	31.6%	28.4%	29.6%	30.7%	31.5%	30.0%
合计	计数	4058	5025	6745	3298	901	20027
	百分比	100.0%	100.0%	100.0%	100.0%	100.0%	100.0%

注:卡方检验,$\chi^2=339.26$,$P<0.001$。

二、家庭支持的差异性分析

研究进一步对县中家长在见面频率、父母参与和教养方式上所提供的家庭支持差异性进行分析。总体而言,首先,在见面频率上,家长受教

---

① 于金申,吴晓蓉.困难家庭父母的教育期望:社会结构与个人行动[J].教育学术月刊,2020(06):45—51.

育水平越高,与子女的见面频率越高;从事技术类职业的父母与子女见面频率最高,而从事体力类职业的父母与子女的见面频率最低;且县中家长与子女见面频率与家庭收入呈现倒U形关系。其次,在父母参与上,家长受教育水平越高,对子女教育的参与程度越高;且从事一般类职业的父亲与从事管理类职业的母亲的参与程度显著高于其他各类职业的父母;但不同家庭收入水平对父母参与的影响不具有显著差异。最后,在教养方式上,家长受教育水平越低,其教养方式越倾向于宠溺型、专制型和忽视型;从事技术类和经济类职业的家长容易采取宠溺型和专制型的教养方式,从事一般类职业的家长倾向于民主型教养方式;此外,家庭经济收入越高,家长越倾向于采用民主型等积极的教养方式。

1. 见面频率[①]

家长受教育水平越高,与子女的见面频率越高,且这种差异具有统计意义的显著性(表4-5)。具体而言,当家长受教育水平为小学及以下时,与子女见面的频率最低,为每二到三周一次;当家长受教育水平为大学本科及以上时,与子女见面的频率最高,每周见面一次或多次。此外,就接受过义务教育的父母而言,母亲受教育程度越高,与子女见面交流的频率可能会高于同等学历的父亲,即母亲的受教育程度对亲子关系的影响可能会大于父亲,相关研究也论证了通常母亲与子女的沟通交流表现得比父亲积极。[②]

表4-5 不同受教育水平家长与子女见面频率的差异

父亲受教育水平	见面频率	母亲受教育水平	见面频率
小学及以下	6.13	小学及以下	6.03
初中	6.27	初中	6.40
中专/技校/职高	6.55	中专/技校/职高	6.71

---

① 将第二节中"一年以上未见面""一年见一次面""半年见一次面""2—3个月见一次面""每个月见一次面""2—3周见一次面""每周见面"和"每天见面",分别从1—8赋值,值越大代表家长与学生的见面频率越高。

② 石丹理,韩晓燕,李美羚.对父母亲职及亲子关系质量的调查及观点:以上海青少年为例[J].浙江学刊,2007(02):185—191.

(续表)

父亲受教育水平	见面频率	母亲受教育水平	见面频率
普通高中	6.72	普通高中	6.86
大学专科	6.90	大学专科	6.97
大学本科及以上	7.19	大学本科及以上	7.20

注：父亲受教育水平的 ANOVA，$F=89.210$，$P<0.001$；

母亲受教育水平的 ANOVA，$F=115.078$，$P<0.001$。

职业类型不同的家长与子女见面的频率存在显著差异（表 4-6）。从事医生、教师等技术类职业的父亲，与子女见面频率最高，其次分别是职业为管理类、一般类和经济类；而父亲从事体力类职业时，与子女的见面频率最低。从事技术类职业的母亲与子女见面交流频率最高；从事体力类职业的母亲与子女见面交流的频率最低。当母亲的职业为无业及其他时，与子女见面沟通交流的频率要显著高于从事经济类、一般类职业的母亲，这可能是因为母亲会作为全职家庭妇女，更多承担照料子女的职责。

表 4-6 不同职业类型家长与子女见面频率的差异

父亲职业类型	见面频率	母亲职业类型	见面频率
管理类职业	7.01	管理类职业	6.96
技术类职业	7.04	技术类职业	7.08
经济类职业	6.58	经济类职业	6.33
一般类职业	6.68	一般类职业	6.60
体力类职业	6.21	体力类职业	6.15
无业及其他	6.52	无业及其他	6.71

注：父亲职业类型的 ANOVA，$F=89.185$，$P<0.001$；

母亲职业类型的 ANOVA，$F=106.82$，$P<0.001$。

不同家庭经济收入的家长与子女见面频率存在显著差异（图 4-18），县中家长与子女的见面频率与家庭经济收入呈现倒 U 形关系，即低收入家庭父母与子女见面频率最低，随着家庭收入的增加，父母与子女见面的频率增加,中高收入家庭的父母与子女见面频率最高,而高收入家庭父母与子女的见面频率会低于中高收入家庭父母。

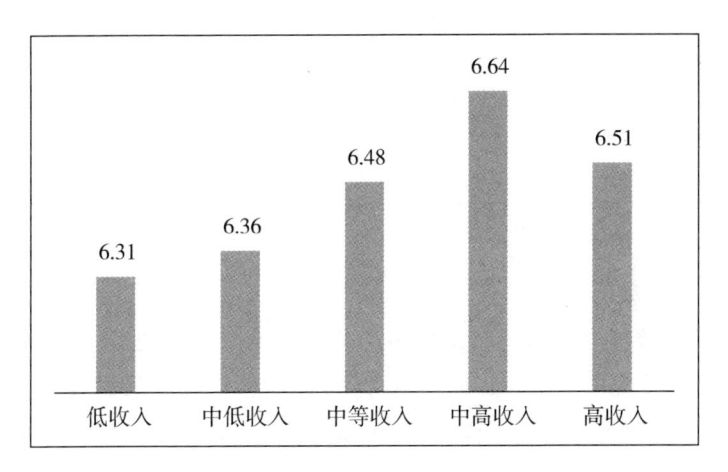

图 4-18　不同收入家庭与子女见面频率的差异

注:方差分析,$F=15.939$,$P<0.001$。

2. 父母参与

父亲受教育水平越高,父母参与程度具有增加的趋势(表 4-7)。当父亲的受教育程度为中专/技校/职高时,父母参与程度最高($M=3.51$);当父亲的受教育程度为小学及以下时,父母参与程度最低($M=3.29$)。但学历水平为中等教育的父亲的父母参与程度要高于学历水平为高等教育的父亲,造成这种差异的主要原因是父母参与子女学业发展的程度不同。学历水平为中专/技校/职高等学历的父亲,学业参与的程度最高($M=2.82$),即学历为中专/技校/职高的父亲辅导或检查子女作业的频率高于其他学历的父亲。

表 4-7　不同受教育水平父亲的父母参与差异

父亲受教育水平	父母参与	情感参与	学业参与	人际关系参与
小学及以下	3.29	4.25	2.61	3.11
初中	3.45	4.41	2.72	3.29

(续表)

父亲受教育水平	父母参与	情感参与	学业参与	人际关系参与
中专/技校/职高	3.51	4.44	2.82	3.35
普通高中	3.49	4.51	2.70	3.34
大学专科	3.47	4.45	2.68	3.36
大学本科及以上	3.48	4.45	2.66	3.37

注：方差分析，$F_{总}=17.607, P<0.001$；$F_{情感参与}=17.455, P<0.001$；$F_{学业参与}=6.363, P<0.001$；$F_{人际关系}=6.363, P<0.001$。

母亲受教育水平越高，父母参与程度具有增加的趋势（表4-8）。其中，学历水平为中专/技校/职高的母亲，父母参与程度最高（$M=3.57$），其次分别是学历为大学本科及以上（$M=3.55$）、大学专科（$M=3.49$）的母亲。与父亲受教育程度对父母参与的影响相似，这主要是学历为中职/技校/职高的母亲参与子女学习的程度相对较高。值得关注的是，学历为大学本科及以上的母亲，会更多地参与到子女的人际关系中，会更积极地与子女的同学、朋友以及其他家长交流，而学历水平为普通高中的母亲，在情感参与度上相对较高，更加关注学生的身心健康发展。

表4-8 不同受教育水平母亲的父母参与差异

母亲受教育水平	父母参与	情感参与	学业参与	人际关系参与
小学及以下	3.28	4.26	2.60	3.09
初中	3.48	4.44	2.76	3.33
中专/技校/职高	3.57	4.43	2.87	3.45
普通高中	3.50	4.53	2.65	3.37
大学专科	3.49	4.48	2.66	3.38
大学本科及以上	3.55	4.51	2.66	3.49

注：方差分析，$F_{总}=42.757, P<0.001$；$F_{情感参与}=30.944, P<0.001$；$F_{学业参与}=14.643, P<0.001$；$F_{人际关系}=44.361, P<0.001$。

就父亲职业对父母参与的影响而言，从事一般类职业的父亲，如一般办事员和个体工商户,父母参与程度最高($M=3.53$),其次分别是从事经济类职业($M=3.49$)和管理类职业($M=3.46$)的父亲(表4-9)。主要原因是从事一般类职业的父亲会更积极地参与子女的学业检查和辅导以及人际关系中,从事管理职业的父亲在情感参与上也高于从事其他职业的父亲。

表4-9 不同职业类型父亲的父母参与差异

父亲职业类型	父母参与	情感参与	学业参与	人际关系参与
管理类职业	3.46	4.50	2.59	3.36
技术类职业	3.45	4.45	2.66	3.32
经济类职业	3.49	4.43	2.71	3.39
一般类职业	3.53	4.48	2.75	3.42
体力类职业	3.41	4.37	2.71	3.23
无业和其他	3.41	4.37	2.68	3.27

注:方差分析,$F_{总}=9.955, P<0.001$; $F_{情感参与}=8.143, P<0.001$; $F_{学业参与}=2.266, P<0.05$; $F_{人际关系}=14.780, P<0.001$。

就母亲职业对父母参与的影响而言,从事管理类职业的母亲,父母参与程度最高($M=3.60$),其次分别是从事一般类职业($M=3.54$)和经济类职业($M=3.51$)的母亲(表4-10)。从事管理类职业的母亲在情感参与和人际关系参与上都显著高于其他各类职业的母亲;在学业参与维度上,从事经济类职业的母亲会更加注重辅导与检查子女的学业。

表4-10 不同职业类型母亲的父母参与差异

母亲职业类型	父母参与	情感参与	学业参与	人际关系参与
管理类职业	3.60	4.52	2.80	3.53
技术类职业	3.49	4.47	2.64	3.40
经济类职业	3.51	4.31	2.89	3.39
一般类职业	3.54	4.47	2.77	3.43

(续表)

母亲职业类型	父母参与	情感参与	学业参与	人际关系参与
体力类职业	3.42	4.38	2.73	3.24
无业和其他	3.40	4.39	2.62	3.25

注：方差分析，$F_{总}=11.605, P<0.001; F_{情感参与}=5.540, P<0.001;$
$F_{学业参与}=7.299, P<0.05; F_{人际关系}=18.318, P<0.001。$

家庭收入水平对父母参与的影响不具有显著差异，但在各维度上却呈现出显著差异（表4-11）。家庭收入水平越高，父母对子女身心健康发展的关心程度越高，对子女的人际关系参与越高，而在学业参与上有减少的趋势。整体而言，家庭社会经济地位越高的父母，相对而言越关心子女的身心健康和人际关系，而越少直接去监督与辅导学生学习。

表4-11 不同收入水平的父母参与差异

家庭收入水平	父母参与	情感参与	学业参与	人际关系参与
低收入	3.44	4.32	2.78	3.29
中低收入	3.44	4.42	2.73	3.26
中等收入	3.44	4.44	2.67	3.27
中高收入	3.45	4.45	2.61	3.33
高收入	3.48	4.46	2.63	3.38

注：方差分析，$F_{总}=0.266, P>0.1; F_{情感参与}=13.484, P<0.001;$
$F_{学业参与}=7.750, P<0.05; F_{人际关系}=2.529, P<0.05。$

3. 教养方式

父母学历水平越低，其教养方式越倾向于宠溺型、专制型和忽视型。学历为中等教育水平的父母倾向于民主型的教养方式。具体来说（表4-12），当父母受教育水平为小学及以下时，宠溺型教养方式的占比分别为10.4%和10.7%，均高于样本均值（$M=9.6\%$）；专制型教养方式占比（13.2%）也高于样本均值。当父母学历水平为中专/技校/职高时，其民主型教养方式比例高于其他学历水平的父母。

父母受教育程度对教养方式的影响也有差异。随着父亲学历水平的提升,忽视型教养方式的比例降低。但母亲的学历为大学本科及以上时,忽视型教养方式的占比高于母亲学历为大学专科的比例;母亲学历为中专/中职/职高时,忽视型教养方式的占比高于母亲学历为普通高中的比例。

表 4-12 不同受教育水平家长的教养方式差异

教养方式		父亲的受教育水平						合计
		小学及以下	初中	普通高中	中专/技校/职高	大学专科	大学本科及以上	
宠溺型	计数	290	925	219	173	143	160	1910
	百分比	10.4%	9.7%	8.5%	9.4%	9.4%	9.7%	9.6%
专制型	计数	366	934	253	153	154	169	2029
	百分比	13.2%	9.7%	9.8%	8.3%	10.1%	10.3%	10.2%
民主型	计数	1933	7395	2039	1456	1191	1281	15295
	百分比	69.6%	77.2%	78.9%	79.4%	78.1%	77.8%	76.7%
忽视型	计数	187	329	72	52	37	37	714
	百分比	6.7%	3.4%	2.8%	2.8%	2.4%	2.2%	3.6%
合计	计数	2776	9583	2583	1834	1525	1647	19948
	百分比	100.0%	100.0%	100.0%	100.0%	100.0%	100.0%	100.0%
教养方式		母亲的受教育水平						合计
		小学及以下	初中	普通高中	中专/技校/职高	大学专科	大学本科及以上	
宠溺型	计数	532	853	125	158	118	124	1910
	百分比	10.7%	9.3%	8.6%	8.8%	9.5%	9.7%	9.6%
专制型	计数	624	891	136	135	119	124	2029
	百分比	12.5%	9.7%	9.3%	7.5%	9.6%	9.7%	10.2%
民主型	计数	3545	7152	1161	1455	982	1000	15295
	百分比	71.2%	77.8%	79.7%	80.6%	79.3%	78.4%	76.7%

(续表)

教养方式		母亲的受教育水平						合计
		小学及以下	初中	普通高中	中专/技校/职高	大学专科	大学本科及以上	
忽视型	计数	275	300	35	57	19	28	714
	百分比	5.5%	3.3%	2.4%	3.2%	1.5%	2.2%	3.6%
合计	计数	4976	9196	1457	1805	1238	1276	19948
	百分比	100.0%	100.0%	100.0%	100.0%	100.0%	100.0%	100.0%

注:父亲受教育水平的卡方检验,$\chi^2=160.016$,$P<0.001$;

母亲受教育水平的卡方检验,$\chi^2=164.908$,$P<0.001$。

从父母的职业类型对子女教养方式的影响来看,从事技术类和经济类职业的父母容易采取宠溺型和专制型的教养方式;从事一般类职业的父母倾向于民主型教养方式;父母从事较少占有组织文化资源的职业,如体力类职业或无业,倾向于采取忽视型的教养方式(表 4-13)。在县域这一特殊的社会环境下,父母职业类型对子女家庭教养方式的影响具有特殊性,以往研究表明父母的职业地位越高,占据越多的社会资源,越倾向于采用民主型的教养方式[1],但本研究却发现,相较于从事管理类、技术类职业的父亲,县域内从事占据少量社会资源的一般类职业的父亲会更加倾向民主型教养方式。

表 4-13 不同职业类型家长的教养方式差异

教养方式		父亲的职业类型						合计
		管理类职业	技术类职业	经济类职业	一般类职业	体力类职业	无业及其他	
宠溺型	计数	96	180	56	386	1028	164	1910
	百分比	9.8%	10.4%	9.8%	8.9%	9.6%	10.4%	9.6%

---

[1] 张天雪,马银琦.基于 SES 调节下的父母教养方式对大学生学业适应性的影响[J].黑龙江高教研究,2019(05):88-95.

(续表)

教养方式		父亲的职业类型						合计
		管理类职业	技术类职业	经济类职业	一般类职业	体力类职业	无业及其他	
专制型	计数	105	190	62	393	1114	165	2029
	百分比	10.7%	10.9%	10.9%	9.0%	10.4%	10.4%	10.2%
民主型	计数	763	1321	433	3454	8150	1174	15295
	百分比	77.8%	76.1%	76.1%	79.3%	76.0%	74.3%	76.7%
忽视型	计数	17	46	18	124	432	77	714
	百分比	1.7%	2.6%	3.2%	2.8%	4.0%	4.9%	3.6%
合计	计数	981	1737	569	4357	10724	1580	19948
	百分比	100.0%	100.0%	100.0%	100.0%	100.0%	100.0%	100.0%

教养方式		母亲的职业类型						合计
		管理类职业	技术类职业	经济类职业	一般类职业	体力类职业	无业及其他	
宠溺型	计数	34	184	32	314	941	405	1910
	百分比	9.5%	10.4%	10.4%	8.8%	9.6%	9.7%	9.6%
专制型	计数	28	187	38	336	1002	438	2029
	百分比	7.8%	10.6%	12.4%	9.4%	10.3%	10.5%	10.2%
民主型	计数	293	1356	230	2838	7471	3107	15295
	百分比	81.6%	76.7%	74.9%	79.2%	76.5%	74.7%	76.7%
忽视型	计数	4	42	7	96	357	208	714
	百分比	1.1%	2.4%	2.3%	2.7%	3.7%	5.0%	3.6%
合计	计数	359	1769	307	3584	9771	4158	19948
	百分比	100.0%	100.0%	100.0%	100.0%	100.0%	100.0%	100.0%

注：父亲受教育水平的卡方检验，$\chi^2=52.188$，$P<0.001$；

母亲受教育水平的卡方检验，$\chi^2=63.554$，$P<0.001$。

表4-14表明，家庭经济收入越高的家庭，父母越倾向于采用积极的教养方式（如民主型），而家庭经济收入越低的家长，越倾向于采用消极的

教养方式(如宠溺型、专制型和忽视型)。发展心理学家麦克洛伊德的研究发现,低收入家庭的父母在教育孩子时倾向于体罚而不是讲道理,他们较少回应孩子的情感交流需求,高收入家庭的父母在教育子女时拥有更多的知识和更好的语言能力,并且也更有能力去掌握好的教育方式,故而对子女的教养方式更加偏向民主型。[1]

表4-14 不同收入水平家庭的教养方式差异

教养方式		家庭经济水平					合计
		低收入	中低收入	中等收入	中高收入	高收入	
宠溺型	计数	425	433	646	330	76	1910
	百分比	10.5%	8.6%	9.6%	10.0%	8.5%	9.6%
专制型	计数	478	510	647	311	83	2029
	百分比	11.8%	10.2%	9.6%	9.5%	9.2%	10.2%
民主型	计数	2942	3877	5204	2559	713	15295
	百分比	72.8%	77.4%	77.4%	77.9%	79.4%	76.7%
忽视型	计数	194	187	223	84	26	714
	百分比	4.8%	3.7%	3.3%	2.6%	2.9%	3.6%
合计	计数	4039	5007	6720	3284	898	19948
	百分比	100.0%	100.0%	100.0%	100.0%	100.0%	100.0%

注:卡方检验,$\chi^2=339.26$,$P<0.001$。

三、学校教育满意度的差异性分析

家长对学校教育的满意程度是评价学校教育质量和管理水平的重要指标,也是学校建设发展和改革的重要依据。[2] 因此,本研究从县域家长

---

[1] MCLOYD V C. The Impact of Economic Hardship on Black Families and Children: Psychological Distress, Parenting, and Socioemotional Development[J]. Child Development, 1990,61(2):311—346.

[2] 冯娉婷,肖磊峰,周达,等.家长教育满意度现状及其影响因素研究:基于对S省140所高中的调查[J].华东师范大学学报(教育科学版),2020(12):99—108.

的角度出发,了解其学校教育满意度在个人背景因素上的差异。调研发现,在受教育水平上,县域家长受教育水平越高,对于学校教育的满意度越高;在职业类型上,从事占有较多组织资源和文化资源的职业的家长对学校教育的满意度较高;在家庭经济收入上,收入水平越高的家庭,学校教育满意度越高。总而言之,家庭社会经济地位对于家长的学校教育满意度具有显著正向影响。

从整体来看,父亲受教育水平越高,对学校教育的满意度越高,且这种差异具有统计意义上的显著性。具体而言(表4-15),在学校环境、教师教学以及学校管理上,当父亲受教育水平为小学及以下时,满意度均最低($M_{学校环境}=3.94, M_{教师教学}=4.16, M_{学校管理}=4.00$),但仍呈现良好水平;当父亲受教育水平为大学本科及以上时,满意度均为最高($M_{学校环境}=4.22, M_{教师教学}=4.37, M_{学校管理}=4.26$)。

表4-15 不同受教育水平父亲的学校教育满意度差异

父亲受教育水平	学校环境	教师教学	学校管理
小学及以下	3.94	4.16	4.00
初中	4.06	4.27	4.11
中专/技校/职高	4.08	4.29	4.12
普通高中	4.15	4.32	4.20
大学专科	4.18	4.36	4.23
大学本科及以上	4.22	4.37	4.26

注:方差分析,$F_{学校环境}=46.822, P<0.001; F_{教师教学}=29.492, P<0.001; F_{学校管理}=46.437, P<0.001$。

总体上,母亲对学校教育的满意度也随着其受教育水平提高而提高。具体来看(表4-16),在学校环境上,母亲受教育水平为小学及以下时,满意度最低($M=3.95$),但仍呈现良好水平;母亲受教育水平为普通高中、大学专科和大学本科及以上时,对学校环境的满意度均较高。在教师教学和学校管理上,母亲受教育水平为小学及以下时,其满意度最低($M_{教师教学}=4.16, M_{学校管理}=4.00$);但受教育水平为大学专科的母亲对教师教学和学校管理的满意度($M_{教师教学}=4.37, M_{学校管理}=4.25$)稍高于受教育水平为大学本科及以上的母亲($M_{教师教学}=4.35, M_{学校管理}=4.24$)。

表 4-16　不同受教育水平母亲的学校教育满意度差异

母亲受教育水平	学校环境	教师教学	学校管理
小学及以下	3.95	4.16	4.00
初中	4.09	4.29	4.14
中专/技校/职高	4.11	4.33	4.15
普通高中	4.19	4.36	4.23
大学专科	4.19	4.37	4.25
大学本科及以上	4.19	4.35	4.24

注:方差分析,$F_{学校环境}=58.338, P<0.001$;$F_{教师教学}=47.537, P<0.001$;$F_{学校管理}=59.128, P<0.001$。

职业类型不同的家长对教育的满意度存在显著差异。就职业类型对父亲的教育满意度的影响而言,不论是在学校环境、教师教学还是在学校管理上,从事占有较多组织资源职业和文化资源的父亲,包括管理类职业和技术类职业,对学校教育的满意度较高,而无业或其他职业的父亲虽对学校教育也较为满意,但其满意程度相对较低(表 4-17)。

表 4-17　不同职业类型父亲的教育满意度

父亲职业类型	学校环境	教师教学	学校管理
管理类职业	4.20	4.36	4.23
技术类职业	4.20	4.35	4.24
经济类职业	4.11	4.31	4.15
一般类职业	4.16	4.34	4.19
体力类职业	4.03	4.24	4.08
无业及其他	4.00	4.25	4.07

注:方差分析,$F_{学校环境}=44.810, P<0.001$;$F_{教师教学}=23.425, P<0.001$;$F_{学校管理}=34.792, P<0.001$。

就母亲职业对教育满意度的影响而言,从事管理类职业的母亲,如国家与社会管理者、企业高层管理人员,对学校教育最为满意;其次是从事技术类职业和一般类职业的母亲;最后是无业或其他职业的母亲,其满意程度相对最低,但仍居于良好水平(表4-18)。

总的来说,占有较多组织资源和文化资源的家长对子女的教育满意度较高。一方面,这是因为该类型家长更懂得如何在教育中辅导子女,帮助他们取得更好的成绩,而成绩相对较好的学生在县中的分层教学制度下,能够获得更多的教学资源,进而提升了家长的教育满意度。[①] 另一方面,则是因为该类型家长具有较为丰富的家庭资本,可通过教育领域中的选择性消费,为子女创造更好的教育环境,进而形成更高的教育满意度。[②] 但从国家政策来看,随着择校等相关政策逐步取消,教育公平进一步发展,其他普通家庭家长的教育满意度也可望得到进一步提升。

表4-18 不同职业类型母亲的教育满意度

母亲职业类型	学校环境	教师教学	学校管理
管理类职业	4.25	4.42	4.27
技术类职业	4.18	4.35	4.23
经济类职业	4.07	4.30	4.12
一般类职业	4.17	4.34	4.20
体力类职业	4.05	4.25	4.10
无业及其他	4.01	4.24	4.07

注:方差分析,$F_{学校环境}=35.981, P<0.001$;$F_{教师教学}=19.175, P<0.001$;$F_{学校管理}=29.420, P<0.001$。

在家庭经济收入对家长教育满意度的影响上,总体而言,收入水平越

[①] 李俊义,李叔贞.课堂教学中分层优化与主体参与的结合及差异性表现[J].教育探索,2016(11):27—29.

[②] 张娜,王玥,许志星.家庭社会经济地位对家长教育满意度的影响研究[J].教育学报,2013(03):81—91.

高的家庭,对学校环境、教师教学以及学校管理方面的满意度均越高(表4-19)。而高收入家庭的教育满意度($M_{学校环境}=4.18, M_{教师教学}=4.32, M_{学校管理}=4.20$)则略低于中高收入家庭($M_{学校环境}=4.19, M_{教师教学}=4.35, M_{学校管理}=4.23$)。主要原因在于现行公共教育强调公平性,满足了大部分家庭的教育需求,但与地市级普通高中相比,县域高中的优质教育资源仍处于相对缺乏状态,这就使得期望得到更好教育服务的高收入家庭的教育满意度稍低于中高收入家庭。[1]

表4-19 不同收入水平家庭的教育满意度

家庭收入水平	学校环境	教师教学	学校管理
低收入	3.93	4.19	4.00
中低收入	4.04	4.26	4.09
中等收入	4.13	4.31	4.16
中高收入	4.19	4.35	4.23
高收入	4.18	4.32	4.20

注:方差分析,$F_{学校环境}=88.357, P<0.001; F_{教师教学}=31.762, P<0.001;$ $F_{学校管理}=64.998, P<0.001$。

四、教育焦虑差异性分析

家庭资本,包括家庭的经济资本、文化资本和社会资本等,直接或间接地影响着子女教育机会获得,进而对家长的教育焦虑产生影响。县中家长的教育焦虑心态较为严重,为把握其教育焦虑产生的原因,研究进一步对县中家长的受教育水平、职业类型以及家庭收入水平进行差异性分析。首先,在受教育水平上,家长受教育水平越高,其教育焦虑程度越低;在职业类型上,从事拥有较多社会资源的职业时,家长对子女的教育焦虑程度较低;在家庭收入水平上,收入水平越高的家庭,对子女的教育焦虑

---

[1] 胡平,秦惠民.户籍、教育水平及社会职业等级对家长义务教育满意度的影响研究:以北京市为例[J].软科学,2011(10):32—36.

程度越低。总体而言,县中家长的教育焦虑很大程度上源于"望子成龙、望女成凤",迫切希望子女通过教育改变现状。因此,国家、社会及学校需要进一步帮助县中家长培育积极健康、理性包容的教育理念,改变功利性教育价值观,从而在根本上缓解其教育焦虑。

受教育程度不同的父亲对子女的教育焦虑存在显著差异(表4-20)。总体而言,父亲受教育水平越高,教育焦虑程度越低;但受教育水平为初中的父亲的教育焦虑($M=3.58$)比受教育水平为小学及以下的父亲($M=3.57$)更严重。其中,在子女发展方面,受教育水平为小学及以下的父亲最为焦虑($M=3.54$);在子女行为方面,受教育水平为初中的父亲最为焦虑($M=3.70$)。此外,不同受教育水平的父亲对子女发展的焦虑差异大于对子女行为的焦虑。由此表明,相较于子女行为,受教育水平较低的父亲更重视子女的个人发展,更希望子女通过教育实现阶层跨越,也就形成了更高的教育焦虑。相反,对于受教育水平较高的父亲而言,他们具有更高的家庭文化资本,子女获取教育和发展的机会相对更多,对子女发展的教育焦虑较低。[1]

表4-20 不同受教育水平父亲的教育焦虑差异

父亲受教育水平	教育焦虑	子女发展焦虑	子女行为焦虑
小学及以下	3.57	3.54	3.63
初中	3.58	3.52	3.70
中专/技校/职高	3.52	3.45	3.63
普通高中	3.50	3.43	3.63
大学专科	3.46	3.37	3.62
大学本科及以上	3.43	3.36	3.55

注:方差分析,$F_{教育焦虑}=9.987, P<0.001$;$F_{子女发展}=11.860, P<0.001$;$F_{子女行为}=5.002, P<0.001$。

---

[1] 丁亚东,薛海平.家长教育焦虑的现状、特征及影响因素:基于35162名家长的实证研究[J].首都师范大学学报(社会科学版),2022(05):145-156+188.

表 4-21 显示,母亲的教育焦虑水平整体上随着自身受教育水平的提高而降低,但其中受教育水平为初中($M=3.58$)和普通高中($M=3.56$)的母亲比受教育水平为小学及以下($M=3.56$)和中专/技校/职高($M=3.47$)的母亲更焦虑。主要原因在于受过一定教育的母亲更能体会到教育对于子女个人发展的重要性,更渴望下一代通过教育改变命运,这种迫切希望子女超越自己的心态,进一步加剧了受教育水平为初中和普通高中的母亲的教育焦虑。

表 4-21　不同受教育水平母亲的学校教育焦虑差异

母亲受教育水平	教育焦虑	子女发展焦虑	子女行为焦虑
小学及以下	3.56	3.51	3.63
初中	3.58	3.51	3.70
中专/技校/职高	3.47	3.41	3.57
普通高中	3.56	3.47	3.69
大学专科	3.47	3.40	3.58
大学本科及以上	3.42	3.33	3.56

注:方差分析,$F_{教育焦虑}=8.792, P<0.001$;$F_{子女发展}=8.704, P<0.001$;$F_{子女行为}=6.496, P<0.001$。

职业类型不同的家长对子女的教育焦虑存在显著差异,父母从事拥有较多社会资源的职业时,对子女的教育焦虑程度较低。表 4-22 显示,就父亲的职业类型而言,从事技术类职业的父亲($M=3.40$)的教育焦虑程度最低,而从事体力类职业($M=3.58$)和无业或其他的父亲($M=3.57$),其教育焦虑较为严重,包括子女发展焦虑和子女行为焦虑。可见,对于从事体力类职业和无业或其他的父亲而言,自身的劣势地位导致他们对子女教育的目标定位不仅仅是提升经济地位,还包含提升社会地位和拥有更多社会资源,从而更好地适应未来的生活,更高的教育目标追求进一步加剧了其教育焦虑。[1]

---

[1] 刘善槐.农村家长的"教育焦虑"从何而来[J].人民论坛,2020(14):72-74.

表4-22 不同职业类型父亲的教育焦虑的差异

父亲职业类型	教育焦虑	子女发展焦虑	子女行为焦虑
管理类职业	3.53	3.44	3.68
技术类职业	3.40	3.33	3.53
经济类职业	3.51	3.43	3.65
一般类职业	3.52	3.44	3.64
体力类职业	3.58	3.52	3.68
无业及其他	3.57	3.51	3.66

注：方差分析，$F_{教育焦虑}=9.339, P<0.001$；$F_{子女发展}=10.844, P<0.001$；$F_{子女行为}=3.940, P<0.001$。

表4-23显示，母亲从事技术类职业（$M=3.41$）时，其教育焦虑程度最低，而从事体力类职业（$M=3.59$）和无业或其他（$M=3.55$）的母亲，对子女的教育更为焦虑。具体而言，在子女发展上，从事体力类职业的母亲（$M=3.52$）最为焦虑，而从事占有较多组织资源和文化资源的管理类职业（$M=3.34$）和技术类职业（$M=3.35$）的母亲的焦虑程度相对较低。但在子女行为焦虑上，从事管理类职业（$M=3.66$）的母亲与从事体力类职业（$M=3.69$）和无业及其他（$M=3.65$）的母亲相似，焦虑程度处于较高水平。

表4-23 不同职业类型母亲的教育焦虑的差异

母亲职业类型	教育焦虑	子女发展焦虑	子女行为焦虑
管理类职业	3.46	3.34	3.66
技术类职业	3.41	3.35	3.52
经济类职业	3.47	3.42	3.57
一般类职业	3.50	3.43	3.62
体力类职业	3.59	3.52	3.69
无业及其他	3.55	3.49	3.65

注：方差分析，$F_{教育焦虑}=10.748, P<0.001$；$F_{子女发展}=10.906, P<0.001$；$F_{子女行为}=6.180, P<0.001$。

表 4-24 表明,在家庭经济收入对父母教育焦虑的影响上,总体而言,收入水平越高的家庭,对子女的教育焦虑程度越低,其中包括子女发展焦虑和子女行为焦虑。但对于收入水平为中低收入($M=3.58$)的家庭来说,其教育焦虑比低收入家庭($M=3.56$)更为严重。主要原因在于对中低收入家庭来说,一方面,他们迫切希望子女能够通过教育改善生活条件,提升社会经济地位,由此产生了较高的教育焦虑;另一方面,他们希望加大对子女的教育投资,但现有的家庭经济条件却捉襟见肘,焦虑心态便随之产生。[①] 因此,在双重压力下,中低收入家庭的教育焦虑较为严重。

表 4-24 不同收入水平家庭的教育焦虑的差异

家庭收入水平	教育焦虑	子女发展焦虑	子女行为焦虑
低收入	3.56	3.51	3.64
中低收入	3.58	3.52	3.70
中等收入	3.55	3.47	3.67
中高收入	3.49	3.42	3.62
高收入	3.42	3.38	3.49

注:方差分析,$F_{教育焦虑}=6.370,P<0.001$;$F_{子女发展}=6.537,P<0.001$;$F_{子女行为}=5.029,P<0.001$。

本章小结

在本次家长调研的样本中,多数调研对象为群众,少数为中共党员(含预备党员),学历水平总体不高,仅有约两成家长受过高等教育,他们从事的职业所占有的组织、经济、文化资源均较少,家庭经济条件以中等为主。县域高中家长在教育期望、家庭支持、学校教育满意度等三个方面的整体情况如下。

[①] 吴信英.教育焦虑现象的成因及纾解之道[J].人民论坛,2019(24):138-139.

在教育期望方面,就整体情况而言,县域高中家长对子女的教育期望呈现出学历期望较高、就业期望较少等特点。具体来说,在学历期望上,县域高中家长对高等教育存在较高需求,希望子女能够接受较高层次的学历教育;在就业期望上,大部分县中家长都希望子女未来能寻找一份稳定且能充分发挥自我价值的工作,其中部分家长希望子女在省内非本县(市)的地区工作。就内部差异而言,受教育程度、职业类型和年收入水平不同的父母对子女的学历期望存在显著差异。父母的受教育水平越高、从事拥有越多社会资源的职业、收入越高,对子女的学历期望也就越高。同时,低收入家庭对子女获得博士学位的期望也最为强烈,这正是"读书改变命运"观念的写照。

在家庭支持方面,就整体情况而言,县域高中家长的家庭支持程度较低。这主要体现在家长与子女的见面频率较少、对子女的学业参与程度较低,难以为子女提供所需的课业辅导;在教养方式上,家长对子女学习生活方面均有一定程度的管教,但多为民主型教养方式。就内部差异而言,受教育程度、职业类型和年收入水平不同的家长,家庭支持水平上也存在差异。首先,家长受教育程度越高,与子女的见面频率、对子女学业的参与程度也就越高,在教养方式上也会更倾向于民主型教养方式。其次,家长从事技术类职业时,与子女见面频率最高,父亲从事技术类职业、母亲从事管理类职业,能够更高程度地参与到子女的学业中,但是,从事技术类和经济类职业的家长容易采取宠溺型和专制型的教养方式。最后,家庭经济收入越高,家长与子女的见面频率越高,越倾向于民主型等积极的教养方式,但是家庭收入水平对父母参与的影响不具有显著差异。

在学校教育满意度方面,就整体情况而言,县域高中家长对学校环境、教师教学以及学校管理的整体情况较为满意,其中,对教师教学最为满意,学校管理和学校环境则相对次之,但对学校硬件设施的建设、教师命题能力、学生实践活动的组织等方面的满意程度相对较低。就内部差异而言,受教育程度、职业类型和家庭经济收入水平不同的家长,其学校教育满意度也存在差异。具体来说,家长的受教育程度越高、从事占有越多组织资源和文化资源的职业、家庭经济收入水平越高,对学校教育的满意度也越高。

在教育焦虑方面,就整体情况而言,县域高中家长的教育焦虑心态较为严重,主要包括对子女过度使用手机等行为以及子女未来就业、升学等发展方面的焦虑。在子女升学方面,家长一方面表现出明显的焦虑情绪,另一方面却对有利于子女升学的相关政策知之甚少。就内部差异而言,受教育程度、职业类型和家庭经济收入水平不同的家长,其教育焦虑水平存在明显的差异。当家长的受教育水平越高、从事职业拥有的社会资源越多、家庭经济收入水平越高,家长对子女的教育焦虑程度越低。

第五章　县域高中校长调研报告

第一节　校长调研基本信息

一、调研对象与内容

县域高中校长调研的调查工具主要是《普通高中教育质量调查（校长卷）》。该问卷由校长基本信息、校长选拔任用方式、校长工作状况以及校长培训四个模块组成。其中，基本信息部分主要调查了县域高中校长的性别、民族、政治面貌、初入职学历、最高学历、专业技术职称等情况；校长选拔任用方式部分主要考察县域高中校长的任职途径、担任学校党组织领导职务情况；校长工作状况部分则主要关注县域高中校长在担任县域高中校长前的工作地域以及担任县域高中校长期间的教学情况、工作时长、工作压力、校长胜任力等内容；最后，校长培训部分重点关注县域高中校长的培训级别与培训内容等方面的信息。

二、基本情况描述

截至2021年9月8日，课题组主要对福建和山东两省125名县域高中校长进行了调查。其中男性115名，占比为92%，女性仅为10名，占比为8%。在民族分布方面，有1名校长为少数民族（畲族），其他校长均为汉族，校长为汉族人的比例高达99.2%。在政治面貌方面，中共党员（含预备党员）的占比最高（95.2%），其次依次为群众（4%）和民主党派（0.8%）。

图5-1显示,在年龄方面,绝大多数县域高中校长为中年群体,其中51—55岁的县域高中校长人数最多,占比为35.2%;46—50岁和41—45岁年龄段的县域高中校长人数比例也均在20%以上。也就是说,88%的县域高中校长年龄在41—55岁之间,而40岁及以下、55岁以上的县域高中校长人数占比之和为12%。

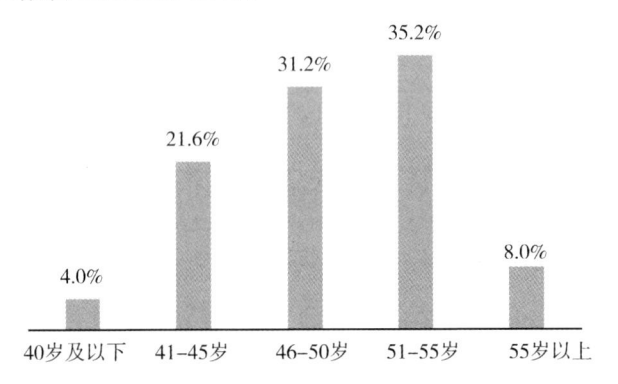

图5-1 县域高中校长年龄分布情况

在初入职时的学历方面,几乎所有的县域高中校长拥有大学专科及以上学历。具体来看(图5-2),超过一半的县域高中校长为大学专科学历(53.6%),另有43.2%的县域高中校长为本科学历,仅有3.2%的县域高中校长的初入职学历为高中及以下。

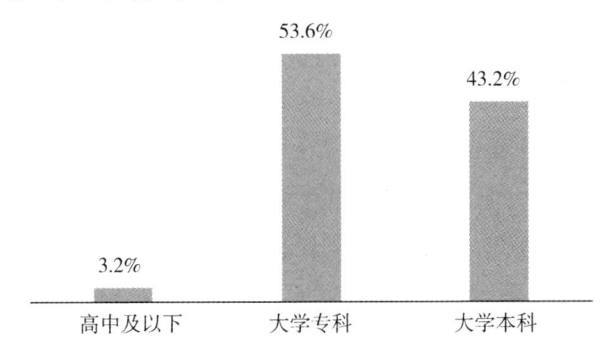

图5-2 县域高中校长初入职学历情况

在取得的最高学历(含在读)方面,95%以上的县域高中校长取得了大学本科及以上学历(图5-3)。这表明,县域高中校长的整体受教育水平出现了一定程度的提升,相当一部分县域高中校长在工作之后通过在职或脱产方式获得了更高学历。

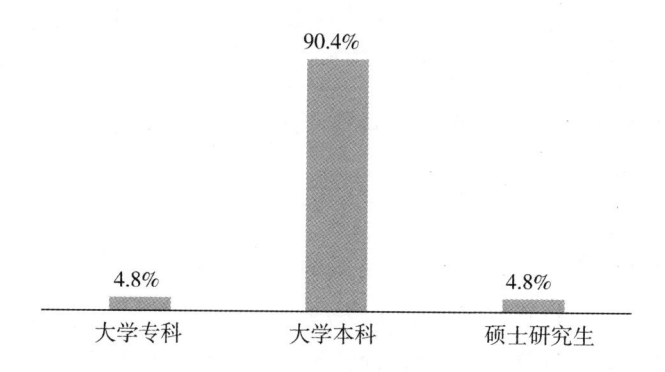

图5-3 县域高中校长取得的最高学历情况

在专业技术职称方面,县域高中校长中有78.4%为高级职称教师,其次为一级职称教师,占比为18.4%;只有0.8%的县域高中校长为正高级职称教师(图5-4)。总体来说,绝大多数县域高中校长的专业技术职称等级在高级以上,但拥有正高级职称的人数占比较低。

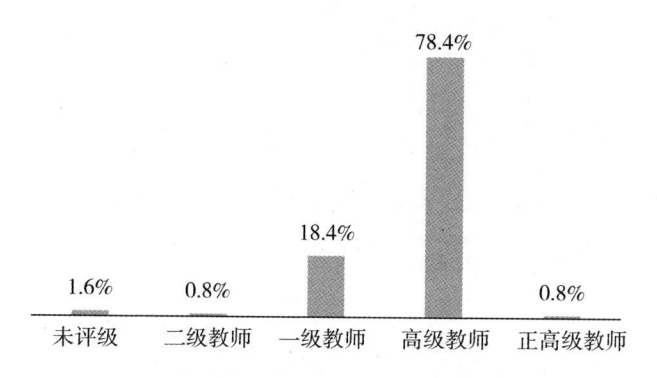

图5-4 县域高中校长专业技术职称分布情况

第二节 县域高中校长选拔任用方式

本节先从担任校长职务的任职途径、担任学校党组织领导职务情况和担任校长职务需要经过的程序三个方面分析县域高中校长选拔任用方式的总体情况,然后进一步对不同特征县域高中校长的选拔任用方式进行细致描述。

一、县域高中校长选拔任用方式的总体情况

从县域高中校长的来源来看,大约60%的县中校长来自较为熟悉本校情况的教职工群体,少数学校的校长来自外部选派和社会公开选拔等方式(图5-5)。在担任校长职务的任职途径方面,将近一半(47.2%)的县域高中校长通过"学校内部推选"的方式获得了校长职位。其他常见的县域高中校长任职途径依次为"从学校外部选派""学校内部竞争(聘)上岗",这两者的占比分别为22.4%与15.2%。"面向社会公开选拔(聘)"与"其他"这两种县域高中校长任职途径的占比较低,均在10%以下。

任职途径	占比
其他	8.80%
面向社会公开选拔(聘)	6.40%
从学校外部选派	22.40%
学校内部推选	47.20%
学校内部竞争(聘)上岗	15.20%

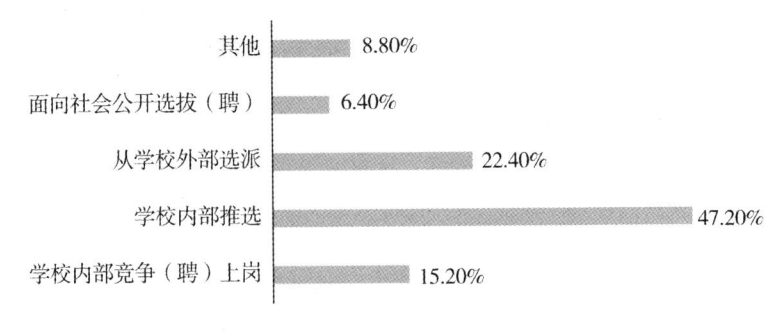

图5-5 县域高中校长的任职途径

在担任学校党组织领导职务情况方面,近80%的县域高中校长同时兼任学校党组织领导职务,约20%的县域高中校长未担任党组织领导职

务(图5-6)。具体而言,担任党组织书记、党组织副书记的县域高中校长占比分别为22.4%和20%,另有35.2%的县域高中校长担任了其他党组织领导职务。

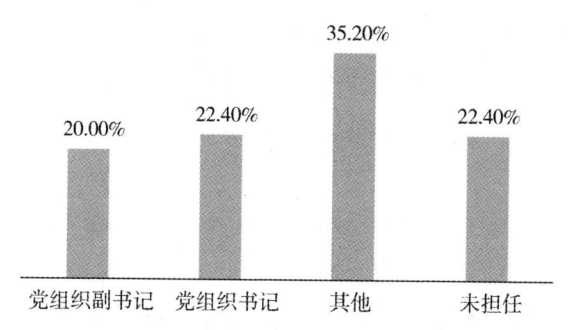

图5-6 县域高中校长担任学校党组织领导职务情况

"组织考察""任职公示"是绝大多数县域高中校长担任校长职务需要经过的程序(图5-7)。在回答担任校长职务需要经过哪些程序这一问题时,县域高中校长选择这两项程序的比例最高,均为92%;随后依次为"谈话推荐"和"投票推荐",这两项被选中的比例分别为81.6%和71.2%。与之形成鲜明对比的是,校长入职时经历"胜任力测评""面试""笔试"或"其他"这四项程序的比例均较低,都在22%以下。

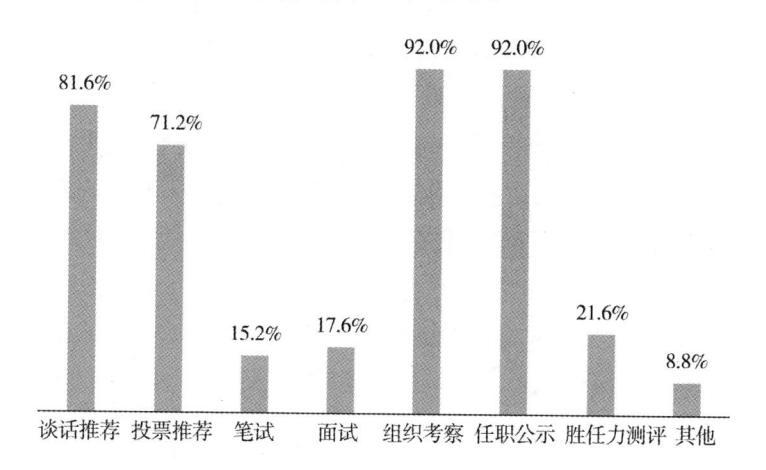

图5-7 担任县域高中校长职务需要经过的程序

二、不同特征县域高中校长选拔任用方式

以正、副校长差异和学校类型是否为重点作区分,本研究发现县中校长的选拔任用方式存在差异。其中校长选拔任用方式的差异在正、副校长之间更为突出,但是考虑到样本量的限制,对这种差异的理解和认识应当保持谨慎。重点学校和非重点学校校长的选拔任用方式差异相对较小。

具体而言(表 5-1),正校长通过"从学校外部选派""面向社会公开选拔(聘)"担任校长的比例分别为 36.8% 和 10.5%,比副校长分别高 20.7 和 5.9 个百分点;正校长通过"学校内部推选""学校内部竞争(聘)上岗"以及"其他"这三种途径担任校长的比例依次为 39.5%、5.3% 和 7.9%,分别比副校长低 11.1、14.2 和 1.3 个百分点。也就是说,县域高中正校长和副校长在任职途径方面的差距相对较大。整体来看副校长来自校内教职工的比例高于正校长,例如学校内部推选、提拔和竞聘;而正校长的人选更多来自校外选派等非校内提拔晋升途径,人才流动性更强。与正校长和副校长这一分样本分析维度得到的发现不同,重点校和非重点校的县域高中校长通过各种途径担任校长的占比差异相对较小,其中差异最大的为"学校内部推选"这一途径,重点校比非重点校低 18.2 个百分点。这说明,不同特征县域高中校长任职途径的差异主要体现在正校长与副校长这两类群体之间。

同时,本研究还对校长的任职途径进行了差异性分析,主要考察了是否正校长以及所在学校是否为重点校对校长任职的影响。研究结果显示,在 5% 的显著性水平上,正校长与副校长的任职途径存在显著差异,以及重点校与非重点校的校长任职途径也存在显著差异。这表明,从统计学角度来看,校长任职途径在正、副校长以及重点校和非重点校之间存在显著差异。

表 5-1 不同特征县域高中校长选拔任用方式

是否正校长		任职途径					合计
		学校内部推选	学校内部竞争(聘)上岗	从学校外部选派	面向社会公开选拔(聘)	其他	
正校长	计数	15	2	14	4	3	38
	百分比	39.5%	5.3%	36.8%	10.5%	7.9%	100.0%
副校长	计数	44	17	14	4	8	87
	百分比	50.6%	19.5%	16.1%	4.6%	9.2%	100.0%
合计	计数	59	19	28	8	11	125
	百分比	47.2%	15.2%	22.4%	6.4%	8.8%	100.0%

是否重点校		任职途径					合计
		学校内部推选	学校内部竞争(聘)上岗	从学校外部选派	面向社会公开选拔(聘)	其他	
重点	计数	39	15	20	7	11	92
	百分比	42.4%	16.3%	21.7%	7.6%	12.0%	100.0%
非重点	计数	20	4	8	1	0	33
	百分比	60.6%	12.1%	24.2%	3.0%	0.0%	100.0%
合计	计数	59	19	28	8	11	125
	百分比	47.2%	15.2%	22.4%	6.4%	8.8%	100.0%

注：是否正校长的卡方检验：$\chi^2=10.865, P<0.05$；

是否重点校的卡方检验：$\chi^2=6.796, P<0.05$。

第三节 县域高中校长工作状况

本节先从主观和客观两个维度分析县域高中校长工作状况的总体情况，其中，客观维度包括工作经历、教学情况和工作时长，主观维度包括工作体验与职业规划；然后对不同特征（如性别、是否正校长）的县域高中校长的工作状况进行对比分析。

一、县域高中校长工作状况的总体情况

图5-8显示,在担任校长前的工作地域方面,95.2%的县域高中校长在"本区(县)"工作;担任校长前在"本市其他区(县)""本省其他地市"工作的县域高中校长的占比分别为3.2%和1.6%,两者之和仅为4.8%。这说明绝大多数县中校长可能具有较丰富的本地工作经验和地方教育领域实践经历。

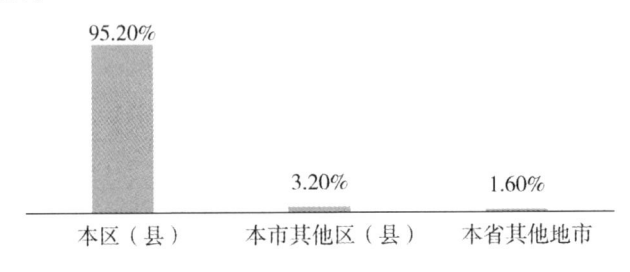

图5-8 县域高中校长担任校长前的工作地域

在教学情况方面,大部分县中校长不仅要承担学校管理本职工作,还会直接参与和承担一定的教学工作。约七成的县域高中校长兼任了教学工作,这些校长平均每周上课节数为6.48节。具体来说,125名县域高中校长中,有34人现在未兼任教学工作,占比为27.2%;另有91人现在兼任了教学工作,占比为72.8%。从这91名县域高中校长平均每周上课节数来看,最多的为14节,最少的为1节,均值为6.48节。

在所有任教科目中,县域高中校长教授语文、数学、物理和政治的比例更高。统计结果显示,县域高中校长任教科目较为多样,覆盖了九大学科类科目和音乐、体育、美术等非学科类科目。图5-9显示,县域高中校长担任语文老师的占比最高,为21.6%;其他依次为数学(16%)、物理(12.8%)与政治(12.8%),这四门科目的占比均在10%以上。县域高中校长担任"音乐、体育、美术"这些非学科类,以及英语、化学等其他学科类科目教师的比例仅在4%—9%之间。此外,有1名县域高中校长从未担任过任课教师,占比为0.8%;这位县域高中校长在担任本校校长之前的

职位是当地某乡镇的副镇长。

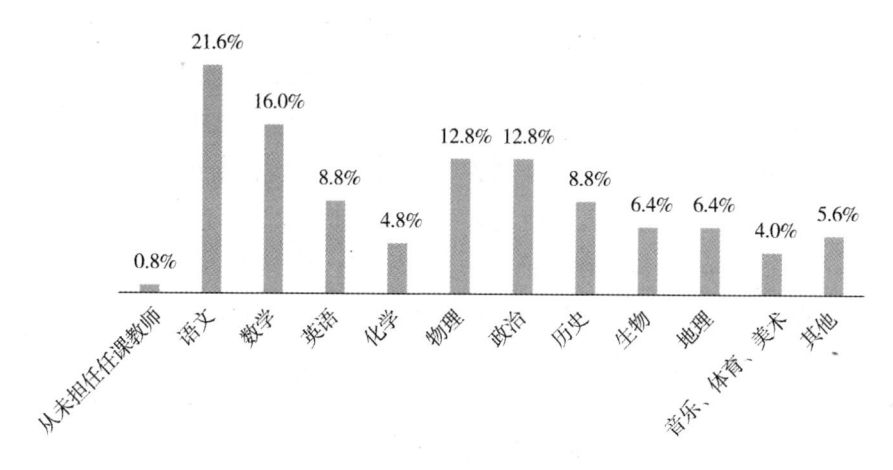

图 5-9 县域高中校长的任教科目

从未担任任课教师 0.8%
语文 21.6%
数学 16.0%
英语 8.8%
化学 4.8%
物理 12.8%
政治 12.8%
历史 8.8%
生物 6.4%
地理 6.4%
音乐、体育、美术 4.0%
其他 5.6%

在工作时长方面,约一半的县域高中校长平均每天工作超过 10 小时,仅有不到 3% 的县域高中校长周一到周五平均每天工作时长在 8 小时及以下。具体而言(图 5-10),县域高中校长平均每天工作时长为 8—10 小时(包括 10 小时)、10—12 小时(包括 12 小时)的情况较为普遍,两者占比分别为 44% 和 36%。近 1/5 的县域高中校长平均每天工作长达到了 12 小时以上。仅有 2.4% 的县域高中校长平均每天工作时长在 8 小时及以下。这意味着,97% 以上的县域高中校长周一到周五平均每天工作时长超过了 8 小时,工作量相对较大。

12 小时以上 17.60%
10—12 小时(包括12小时) 36.00%
8—10 小时(包括10小时) 44.00%
8 小时及以下 2.40%

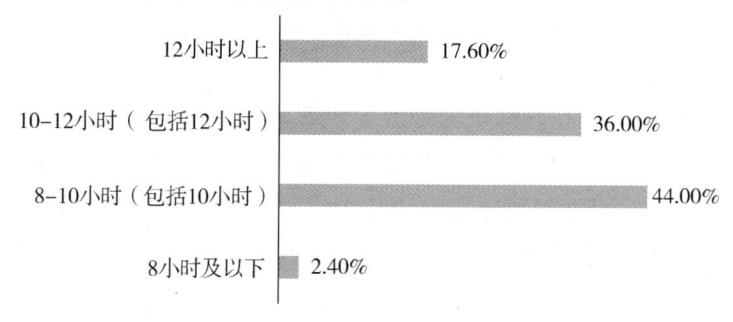

图 5-10 县域高中校长的工作时长

前文从工作经历(如在担任校长前的工作地域)、教学情况(如是否兼任教学工作、上课节数、任教科目)和工作时长等客观维度对县域高中校长的工作状况进行了描述。下文主要从工作体验与职业规划这两个主观维度展开分析,具体包括投入精力最多的工作、感到最困难的工作、工作压力、压力来源、校长素质、校长胜任力、对今后职业生涯的期待等七个方面。

图5-11显示,在投入精力最多的工作方面,一半以上(52%)的县域高中校长认为自己投入精力最多的工作是"教学质量",这可能体现了他们对提高学生学习成果和教育质量的承诺。此外,县域高中校长将"教师队伍建设"和"校园安全"视为投入精力最多的工作的比例也较高,前者为25.6%,后者为16%。相形之下,仅有4%的县域高中校长将"与上级或有关方面沟通协调"视为投入精力最多的工作。

工作	比例
其他	2.40%
与上级或有关方面沟通协调	4.00%
校园安全	16.00%
教学质量	52.00%
教师队伍建设	25.60%

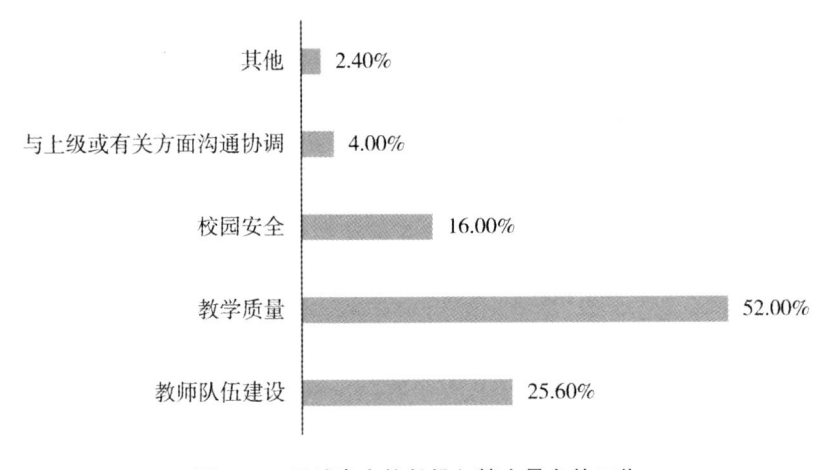

图 5-11 县域高中校长投入精力最多的工作

图5-12显示,在感到最困难的工作方面,将"接受各类检查评比"视为最困难的工作的县域高中校长比例最高,为32%;"教师队伍建设""校园安全"与"教学质量"紧随其后,这三项工作被县域高中校长选为感到最困难的工作的比例依次为27.2%、14.4%与13.6%。仅有7.2%、4.8%的县域高中校长认为最困难的工作是"后备人才培养""与上级或有关方面沟通协调"。

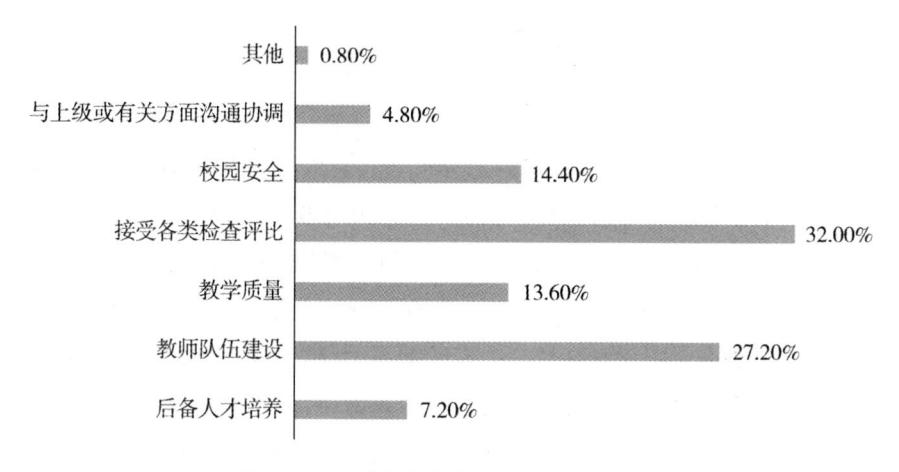

图5-12 县域高中校长感到最困难的工作

- 其他 0.80%
- 与上级或有关方面沟通协调 4.80%
- 校园安全 14.40%
- 接受各类检查评比 32.00%
- 教学质量 13.60%
- 教师队伍建设 27.20%
- 后备人才培养 7.20%

在工作压力方面，几乎所有校长都认为工作压力比较大或非常大。问卷提供的5个选项分别为"非常大""比较大""一般""比较小"和"非常小"。但实际的统计结果表示，没有一名县域高中校长认为自己的工作压力非常小或比较小，仅有1名县域高中校长认为自己的压力一般；相形之下，近70%的县域高中校长认为自己的工作压力非常大，另有30%左右的县域高中校长认为自己的工作压力比较大（图5-13）。这些结果表明，现阶段县域高中校长普遍面临工作压力过大的问题。

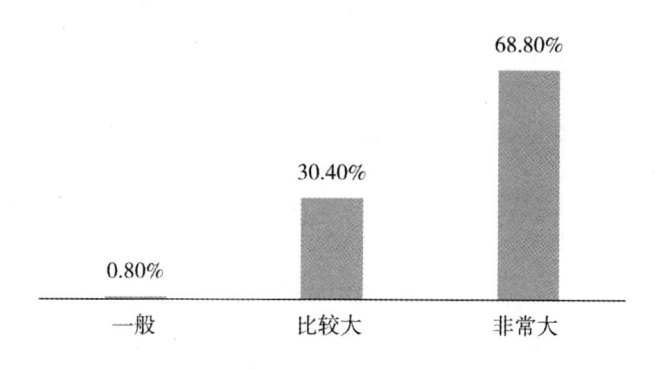

图5-13 县域高中校长的工作压力情况

- 一般 0.80%
- 比较大 30.40%
- 非常大 68.80%

在工作压力来源方面,调查显示,认为压力来自"家长和社会"以及"上级教育部门领导"的县域高中校长占比较高。具体来说(图5-14),58.4%的县域高中校长表示,对于学校发展,他们感受到来自"家长和社会"压力最大。此外,还有相当一部分校长认为以下几方面是自己主要的压力来源:上级教育部门领导(46.4%)、兄弟院校的竞争(36.8%)、学生培养(34.4%)以及教职工的管理(28.8%)。相比之下,县域高中校长认为自己的压力来源于这五项内容之外的"其他"事项的比例非常低,仅为4%。这说明未来在缓解县域高中校长的压力时,应该重点关注以上几方面。例如,对于兄弟院校的竞争这一压力来源,可以建立普通高中校际合作渠道与帮扶机制,鼓励兄弟院校之间开展良性竞争,共同提高各校的办学水平;同时,要鼓励普通高中在办学中多样化特色发展,避免用单一标准对所有普通高中的教育教学质量进行评价,促进每所学校的特色优势得到充分发挥,避免不必要的竞争压力对学校发展产生不利影响。

压力来源	比例
其他	4.00%
学生培养	34.40%
教职工的管理	28.80%
家长和社会	58.40%
兄弟院校的竞争	36.80%
上级教育部门领导	46.40%

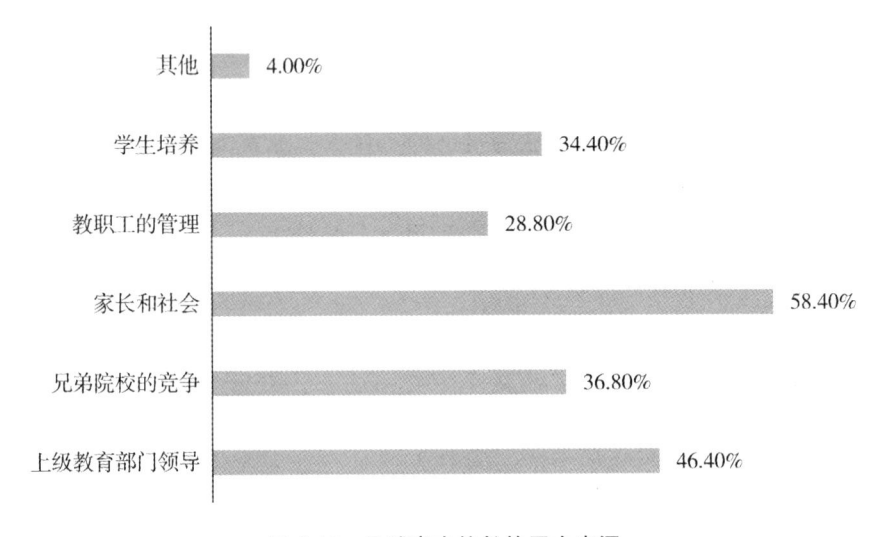

图5-14 县域高中校长的压力来源

在校长素质方面,70%以上的县域高中校长认为"管理能力与领导力""独特的办学思想"和"政治素质"是高中校长最重要的素质。具体来说(图5-15),参加问卷调查的县域高中校长认为高中校长最重要的素质主要是以下几方面,其支持比例从高到低依次为:管理能力与领导力(94.4%)、独特的办学思想(78.4%)、政治素质(72.8%)、丰富的一线教学管理经验(59.2%)、交际能力与资源整合能力(56.8%)。仅有36%的县域高中校长认为"专业学科背景"是高中校长最重要的素质。这一调查结果表明,专业学科背景对高中校长能否胜任校长这一岗位的影响可能较小,这能够在一定程度上解释前文的分析结果,即县域高中校长的任教科目涵盖了九大学科类科目以及音乐、体育、美术等非学科类科目。

素质	比例
其他	4.00%
丰富的一线教学管理经验	59.20%
专业学科背景	36.00%
独特的办学思想	78.40%
交际能力与资源整合能力	56.80%
管理能力与领导力	94.40%
政治素质	72.80%

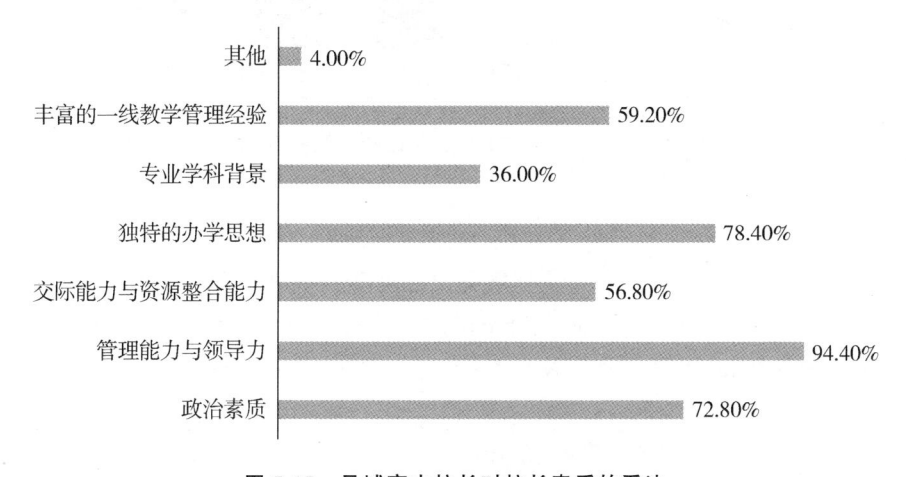

图 5-15 县域高中校长对校长素质的看法

图5-16显示,在校长胜任力方面,80%以上的县域高中校长认为自己比较胜任或非常胜任校长这一岗位。对于"您觉得您非常胜任这份工作"这一问题,虽然问卷中包含5个选项,但选择"非常不同意"的县域高中校长人数为0;选择"比较同意""非常同意"的县域高中校长占比分别为63.2%、19.2%。

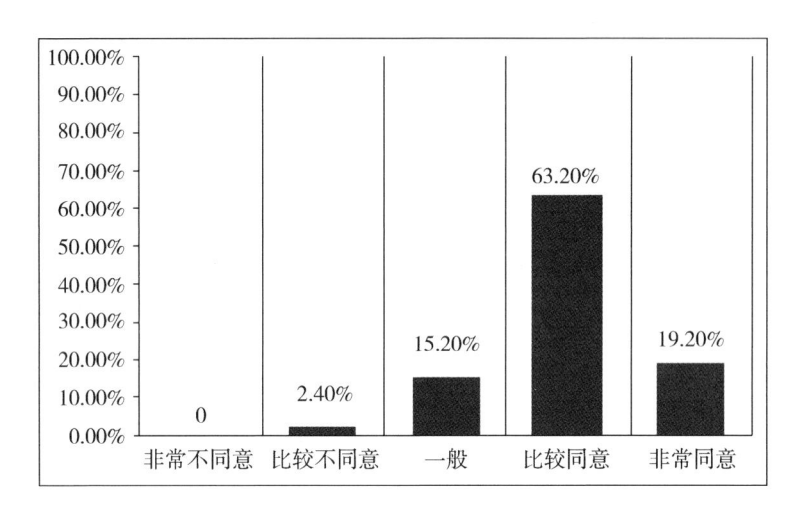

图 5-16 县域高中校长的校长胜任力

图 5-17 显示,在今后职业生涯的期待方面,大约一半(49.6%)的县域高中校长希望"继续担任本校校长";约两成的县域高中校长希望"回归教学岗位"。与这两种职业规划相比,希望"到党政机关任职""调到其他地区担任校长"的县域高中校长占比较低,均在10%以下。

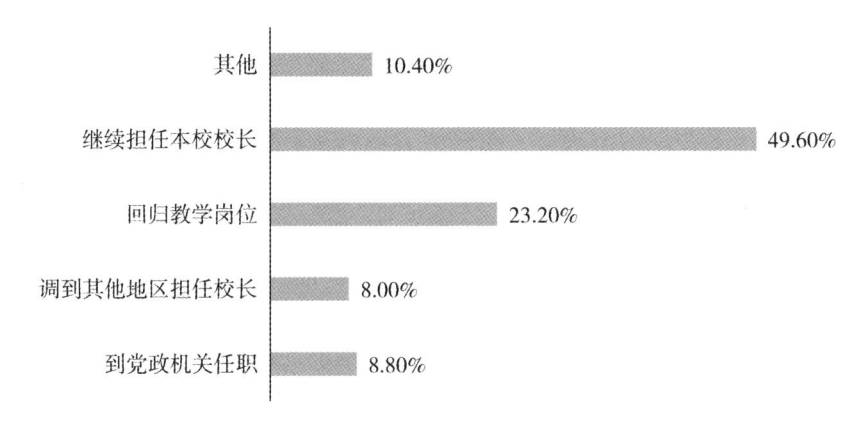

图 5-17 县域高中校长对职业生涯的期待

二、不同特征县域高中校长工作状况

这一部分主要分析不同特征的县域高中校长在平均每天工作时长、投入精力最多的工作、工作压力和校长胜任力四个方面的差异。其中，不同特征的划分依据包括"是否为正校长""是否来自重点校"等。

1. 不同特征县域高中校长平均每天工作时长

表 5-2 显示，正校长、属于重点校、未兼任教学工作的县域高中校长的每天工作时长更长。从全样本来看，仅有 2.4% 的县域高中校长周一到周五平均每天工作时长在 8 小时及以下，97% 以上的县域高中校长平均每天工作时间在 8 小时及以上。从不同特征样本来看，正校长每天平均工作时长在 8 小时及以下的占比为 0，也就是说，调查样本中的所有正校长每天平均工作时长均超过 8 小时；此外，23.7% 的正校长每天平均工作时长在 12 小时以上。与正校长相比，副校长每天平均工作时长在 8 小时及以下的占比略高，为 3.4%；而每天平均工作时长在 12 小时以上的占比更低，为 14.9%。在是否重点校这一分析维度，属于重点校的县域高校校长每天平均工作时长在 8 小时及以下的占比为 1.1%，低于非重点校的 6.1%；而每天平均工作时长在 12 小时以上的重点校的县域高校校长的占比为 19.6%，高于非重点校的 12.1%。在是否兼任教学工作这一分析维度，兼任与非兼任教学工作的县域高中校长的每天工作时长并没有明显的差异。相较于兼任教学工作的县域高中校长，未兼任教学工作的县域高中校长的每天工作时长在 10—12 小时（包括 12 小时）的占比更高，而每天工作时长在 8—10 小时（包括 10 小时）的占比更低。

同时，本研究还对是否正校长和是否重点校的校长的每天工作时长进行差异性分析，其结果分别在 1% 和 5% 的水平上显著，说明正校长与副校长，以及重点校与非重点校校长的每天工作时长在统计学意义上确实存在显著差异。然而在对是否兼任教学工作的校长的每天工作时长进行差异性分析时，结果并未通过显著性检验，说明从统计学意义上没有显著性差异。

表 5-2 不同特征县域高中校长每天工作时长

是否正校长		工作时长				合计
		8 小时及以下	8—10 小时（包括 10 小时）	10—12 小时（包括 12 小时）	12 小时以上	
正校长	计数	0	10	19	9	38
	百分比	0.0%	26.3%	50.0%	23.7%	100.0%
副校长	计数	3	45	26	13	87
	百分比	3.4%	51.7%	29.9%	14.9%	100.0%
合计	计数	3	55	45	22	125
	百分比	2.4%	44.0%	36.0%	17.6%	100.0%

是否重点校		工作时长				合计
		8 小时及以下	8—10 小时（包括 10 小时）	10—12 小时（包括 12 小时）	12 小时以上	
重点	计数	1	41	32	18	92
	百分比	1.1%	44.6%	34.8%	19.6%	100.0%
非重点	计数	2	14	13	4	33
	百分比	6.1%	42.4%	39.4%	12.1%	100.0%
合计	计数	3	55	45	22	125
	百分比	2.4%	44.0%	36.0%	17.6%	100.0%

是否兼任教学工作		工作时长				合计
		8 小时及以下	8—10 小时（包括 10 小时）	10—12 小时（包括 12 小时）	12 小时以上	
兼任	计数	2	42	33	16	93
	百分比	2.2%	45.1%	35.2%	17.6%	100.0%
未兼任	计数	1	14	13	6	34
	百分比	2.9%	41.2%	38.2%	17.6%	100.0%
合计	计数	3	55	45	22	125
	百分比	2.4%	44.0%	36.0%	17.6%	100.0%

注：是否正校长的卡方检验：$\chi^2=19.312, P<0.01$；
是否重点校的卡方检验：$\chi^2=8.347, P<0.05$；
是否兼任教学工作的卡方检验：$\chi^2=3.001, P>0.1$。

2. 不同特征县域高中校长投入精力最多的工作

县域高中正校长将更多的精力投入到"教学质量"上,县域高中副校长则在"教学质量""教师队伍建设""校园安全"等方面投入的精力较多。属于重点高中的县域高中校长分配了更多精力在"教学质量"和"教师队伍建设"上,在"校园安全""与上级或有关方面沟通协调"上投入的精力较少;相形之下,属于非重点高中的县域高中校长投入了较多精力在"校园安全""与上级或有关方面沟通协调"上。

全样本分析结果表明(表5-3),超过一半(52%)的县域高中校长认为自己投入精力最多的工作是"教学质量";认为自己投入精力最多的工作是"教师队伍建设""校园安全""与上级或有关方面沟通协调"这三方面工作的县域高中校长的占比较低,依次为25.6%、16.0%、4.0%。

就不同特征的县域高中校长而言,正校长和副校长以及重点校与非重点校的县域高中校长在投入精力最多的工作方面的回答存在一些异同。相同点主要体现在"教学质量"上:相较于其他方面工作,"教学质量"在不同特征校长视为投入精力最多的工作的占比最高,取值在42.4%—60.5%之间。这可能意味着,一方面,县域高中校长普遍非常重视本校教学质量的提升;另一方面,对于县域高中而言,提升教学质量不是一蹴而就、一劳永逸的事情,需要县域高中校长及各方面利益相关者长期投入大量时间。而不同特征的县域高中校长的差异主要体现在对"校园安全"这一选项的回答上。具体而言,副校长、属于非重点校的县域高中校长将"校园安全"视为自己投入精力最多的工作的占比分别为20.7%和27.3%,分别超过正校长、属于重点校的县域高中校长15.4和15.3个百分点。造成上述差异的原因可能是,正校长和副校长的分工不同,正校长可能负责全面主持学校工作,所以在对学校影响较大的教学质量方面投入的精力较多;副校长可能有各自专门的职责范围,因此对教学质量投入的精力略低于正校长。此外,非重点校可能面对更多学生纪律、身心健康、留守儿童等问题,这些学校学生的管理难度更大,因此,相较于属于重点校的县域高中校长,属于非重点校的县域高中校长需要将相当一部分精力投入到校园安全建设方面。

与此同时,对正校长/副校长和重点校/非重点校的校长投入精力最多的工作回答进行差异分析,其差异检验结果均在1%水平上显著,这说明在不同的特征群体中(是否为正校长以及是否为重点校),校长们投入精力最多的工作在统计学意义上存在显著差异。

表 5-3 不同特征县域高中校长投入精力最多的工作

是否正校长		投入精力最多的工作					
		教学质量	教师队伍建设	校园安全	与上级或有关方面沟通协调	其他	合计
正校长	计数	23	10	2	3	0	38
	百分比	60.5%	26.3%	5.3%	7.9%	0.0%	100.0%
副校长	计数	42	22	18	2	3	87
	百分比	48.3%	25.3%	20.7%	2.3%	3.4%	100.0%
合计	计数	65	32	20	5	3	125
	百分比	52.0%	25.6%	16.0%	4.0%	2.4%	100.0%

是否重点校		投入精力最多的工作					
		教学质量	教师队伍建设	校园安全	与上级或有关方面沟通协调	其他	合计
重点	计数	51	26	11	3	1	92
	百分比	55.4%	28.3%	12.0%	3.3%	1.1%	100.0%
非重点	计数	14	6	9	2	2	33
	百分比	42.4%	18.2%	27.3%	6.1%	6.1%	100.0%
合计	计数	65	32	20	5	3	125
	百分比	52.0%	25.6%	16.0%	4.0%	2.4%	100.0%

注:是否正校长的卡方检验,$\chi^2=19.324$,$P<0.01$;

是否重点校的卡方检验,$\chi^2=27.529$,$P<0.01$。

3. 不同特征县域高中校长工作压力

在工作压力方面,男性、校长任职10年以上、正校长、未兼任教学工作的校长、来自非重点校的县域高中校长,工作压力更大。

工作压力所用题项为"您认为,校长的工作压力",将选项"非常小"到"非常大"依次计为 1—5 分,并计算同一群体得分的平均值,分值越大,表明工作压力越大。从全样本来看,县域高中校长工作压力的平均值为 4.69 分,相对较高。

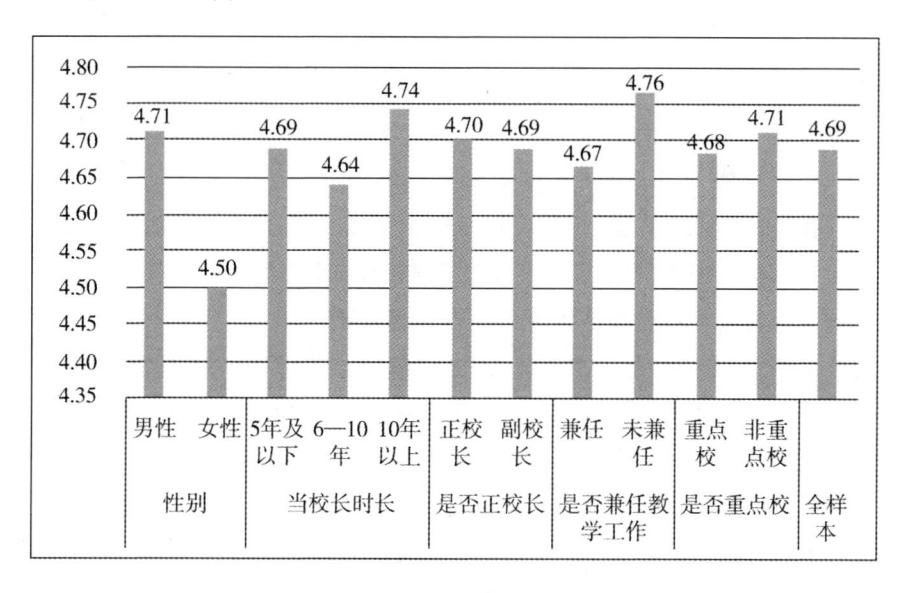

图 5-18 不同特征县域高中校长工作压力

具体而言(图 5-18),从不同特征群体来看,男性县域高中校长的工作压力为 4.71 分,比女性(4.5 分)高 0.21 分。从县域高中校长担任校长时长这一分析维度来看,当校长时长在 10 年以上的县域高中校长的工作压力最大,均值为 4.74 分;其次是担任校长时长为 5 年及以下的县域高中校长,工作压力均值为 4.69 分;相形之下,当校长时长为 6—10 年的县域高中校长的工作压力最小,均值为 4.64 分,低于全样本均值(4.69 分),其原因可能是在担任校长的前几年,校长需要适应新的工作环境和工作要求,需要承担更多的工作和责任,对工作压力水平的感知更高。随着时间的推移,校长在工作中积累了更多的经验和技能,可以更加有效地管理学校,减少工作压力。但是,长期担任校长也可能会面临更高的期望和评估标准,从而压力又会随之上升。从是否担任正校长的维度来看,正校长的工作压力(4.7分)略高于副校长(4.69分),但差值相对较小。从是否兼任教学工作的维度来看,未兼任教学工作的县域高中校长工作压力更大,为4.76分,而兼任教学工作的县域高中校长工作压力为4.67分。出现这种情况的可能解释是,工作压力更大的校长更有可能选择不兼任教学工作。从是否重点校的维度来看,属于非重点校的县域高中校长的工作压力(4.71分)略高于重点校的校长(4.68分),但两者差值仅为0.03分。

4. 不同特征县域高中校长的校长胜任力

在校长胜任力方面,担任校长6—10年、属于重点校的县域高中校长认为自己的胜任力更强;不同性别、正副校长、兼任与未兼任教学工作的县域高中校长在校长胜任力方面没有显著差异。

对于"您觉得您非常胜任这份工作"这一问题,将选项"非常不同意"到"非常同意"依次赋值为1—5分,分值越大,表示越胜任校长这份工作。县域高中校长的校长胜任力得分均值为3.99分,整体水平相对较高,但不同特征的县域高中校长的校长胜任力水平存在一些差异。

具体而言(图5-19),男性和女性县域高中校长的校长胜任力得分均值分别为3.99分和4分,不同性别的校长在胜任力方面不存在明显差异。任校长时长为6—10年的县域高中校长的校长胜任力得分均值达到了4.2分,高于全样本平均值(3.99分)以及任校长时长为5年及以下(4.02分)、10年以上(3.8分)的县域高中校长。结合前文对不同任职时长的县域高中校长的工作压力的分析可以大致得出,校长胜任力与工作压力可能存在负相关关系。此外,重点校与非重点校的县域高中校长的校长胜任力差异也相对较大,属于重点校的县域高中校长的校长胜任力(4.04分)比非重点校(3.92分)高出0.12分。总体来看,性别、是否正校长、是否兼任教学工作这些维度对县域高中校长工作胜任力的影响和由此产生的差异较小。

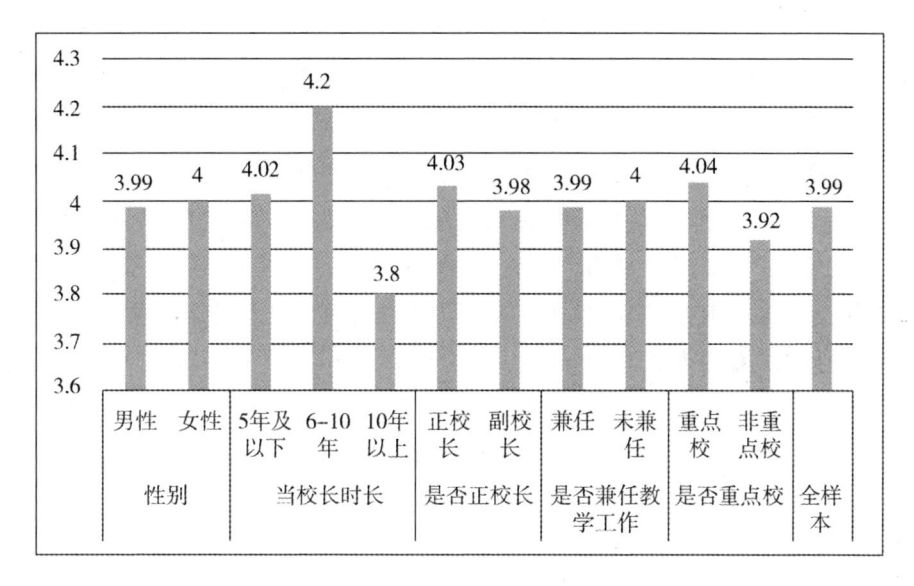

图 5-19 不同特征县域高中校长的校长胜任力

第四节 县域高中校长学习培训情况

本节主要从培训级别与培训内容这两个方面对县域高中校长培训情况进行统计描述。

教育部《关于进一步加强中小学校长培训工作的意见》提出各地要严格执行新任校长持证上岗制度,新任校长或拟任校长必须参加不少于300学时的任职资格培训;《中小学校领导人员管理暂行办法》要求中小学校领导人员应当经过任职资格培训并取得合格证书,确因特殊情况在提任前未达到培训要求的,应当在提任后一年内完成。调研结果表明,县域高中校长在任职培训的参与比例以及持证上岗的比例方面,尚未达到国家的有关规定。

具体来说,在担任校长前,参加过任职培训的县域高中校长占比为68%;担任校长后1年内参加了任职培训的比例为22.1%。这说明,

87.6%的县域高中校长能够在担任校长职务1年内完成任职培训。在校长岗位培训合格证书方面,56%的县域高中校长在担任校长前获得了该证书,另有23.2%的县域高中校长在担任校长后1年内获得了该证书,两者之和为79.2%。也就是说,在担任校长职务满1年的县域高中校长中,获得了校长岗位培训合格证书的比例为79.2%,略低于该时间节点已完成任职培训的县域高中校长比例(87.61%),说明少部分县域高中校长虽然参加了任职培训,但未获得培训合格证书。这意味着需要重点加强对县域高中校长的任职培训工作。

一、县域高中校长学习培训的总体情况

1. 培训级别

在任职培训方面,县域高中校长参加省部级培训的比例最高且培训效果最好,参加区县级培训的平均次数最多。具体而言(表5-4),从参加比例来看,参加过省部级任职培训的县域高中校长比例最高(52%),其次依次为地市级(40%)、区县级(28.8%)和国家级(20%)。从平均参加次数来看,县域高中校长参加各类培训的平均次数由多到少的基本排序为:区县级、地市级、省部级、国家级。换句话说,培训级别越低,县域高中校长平均参加的次数越多。从培训效果来看,县域高中校长对省部级任职培训的评价最高,为2.95分;对其他三类培训的评价相对较低,在2.74—2.76分之间。

表5-4 县域高中校长的任职培训情况

	参加比例	平均参加次数[①]	培训评价[②]
国家级	20.00%	1.72	2.76
省部级	52.00%	2.62	2.95

---

① 各种类型培训的平均参加次数的计算思路为:对所有参加过某种培训的校长所填写的培训次数求平均值。下同。

② 各种类型培训的培训效果的计算思路为:首先,将效果较好、效果一般、效果较差分别赋值为3分、2分和1分;其次,计算各种类型培训中实际参加过培训的样本所填写的培训效果的平均值。下同。

(续表)

	参加比例	平均参加次数	培训评价
地市级	40.00%	3.20	2.74
区县级	28.80%	4.03	2.74

在职培训方面,无论是县域高中校长参加各种级别培训的比例,还是平均参加次数,或是培训效果,均与任职培训的情况基本相似(表5-5)。例如,从县域高中校长过去三年参加各类培训的比例来看,从高到低依次为:省部级、地市级、区县级和国家级。不同之处在于,县域高中校长过去三年参加各种级别在职培训的比例均高于任职培训;但在平均参加次数与培训效果方面,则总体上略低于任职培训。

表 5-5　县域高中校长的在职培训情况

	参加比例	平均参加次数	培训评价
国家级	21.60%	1.41	2.67
省部级	64.80%	2.42	2.89
地市级	52.80%	3.15	2.75
区县级	47.20%	4.20	2.67

2. 培训内容

在客观维度方面,县域高中校长参加比例以及平均参加次数排名均位于前五名的培训内容为"教学研究与课程改革""政治理论""教育政策法规""教学管理实施与评价"以及"教育发展规划制定与实施"。表5-6显示,县域高中校长参加这些培训的比例均在65%以上,且平均参加次数都超过了2.45次。县域高中校长参加"学习型组织建设""如何优化外部育人环境"以及"人事、财务等管理实务"这三项内容培训的比例位于最后三名,在44.8%—46.4%之间。在这三类培训中,县域高中校长参加"如何优化外部育人环境""人事、财务等管理实务"的平均次数也非常低,分别为1.96次和1.61次。

表 5-6 县域高中校长的培训内容

	参加比例	参加比例排序	平均参加次数	平均参加次数排序
教学研究与课程改革	68.80%	1	3.26	1
政治理论	68.80%	1	3.08	2
教育政策法规	67.20%	3	2.46	5
教学管理实施与评价	65.60%	4	2.54	4
学校发展规划制定与实施	64.80%	5	1.90	14
文化建设与德育实施理论方法	61.60%	6	2.22	10
特色学校建设	60.00%	7	2.07	12
校园安全与突发事件应对	59.20%	8	3.04	3
社会主义核心价值观	59.20%	8	2.38	6
教师和学生心理健康	59.20%	8	2.38	6
家校、校际等合作机制	51.20%	11	2.27	9
激励教师发展的策略	51.20%	11	2.17	11
学习型组织建设	46.40%	13	2.31	8
如何优化外部育人环境	44.80%	14	1.96	13
人事、财务等管理实务	44.80%	14	1.61	15

表 5-7 显示,在主观维度方面,从培训效果评价来看,县域高中校长评价最高的前五项培训内容依次为"教学研究与课程改革""政治理论""文化建设与德育实施理论方法""特色学校建设"和"校园安全与突发事件应对",培训效果得分在 2.7－2.81 分之间。相形之下,县域高中校长对"家校、校际等合作机制""学习型组织建设""如何优化外部育人环境"和"人事、财务等管理实务"的评价相对较低,这四类培训的培训效果得分均在 2.55 分及以下,在十五类培训中处于最后四名。

从参加过某项培训的县域高中校长对该项培训是否需要的作答情况来看,认为"需要"的比例排序位列前六名的依次为"特色学校建设""教育政策法规""政治理论""学校发展规划制定与实施""教师和学生心理健康"和"校园安全与突发事件应对",其比例均在97%以上。县域高中校长认为需要在"家校、校际等合作机制""激励教师发展的策略""如何优化外部育人环境""社会主义核心价值观"方面进行培训的比例均在93%以下。

此外,值得注意的是,县域高中校长对于那些自己认为非常"需要"的培训效果打分较低。例如,"教育政策法规""学校发展规划制定与实施"和"教师和学生心理健康"这三项培训,参与过相关培训的县域高中校长认为"需要"该项培训的比例排名均在前五名;但县域高中校长对这些培训的评价却较低,这些培训的培训效果得分排名在8—10名之间。这种对是否"需要"与培训效果评价的差距表明,未来应该在培训数量与培训效果两方面对县域高中校长在职培训进行完善。一方面,由于参加"教育政策法规""学校发展规划制定与实施"和"教师和学生心理健康"培训的县域高中校长比例均在70%以下,应该尽可能扩大这三类培训的覆盖面;另一方面,在开展培训之前应该进行调研,深入了解县域高中校长对相关培训的需求,切实提升培训内容的针对性与有效性。

表5-7 县域高中校长的培训效果

	培训效果	培训效果排序①	认为"需要"的比例	认为"需要"的比例排序
教学研究与课程改革	2.81	1	96.25%	7
政治理论	2.73	2	97.40%	3
文化建设与德育实施理论方法	2.72	3	95.89%	9
特色学校建设	2.71	4	98.59%	1
校园安全与突发事件应对	2.70	5	97.10%	6
社会主义核心价值观	2.67	6	92.65%	12
教学管理实施与评价	2.67	7	96.10%	8

① 由于培训效果得分是四舍五入之后的结果,所以,从表格中列出的三位有效数字来看,培训效果排序的第6、7、8名的培训效果得分均为2.67分。

(续表)

	培训效果	培训效果排序	认为"需要"的比例	认为"需要"的比例排序
教育政策法规	2.67	8	97.50%	2
学校发展规划制定与实施	2.66	9	97.40%	3
教师和学生心理健康	2.60	10	97.26%	5
激励教师发展的策略	2.57	11	91.80%	14
家校、校际等合作机制	2.55	12	90.00%	15
学习型组织建设	2.55	13	94.64%	10
如何优化外部育人环境	2.54	14	92.31%	13
人事、财务等管理实务	2.50	15	94.55%	11

二、不同特征县域高中校长培训情况

本部分主要从"是否正校长"和"是否重点校"这两方面对不同特征县域高中校长参加培训情况进行简要分析。

正校长参加任职培训与在职培训的比例均明显高于副校长；但属于重点校与非重点校的县域高中校长在参加这两类培训的比例上基本上没有差异。具体来说（表5-8），在参加任职培训比例方面，正校长参加任职培训的比例为76.3%，比副校长（64.4%）高11.9个百分点；属于重点校与非重点校的县域高中校长参加任职培训的比例分别为70.7%与60.6%，与是否为正校长的任职培训情况差距相似，说明正校长和重点校的县域高中校长参加任职培训普遍更多，其原因可能是重点高中和正校长能够获得更多的校长培训资源，同时也需要完成更多的培训要求。在过去三年参加在职培训方面，群体差异也主要体现在正校长与副校长之间，前者的参加比例比后者高5.0个百分点；而重点校与非重点校县域高中校长参加在职培训的比例差距不大。

是否参加任职培训和在职培训的校长不同特征的差异性分析的结果均通过显著性检验，这说明在不同的特征群体中（是否为正校长以及是否为重点校),是否参加任职和在职培训在统计学层面上存在显著差异。

表5-8 不同特征县域高中校长培训情况

是否正校长		是否任职培训			是否正校长		是否在职培训		
		是	否	合计			是	否	合计
正校长	计数	29	9	38	正校长	计数	29	9	38
	百分比	76.3%	23.7%	100.0%		百分比	76.3%	23.7%	100.0%
副校长	计数	56	31	87	副校长	计数	62	25	87
	百分比	64.4%	35.6%	100.0%		百分比	71.3%	28.7%	100.0%
合计	计数	85	40	125	合计	计数	91	34	125
	百分比	68.0%	32.0%	100.0%		百分比	72.8%	27.2%	100.0%

是否重点校		是否任职培训			是否重点校		是否在职培训		
		是	否	合计			是	否	合计
重点	计数	65	27	92	重点	计数	77	15	92
	百分比	70.7%	29.3%	100.0%		百分比	83.7%	16.3%	100.0%
非重点	计数	20	13	33	非重点	计数	28	5	33
	百分比	60.6%	39.4%	100.0%		百分比	84.8%	15.2%	100.0%
合计	计数	85	40	125	合计	计数	105	20	125
	百分比	68.0%	32.0%	100.0%		百分比	84.0%	16.0%	100.0%

注:是否正校长的卡方检验,$\chi^2=17.939,P<0.05$;是否重点校的卡方检验,$\chi^2=17.126,P<0.05$;是否正校长的卡方检验,$\chi^2=18.102,P<0.05$;是否重点校的卡方检验,$\chi^2=16.711,P<0.05$。

本章小结

本章基于福建和山东两省的县域高中校长调研数据,对县域高中校长的基本特征进行了简单统计描述,探讨了县域高中校长在选拔任用方式、工作状况与培训三个方面的总体特征与群体差异。主要结论如下:

1. 基本特征方面,县域高中校长为男性、汉族人、中共党员(含预备党员)、取得的最高学历(含在读)达到了大学本科及以上的比例均在90%以上;将近90%的县域高中校长的年龄在41—55岁之间;属于高级职称教师的县域高中校长占比约为80%。

2. 选拔任用方式方面,约一半的县域高中校长通过"学校内部推选"这一任职途径获得了校长职位;相较于副校长,正校长"从学校外部选派"任职的比例明显更高,但重点校和非重点校校长在任职途径上的差异较小。

3. 工作状况的客观维度方面。(1)从前期工作地域与目前参与教学情况来看,95%以上的县域高中校长在担任校长前的工作地域是本区(县)。由语文教师成长而来的县域高中校长比例最高(约20%),约七成的县域高中校长同时兼任教学工作,平均每周上课节数约为6.5节。(2)从工作时长来看,县域高中校长工作量相对较大,一半以上的县域高中校长平均每天工作超过10小时。并且正校长、属于重点校、没有兼任教学工作的县域高中校长平均每天工作时间更长。

4. 工作状况的主观维度方面。(1)从投入精力最多的工作来看,超过五成的县域高中校长投入精力最多的工作是"教学质量",其次是"教师队伍建设"。其中,正校长、属于重点校的县域高中校长在"教学质量"和"教师队伍建设"上投入的精力明显更多;而副校长、属于非重点校的县域高中校长则在"教学质量""教师队伍建设"和"校园安全"上投入的精力均较多。(2)从感到最困难的工作来看,认为"接受各类检查评比"和"教师队伍建设"是最困难工作的校长各占到三成左右。(3)从工作压力及其来源来看,绝大多数县域高中校长表示工作压力比较大或非常大,其中男性校长、任职10年以上的校长、正校长、未兼任教学工作的校长以及来自非重点校的县域高中校长感受到的工作压力更大。并且县域高中校长认为自己的压力主要来自"家长和社会"和"上级教育部门领导"。(4)从校长素质来看,70%以上的县域高中校长认为,高中校长最重要的素质包括"管理能力与领导力""独特的办学思想"和"政治素质"。(5)从校长胜任力来看,认为自己比较胜任或非常胜任校长这一岗位的县域高中校长占比之和超过了80%。此外,校长胜任力在不同性别、正副校长、兼任与未兼任教学工作的县域高中校长之间没有明显差异;但任职6—10年、属于重点校的县域高中校长的胜任力自评得分更高。(6)从今后职业生涯的期待来看,希望"继续担任本校校长"的县域高中校长占比最高,约为50%;另有约20%的县域高中校长希望"回归教学岗位"。

5. 培训方面。(1)从任职培训的总体情况来看,在担任校长职务满一年的县域高中校长中,已完成任职培训、拥有校长岗位培训合格证书的县域高中校长比例均未达到国家规定的要求。(2)从培训级别来看,总体而言,无论是任职培训还是在职培训,县域高中校长参加比例最高的是省部级培训,且这类培训效果最好;但他们平均参加次数最多的则是区县级培训。(3)从培训内容的客观维度来看,县域高中校长参加比例较高、平均参加次数较多的培训内容包括"教学研究与课程改革""政治理论""教育政策法规"和"教学管理实施与评价"。(4)从培训内容的主观维度来看,县域高中校长对"教学研究与课程改革""政治理论""文化建设与德育实施理论方法""特色学校建设"和"校园安全与突发事件应对"五项培训的评价相对较高;县域高中校长对于"特色学校建设""教育政策法规""政治理论""学校发展规划制定与实施""教师和学生心理健康"和"校园安全与突发事件应对"六项培训项目的需求较高。此外,县域高中校长认为需要"教育政策法规""学校发展规划制定与实施"和"教师和学生心理健康"培训,但对这些培训的评价较低。

下编

微观聚焦

第六章　人口流动中的县域教育：变化与困境

第一节　研究背景

一、问题提出

我国正在稳步进入人口流动时代,根据第五、六、七次人口普查结果,全国流动人口在2000年、2010年、2020年分别为1.21亿人、2.21亿人、3.76亿人,20年间流动人口规模增加了3.1倍。从整体来讲,全国人口向东部发达地区流动的趋势依然明显。2020年,东部地区、中部地区、西部地区和东北地区人口占全国人口的比重分别为39.93%、25.83%、27.12%、6.98%。与2010年相比,东部地区和西部地区人口所占比重分别上升2.15%和0.22%,而中部地区和东北地区人口所占全国人口比重分别下降了0.79%和1.20%。一方面,乡村人口向城镇聚集的现象非常普遍。我国2000年、2010年的乡村人口分别为8.08亿人、6.74亿人,到了2020年,我国乡村人口下降到了5.09亿人(占全国人口的36.11%),越来越多的乡村人口脱离乡村身份,成为具有城镇户口的新移民。自从户籍制度改革以来,户籍人口城镇化率由2012年的35.3%提高到2020年的45.4%,年均增加超过1.26个百分点。另一方面,县域人口流动状况出现新态势。县域人口跨县流出人口规模迅速扩大,2010年县域人口净流出规模仅9361万,2020年县域人口净流出规模突破1.5亿;而县域内流动人口规模尽管呈下降趋势,但县域内流动儿童(0—15岁人口)的规模持续扩大。①

乡村人口流向城镇的"虹吸效应"以及二三线城市或县城②"就近城镇化"现象,对县域教育影响深远。在此人口流动的背景下,不同的县市与乡镇经历了怎样的教育变化?出现了哪些问题和挑战?本章通过调研人口从乡村流出到城镇的出县和人口大量流入的入县(县名均为化名),以考察两个县的教育变化与挑战。

二、研究情境

学术研究中城镇化发展具有两种范式③——自然状态城镇化和行政主导城镇化。④ 其中,福建省出县是福建省脱贫攻坚的典型县,正在经历乡村人口流失、城镇⑤人口聚集的人口流动过程,是自然状态下城镇化发展的典型;河北省入县是在国家宏观政策与区域发展战略实施下经济迅猛发展的典型县,正在见证区域城镇化的过程,是行政主导城镇化发展的典型。

出县(市辖县)位于福建省北部,下辖 8 镇 6 乡,205 个行政村(社区)。出县曾经是福建省 23 个贫困县之一,已于 2018 年脱贫摘帽,它的特殊之处在于受到国家相关政策的大力扶持,目前已经形成茶叶、硒锌农产品、工业新材料、汽摩装备、文旅康养五位一体的主导产业。出县呈现出"人口外流＋镇区聚集"的流动方式。出县 2019 年常住人口为 26 万多人,迁出人口 5610 人,迁入人口 2056 人,迁出人口是迁入人口的2.72倍。迁出人口主要流向福州市、厦门市,有的在广东省、浙江省、上海市等地务

---

① 段成荣,盛丹阳,吕利丹,等.迁徙中国视野下我国县域人口流动状况与发展挑战[J].西北人口,2022(6):1—13.

② 本文提到的县城,指的是县人民政府驻地所在镇区。

③ "自然状态城镇化"是指在城镇化发展过程中人口、产业向城市聚集,城市生活方式、价值观向农村扩散,表现为人口向城镇转移,第二、三产业向城镇聚集等,以社会发展规律为主导;"行政主导城镇化"是指依靠政府行政力量推进城镇化发展,以行政力量为主导。

④ 荣利颖,宋婷娜.不同城镇化发展范式下的中小学布局调整及其表现形式[J].中国行政管理,2016(6):94—98.

⑤ 本文谈到的城镇(城区、镇区)、乡村,专门指的是在城乡流动背景下的对应概念。

第六章　人口流动中的县域教育：变化与困境

工。在出县内部，人们普遍从乡村流向城镇，近五年来，城镇人口不断增加，由 41926 人增加到 44645 人，而乡村人口呈现急剧下降趋势，由 322648 人减少到 220531 人，降幅将近三分之一。乡村人口流向镇区，也带动了房地产的发展，镇区商品房林立，房价已经突破万元。

入县位于河北省北部，毗邻北京市大兴区，下辖 9 个乡镇、3 个园区和 419 个行政村。随着北京市的发展，入县凭借优越的地理位置和政策倾斜，发生了翻天覆地的变化。在经济发展方面，2002 年入县是一个典型的农业县，全县年财政收入不足亿元，在河北 135 个县中几乎垫底。20 年后，入县已经成为集聚航空航天等五大新兴产业的新城。2019 年，入县 GDP 达 305 亿元，财政收入 96.2 亿元，成为"全国投资潜力百强县市"和"全国绿色发展百强县市"。入县呈现出"人口内流"的流动方式。入县常住人口由 2001 年的 39 万人跃升到 2019 年的 52 万人，不到 20 年就增长了 13 万人，增幅为 33.3%。整个县则像蓄水池一般，吸引了大量周边外地人口。北京在疏解非首都核心功能，雄安新区、大兴机场在蓬勃建设，入县凭借其特殊的地理位置优势，吸引了大量人口流入，不断兴建的新商场、新住房使入县看起来俨然一座繁华的新城市。

第二节　研究方法与过程

我们分别走访了出县的学校和教育局，以及入县的学校、教育局和一家房地产股份有限公司，其中学校包括出县 11 所（幼儿园 1 所、小学 3 所，中学 6 所，职业技术学校 1 所）、入县 10 所（幼儿园 2 所、小学 1 所，九年一贯制学校 1 所，中学 4 所，职业技术学校 2 所）。具体情况见表 6-1。调研期间，我们首先对各个学校校长、中层领导和一线教师进行了访谈，访谈采用正式访谈和非正式访谈，正式访谈在当地的办公室或会议室举行，并在现场做笔记或录音。访谈提纲主要包括学校层面和个人层面，学校层面询问的是学校基本情况、出现问题及对未来学校发展的期望和建

· 225 ·

议;个人层面则包含工作基本内容、工作困难、个人未来发展等,具体包括学生发展(在校学生数、学生生源、毕业去向、质量监测)、教师专业化发展(教师人数构成、教师培训、教师评聘)、经费使用、信息化建设等方面的内容。我们对教育局相关负责人进行了访谈,了解该县教育基本情况、面临问题及未来规划等,具体包括学校布局规划、教师聘任、经费使用等内容;对入县房地产有限公司的新镇区规划负责人进行了访谈,了解入县发展历史、新镇区规划和开发的基本情况等。然后,我们参观了学校的教学楼、实训楼、综合楼、食堂、学生宿舍等地方,进行现场拍照,询问基本情况。最后,我们主要收集了来自学校的学校简介、政策文件、工作总结等实物资料,来自教育局的县教育基本情况及相关数据、政策文件、近五年工作成果等实物资料,涉及人事股、财务股、教育股、职教办、督导室、学前教育股等股室。

调研期间,调研小组每天根据当日现场笔记或录音,简要誊录访谈摘要,并撰写调研日记与反思;调研结束后10天之内,形成简要调研报告。之后,我们主要对收集到的实物、调研日记、调研报告进行类属分析。具体而言,在分析资料的过程中存在四种取向,一是从"基本情况－困境－未来规划"的故事线对资料进行描述与解释,主要分为县域和学校两个层面的故事线;二是将访谈记录中重复的话语重点突出,在开放编码的基础上直接形成核心类属;三是重点突出访谈中的本土概念;四是试图在不同类属之间寻找因果关系。

表 6-1 调研基本情况

调研时间	调研地点	调研学校/机构
2020年9月25日—28日	福建省出县	县机关幼儿园、甲镇中心小学、乙镇中心小学、丙乡中心小学及教学点、县一中、县二中、县四中、县五中、甲镇中学、乙镇中学、县中等职业技术学校、县教育局

(续表)

调研时间	调研地点	调研学校/机构
2020年10月26日—29日	河北省入县	戊镇中心幼儿园、己镇幼儿园、县第一小学、县第四中学（九年一贯制）、县第二中学、戊镇中学、庚镇中学、县一中、县职业中学、县职业教育中心、县教育和体育局、某房地产股份有限公司

注：调研地点、调研学校/机构均为化名。

第三节 研究结果

一、网格式聚集与消亡：学校布局的此消彼长

出县的学校数量一直在下降（表6-2），学校分布呈现的是乡村学校逐渐减少、老镇区密集分布、新镇区零星聚集的此消彼长的网格式聚集局面。在乡村，义务教育学校数量急剧减少。以小学为例，五年来出县一共减少了47所小学（从2015年的81所减少到2020年的34所），其中46所是乡村小学教学点。目前全县还剩下15所教学点，包含143名学生、26名教师。我们调研的某村落小学教学点只有四个年级，一共20余名学生，4名教师（2名退休返聘教师、2名新入职不到1年）。这个教学点教学和住宿设施简陋，多媒体教室缺乏专人维护，缺少校车通勤保障，教师流动性大。镇区学校则是另一番蓬勃建设的景象。根据镇区学龄人口预测结果，不同学段的在校生数在未来五年内均有所增加（表6-3）。目前全县共有各级各类学校78所，其中幼儿园27所（其中公办园17所）、小学34所（其中乡村教学点15个）、初中14所、高中4所。出县计划在未来五年新建、扩建多所镇区学校，在老镇区新建初中2所，在东部新镇区新建幼儿园1所、小学1所，扩建初中1所、高中1所，新建职业中学与继续教育城（将中等职业教育学校、县委党校、进修校、电大工作站及成人中专5所学校集中迁建于此）。

表 6-2　学校数量变化

地区	年份	幼儿园数	小学数	初中数	高中数	合计
出县	2015 年	23	81	16	4	124
	2020 年	27	34	14	4	79
入县	2015 年	75	76	16	7	174
	2020 年	123	89	20	7	239

表 6-3　镇区各学段在校生数预测

地区	年份	镇区小学在校生数	镇区初中在校生数	镇区高中(含中职)在校生数
出县	2021	12902	5507	4130
	2022	13637	5651	4200
	2023	14355	5752	4200
	2024	14693	6201	4200
	2025	14920	6764	4200
入县	2021	59237	19986	8318
	2022	62737	20986	8418
	2023	66237	21986	9018
	2024	68237	22986	9150
	2025	69237	23986	9750

入县的学校数量在急剧增长(表 6-2),学校布局呈现的是中心老镇区向周围辐射、北区工业园区和南部功能拓展片区共同新建的网格式共同繁荣的聚集样态。五年来,入县的学校数量,从幼儿园到高中都有不同程度的增加,幼儿园从 75 所增加为 123 所,小学从 76 所增加到 89 所,初中从 16 所增加到 20 所,高中增加了 1 所。具体而言,乡村学校数量几乎没有变化,增加的学校数量几乎全部集中在镇区,其中小学增加了 9 所,初中增加了 3 所。越是在镇区的学校,就越缺学位,校园就越拥挤。我们调研的镇区某中学的操场无法满足所有学生同时进行体育锻炼,只能采用

第六章 人口流动中的县域教育:变化与困境

低年级外圈跑步、高年级内圈做广播体操的"解决办法"。五年来入县已经在镇区新建了12所学校,新增学位2万余个,但是新增学校和学位的速度仍然无法完全满足人口聚集镇区的速度。新移民现象在未来还会持续,入县常住人口预计2035年会突破70万人。随着常住人口的增加,入县中小学学龄人口也会相应增加,其中小学学龄人口增长最多,2025年小学学龄人口预估会比2021年增加1万人(表6-3)。入县正在积极扩建学校,计划2030年之前扩建学校12所,迁建学校1所,改建学校1所、新建学校14所。

二、候鸟式移动与县城新移民:两类学生的常态

出县的乡村留守儿童面临候鸟式移动,即学生通常以周或月为周期,在乡村老家和学校之间穿梭。出县目前有留守儿童3960人,占全县在校生的13.26%。他们几乎都缺乏父母陪伴与教育,有的是父母流动到附近经济发达的省市务工,常年不在老家;有的是母亲出逃或改嫁到其他乡镇,撇下原有家庭;有的父母没能力离开乡村,但疏于对子女的管教。交通扶贫①是候鸟式移动的便利前提。出县是山区县,过去县与乡、乡与村之间交通不便且路途遥远,如今出县的公路实现村村通,某乡在2020年通了三级公路,原本到县城两个多小时的车程,如今缩短为50分钟。寄宿制学校或校外租房让候鸟式移动成为可能。在出县,目前建成了乡村初中及中心小学寄宿制学校20所,总面积达3.6万平方米,基本实现了各乡镇全覆盖。寄宿制学校为留守儿童和贫困学生提供了生活保障,免费三餐,并实现宿舍"拎包入住"②。出县也为困难家庭学生进行建档立卡式的教育扶贫,五年来县级财政教育扶贫补助金拨付1300多万元,惠及

---

① 根据交通部发布的"十三五"交通扶贫规划,到2020年,贫困地区国家高速公路主线基本贯通,具备条件的县城通二级及以上公路,乡镇、建制村通硬化路、通客车,全面建成"外通内联、通村畅乡、班车到村、安全便捷"的交通运输网络。

② 寄宿制学校免费给每名入住学生配备被褥、餐饮等日常生活用品,并包含"五个有",即宿舍楼有开水房、洗衣房、洗澡房、活动室、亲情室。

贫困学生18050余人次。此外,家庭经济条件好一些的留守儿童,会跟着爷爷奶奶或外公外婆在镇区学校周围租房,周末或节假日回乡村老家。乡村留守儿童往往缺乏良好的学习习惯,容易出现学习注意力不集中、不愿意认真学习、贪图安逸等问题,严重的情况下会出现自闭、抑郁等心理问题。按照一位校长的说法,他把这类学生形容成"穷人的富二代",在学期间不愿意学习,毕业后也不愿意工作,宁愿在家做"啃老族"。这些问题的背后都是原生家庭的影响。乡村留守儿童的家长,大多贫困,有的残疾,有的患有精神病,有的家暴,有的持有"读书无用、成年赚钱"的观念,有的离家出走一去不回。这类学生一直处于两类矛盾场景的切换中,一面是如花似锦的学校教育,另一面是满目疮痍的家庭教育。

与出县人口流出不同,入县则是大量人口涌入,随迁子女正在成为县城新移民。目前入县义务教育阶段共有15736名随迁子女,占义务教育阶段在校生总数的19.9%。入县经济快速发展,GDP(国内生产总值)从2009年的52亿元快速增长到2019年的305亿元,十年间增长了4.9倍。入县从财政穷县一跃成为全国科技创新百强县。外来人口纷纷在入县立足,以买房投资或长期工作的形式在当地落户安家。在入县,县教育局建立了外来人口入学管控机制,明确了三类随迁子女[①]的入学条件,保障了随迁子女在本县入学的权利。事实上,在入县落户的条件很宽松,有合法稳定住所(含租赁),本人及直系亲属就可以申请落户。根据2019年底发布的《关于进一步简化高校毕业生落户手续的实施办法(试行)》,高校毕业生只要具备中专及以上学历,就有资格在入县落户。于是,外来人口的子女汇聚在入县县城,以本地户籍适龄儿童的身份或随迁子女的身份,就读县城的学校。入县逐渐成为首都之外的备选城市。以我们调研的入县一中为例,部分随迁子女的初中是在北京就读,但北京高考户籍地有限制,他们无法继续在北京就读高中,但也没有回老家,而是选择了离北京

---

① 第一类学生是监护人在学校招生范围内有房产,且在入县务工或经商;第二类学生是监护人在学校招生范围内有房产,但未在入县务工或经商;第三类学生是监护人在入县无房产、在学校招生范围内租房居住,且在入县务工或经商。

不远、发展迅猛的入县。此外,入县汇聚了生物医药、航空航天、新能源新材料等技术密集型产业,产业的发展需要高层次人才,为保障高层次人才子女的教育,入县也引入了优秀教育资源,近10年建立了数所北京优质学校的分校;入县高新产业园区员工的子女跟随父母就读于园区周边学校。

三、编制与晋升:教师心中长存的担忧

2014年,中央编办、教育部、财政部发布了《关于统一城乡中小学教职工编制标准的通知》,编制核定的原则是"严格控制编制总量,确保核定后的中小学教职工编制不突破现有编制总量",在此基础上"将县镇、农村中小学教职工编制标准统一到城市标准——即高中教职工与学生比为1∶12.5、初中为1∶13.5、小学为1∶19"。县编办以此为依据在当年核算了教师编制[①],但教师编制未能适应各地生源变化的新常态,未能及时动态调整教师编制数量。在此背景下,缺编制是调研中受访者普遍反映的问题,不管是在人口逐渐流出的出县,还是人口大量涌入的入县。

出县缺编制的现象主要指的是总体不缺编制,但在主观感受上和政策要求上都缺教师。全县教师编制总量并不缺乏,近10年来小学到高中的师生比一直高于小学1∶19、初中1∶13.5、高中1∶12.5的政策标准。除此之外,镇区之外的乡镇学校,师生比都大于1∶11,有的乡村学校甚至出现师生比大于1∶2的现象,即2名学生就配备了1名教师。但是调研中受访者普遍反映缺教师。一方面,缺教师主要表现为一种主观感受,教师数量连年下降的速度大于学生数量减少的速度,生师比越来越高,由此造成教师越来越少的错觉。以小学为例,2010年以来,小学专任教师数从1358人下降到了948人,降幅为30.2%;小学在校生数从14847人下降到了12960人,降幅为12.7%。虽然生师数量都在下降,但生师比从2010年的10.9上涨到2019年的13.7(表6-4)。具体而言,教师流失

---

① 一般而言,公立学校教师属于事业编制人员,其经费一般由国家事业费开支。因编制数量国家统一统筹,县级政府统一管理,学校无法自行招聘具有事业编制的人员。

的原因如下。第一,老教师退休的数量大于新教师招聘的数量,要么是无人报名,要么是县政府没有给学校分配指标。出县某小学教师提到自己所在学校曾有 10 年的时间没有新进任何教师。第二,乡村教师流回县镇,他们通常在一年后参加"进城"考试,纷纷回县镇教书;而县镇优秀教师又出现"孔雀东南飞"的现象,去经济更发达的市县教书。另外,缺教师表现为政策上的不达标,主要包括:学前教育生师比暂未达标,公办幼儿园教职工与幼儿比未能落实省级 1∶7 标准;中小学学科教师配置不平衡,中小学体育、艺术等学科专任教师、心理健康教师和校医配备不足;高中因新高考政策,学生选课供求不平衡,导致学科教师富余与短缺同时出现的情况;中职学校"双师型"教师占比偏低,尚未达到"双师型"教师占专业课教师总数的 75%。

入县则是教师大量缺编,但总体不缺教师。入县中小学教师编制为 3742 个,2006 年至今编制数未发生过变化。但常住人口剧增,每年新增的学校和学位,形成较大的教师招聘缺口。在无法解决新教师编制的情况下,入县探索出"公开招聘聘任制合同教师,委托劳务派遣服务公司统一管理"的新教师补充机制,从 2017 年开始招聘合同制教师(无编制教师),2018—2020 年分别招聘编外教师 800 人、773 人、747 人。从表 6-4 可以看出,入县的普通小学专任教师数从 2018 年开始快速增长。目前,入县拥有 2600 多名聘用合同制教师。"不稳定"是这群教师的关键词。他们通常签约三年,虽然与正式编制教师同工同酬,但是编外教师职业晋升和发展是否能长期与编制教师一致,仍然是个未知数。根据入县的教育发展势头,扩充编外教师的需求在未来几年还将持续,三年一签的编外教师不得不面临"教师职业与编制难以兼得"的艰难选择。他们通常面临三种情况,本校教师岗位但没有编制、有编制的教师岗位但在其他县市、本县有编制的岗位但是不是教师职业。如果与原学校续签聘用合同,又回到了"时刻担心职业未来"的循环;如果考取其他县市的编制教师岗位,意味着离开自己熟悉的地方,有人还需举家搬迁;而本县非教师岗位,对热爱教师职业的编外教师来说,又显得缺乏吸引力。

表6-4 2010—2019年出县和入县的普通小学专任教师数

年份	出县 普通小学在校生数	出县 普通小学专任教师数	出县 生师比	入县 普通小学在校生数	入县 普通小学专任教师数	入县 生师比
2010	14847	1358	10.9	22851	2160	10.6
2011	14205	1316	10.8	24644	2070	11.9
2012	13842	1249	11.1	26544	2077	12.8
2013	13512	1177	11.5	28097	2015	13.9
2014	14048	1102	12.7	30220	1950	15.5
2015	14113	1049	13.5	35516	2009	17.7
2016	13848	1050	13.2	40011	2320	17.2
2017	13594	1005	13.5	44670	2589	17.3
2018	13261	972	13.6	50448	2895	17.4
2019	12960	948	13.7	/	/	/

值得一提的是,由于出县总体上并不是缺编制,教师们更关注的是职业晋升问题。教师能否晋升,除了满足基本教学条件外,还受两个因素影响。第一,受职称指标数量的限制。与编制一样,职称指标数量也是被严格控制的。即使教师达到了职称评审要求,被评为某一级职称,但是没有相应指标也就不能聘用,出现了"评聘分离"的现象。不能聘用也意味着工资无法上涨。访谈中有的中级教师已经满足高级职称的条件10多年,但一直在等职称指标而无法晋升,遭遇职业发展瓶颈。第二,受"排队"影响,"退一"才能"进一",也就是说,唯有高一级职称的教师退休或晋级,下一级职称的人员才有机会晋级。第三,虽然"以县为主"的管理体制增加了县级政府配置教育资源的自主权和灵活性,但也容易催生县级政府"压指标"的现象。

第四节　研究结论与讨论

一、人口流动中的县域教育之显性变化

在中国城镇化发展的过程中,人口迁移是城镇化的核心,而人口的迁移必然会带来流动人口子女的教育问题。流动人口子女的教育问题,一方面是留守儿童由于父母教育的缺失和学校教育的管理失控等多种原因,在学习成绩、认知能力、非认知能力和心理等方面的成长障碍长期存在。[①②] 秦敏等人利用 2013 年中国教育追踪调查数据研究发现,农村留守儿童与非留守儿童的差异主要在于身心健康,其中女性留守儿童的心理健康表现更差。[③] 郝明松基于两期的中国教育追踪调查数据分析发现,留守儿童,特别是仅母亲外出的留守儿童的认知能力和学习成绩都低于非留守儿童。[④] 周金燕基于对全国六省的中小学生调查,发现双留守儿童在非认知能力发展上处于困境。[⑤] 另一方面是随迁子女在心理健康、入学机会和学校花费等方面的问题日益突出。[⑥] 其中,有学者基于对江西省 7 所随迁子女较多的学校学生调查,发现随迁子女的心理健康水平显著低于非随迁子女。[⑦] 余晖对北京和上海的十个区县进行调研,发

---

① 范先佐,郭清扬. 农村留守儿童教育问题的回顾与反思[J]. 中国农业大学学报(社会科学版),2015(1):55-64.

② 刘昱君,陆林,冉茂盛. 中国农村留守儿童的心理健康:现状、影响因素及干预策略[J]. 科技导报,2021(18):50-56.

③ 秦敏,朱晓. 父母外出对农村留守儿童的影响研究[J]. 人口学刊,2019(3):38-51.

④ 郝明松. 父母外出模式与农村留守儿童的学习成绩:基于两期 CEPS 数据的再探究[J]. 人口学刊,2022(5):34-47.

⑤ 周金燕. 中小学生非认知技能的测量及实证表现:以中国六省市数据为基础[J]. 北京大学教育评论,2021(1):87-108+191-192.

⑥ 卢立涛,袁丽,高峰. 我国当代农民工随迁子女教育发展的问题及改进策略:基于文献的考察[J]. 教育理论与实践,2018(11):18-20.

⑦ 万金,周雯聱,胡灵芝,等. 农民工随迁子女人际敏感性对心理健康的影响:排斥知觉与朋辈支持的作用[J]. 中国特殊教育,2021(8):58-64.

第六章 人口流动中的县域教育：变化与困境

现尽管政府对一线城市随迁子女教育政策不断优化，随迁子女在受教育机会获得上仍然处于弱势。[①]周丽萍等人基于中国教育追踪调查数据和实地调研结果发现，在同一区县内随迁子女的生均教育财政拨款明显偏低，家庭教育支出显著更高，甚至超出了农民工家庭的平均支付能力。[②]纵观已有文献对流动人口子女教育问题的研究，学者多数立足于全国或区域发展的宏观角度，探讨随迁子女与留守儿童的教育问题。[③]事实上，流动人口大多源自农村，根据第七次人口普查数据计算，2020年由农村流出人口占全部流动人口的76.3%。[④]县级行政单位作为统筹农村发展的重要场域，县域教育更是在实施乡村振兴、统筹城乡发展方面发挥着不可或缺的作用，却少有文献从县域的视角探讨人口流动对教育发展的影响。尽管有少数文献探讨了人口流动背景下县域教育发展面临的困境，但也仅考虑了农村向城镇流动的单一形式。[⑤]而本研究中人口流动涵盖乡、镇和县，包括人口外流、人口内流、乡村流向城镇等多种形态的人口流动形式，城乡不再单一呈现二元对立的发展态势。

本章选取了极具代表性的出县和入县，从微观视角论述了人口流动背景下县域教育的发展变化。其中，出县呈现出"人口外流＋镇区聚集"的流动方式，这造就了出县的学校数量在乡村与镇区之间"此消彼长"，造成镇区挤、乡村弱的教育困境：镇区学位不足，乡村学校冷清；镇区学校不断扩建新建，乡村学校要么自然消亡、要么撤点并校、要么实现"一个都不能少"的最后坚守。出县内留守儿童和随迁子女现象成为常态，隔代教养、单亲家庭容易造成留守儿童心理问题，建立心理咨询室和招聘心理咨

[①] 余晖. 农民工随迁子女入学门槛缘何提高？：多源流模型的视角[J]. 基础教育，2018(5)：72－79.

[②] 周丽萍，庾紫林，吴开俊. 新生代农民工随迁子女义务教育财政公平探究：基于中国教育追踪调查和实地调研[J]. 教育发展研究，2019(20)：61－69.

[③] 刘大伟. 教育是否有助于打通贫困治理的"任督二脉"：城乡差异视角下教育扶贫的路径与效果[J]. 教育与经济，2020(6)：12－21.

[④] 陈明星. 人口流动空间模式与县域新型城镇化的认识[EB/OL](2022－06－08)[2022－12－19]. https://weixin.caupdcloud.com/?p=792839.

[⑤] 杨晓霞. 城乡差异：县域内义务教育均衡发展的现实困境[J]. 教育与经济，2012(4)：11－15.

询教师开始成为出县的教育投入;随迁子女或以家长在镇区买房的方式举家搬迁,或以租房的方式实现"周中就读、周末回乡"的候鸟式移动。入县作为人口流动背景下另一类县域发展的典型代表,呈现出"人口内流"的流动方式。入县见证了学校数量在乡村与镇区之间"共同繁荣",乡村学校没有增加但学生人数逐年增加,镇区学校不断开设分校,学生人数暴增。入县外来人口子女与出县的随迁子女不同,入县受国家发展战略和宏观政策的影响,集聚了多种知识密集型产业,入县的政府为引进高层次人才,新建了多所北京优质学校的分校,给高层次人才的子女提供了优质的教育。还有部分汇聚在入县的学生,则是因为受户籍限制,无法继续在北京完成学业,拥有政策红利与地理优势发展的入县则成为他们家长不二的选择。入县的流动人口实则是入县的新移民,其子女并没有教育花费高、学习适应难等随迁子女常见的教育问题。

二、人口流动中的县域教育之困境根源

出县与入县的教育在学校布局、学生发展方面面临的境况截然不同,但却具有相同的教育困境——师资配置问题。出县有的农村学校教师离开了原来的学校,以考回县城、流向经济发达城市等方式实现流动;大多数留下来的老师面临着缺乏新同事、老教师退休、自己晋升渺茫的职业发展瓶颈;乡村学校实在缺人,又不得不鼓励退休教师继续留任。入县伴随着人口大量涌入、新学校快速建成,新教师的需求不断增加。新编制却无法与新教师岗位配套供应,教育局只好以聘用合同制编外教师的形式招聘。招聘编外教师在一定程度上解决了入县当下教师紧缺的境况,但编外教师的职业认同感低、职业压力更大、职业地位不稳定等问题[1],也必将会对教学质量产生一定影响。[2]

---

[1] 李昀赟,刘善槐,谢爱磊. 身份区隔与认同危机:乡村振兴背景下编外教师职业承诺研究[J]. 华东师范大学学报(教育科学版),2022(6):31—43.

[2] LEI W, LI M, ZHANG S, et al. Contract Teachers and Student Achievement in Rural China: Evidence from Class Fixed Effects[J]. Australian Journal of Agricultural and Resource Economics,2018,62(2):299—322.

第六章　人口流动中的县域教育:变化与困境

人口流动带来的县域教育困境,归根到底是教师问题。教师准备、招聘和留任是解决诸多教育问题的关键,是探索和解决乡村教育问题的抓手。[①] 面对人口流动而出现的县域教育生源变化,新建与扩建学校是相对快速和简单的应对方式,但教师配备就显得滞后。第一,教师的调配速度赶不上人口流动的速度。县城虹吸效应大量吸走的是学生,教师并没有大规模实现流动。调查中发现出县作为福建省贫困县,乡村教师具有更高的生活补贴,同时出县便捷的交通也为乡村教师的工作往返提供了便利,这导致年龄较大、已获得一定职称的乡村教师更愿意在乡村学校执教,直至退休。此外,乡村学校学生数量少,但要保障各学科教师齐全,于是容易出现乡村学校教师超额、镇区学校教师缺额的问题。[②] 第二,教师补充的速度赶不上学校新建的速度。为了应对不断增加的镇区学生,县政府和教育局忙着扩建与新建学校。新楼房建成速度很快,但教师人手不足是长期难以解决的问题。这其中牵涉到错综复杂的关系,县政府和教育局提倡集团化办学,其实是将新建立的校区托管给已有学校的领导班子,先招生,教师再进一步想办法。面对大量涌入的学生,县政府能划拨的新教师编制也是杯水车薪,于是编外教师制度开始实行,但编外教师制度又会引发连续的教育问题。第三,教师需求的速度赶不上社会变化的速度。人口流动导致留守儿童现象,他们因隔代教养、单亲家庭、父母面对面关爱缺失等因素产生心理问题,根据 2019 年度《中国留守儿童心灵状况白皮书》,留守儿童遭受精神暴力的发生率为 91.3%,躯体暴力的发生率为 65.1%。于是,心理辅导教师和音乐、体育、美术老师的需求与日俱增,但未能得到及时补充。

---

① BIDDLE C, AZANO A P. Constructing and Reconstructing the "Rural School Problem": A Century of Rural Education Research[J]. Review of Research in Education, 2016, 40 (1): 298-325.

② 根据相关政策,学前教育师生比 1:15、小学师生比 1:19、初中师生比 1:13.5、普通高中师生比 1:12.5、职业中专学校的"双师型"教师要占专业课教师总数的 75%。

第七章 县域校长领导力

县域校长领导力调研于 2021 年 4 月 6 日、12 日、14 日、15 日、16 日分别对福建省 5 个县的 46 名校长进行了焦点小组访谈。各县分别有 9 名、10 名、9 名、8 名、10 名校长参与了访谈,共计 5 组焦点小组。他们在 8 所幼儿园、15 所小学、13 所初中和 10 所高中工作,包括 36 名男校长(全部来自小学和中学)和 10 名女校长(2 名来自小学,8 名来自幼儿园)。他们的校长工作经验从少于 1 年到 18 年不等。具体情况见表 7-1。

该调研采用质性研究方法,每次焦点小组会议都由当地教育局召集校长,调研组成员进行访谈并在现场做记录。调研组询问了校长基本工作情况、在工作中面临的挑战、校长角色、领导力和校长品质等问题。在访谈过程中,调研组成员对表述不明确的地方进行追问,并在适当时候向受访者确认调研组成员的理解是否准确。每次访谈平均持续 2.5 小时左右,所有参与者保持匿名。在每一次焦点小组访谈结束的当天,调研组成员都会写一些简短的备忘录和总结。访谈数据在 Nvivo 11 软件中进行记录、转录和编码。

表 7-1 受访者基本信息

县域	参与者	访谈时长	访谈日期
dq	9 名校长,包括 1 名幼儿园园长、3 名小学校长、3 名初中校长、2 名高中校长	2.5 小时	2021 年 4 月 6 日
jc	10 名校长,包括 2 名幼儿园园长、3 名小学校长、3 名初中校长、2 名高中校长	3 小时	2021 年 4 月 12 日

(续表)

县域	参与者	访谈时长	访谈日期
jo	9名校长,包括2名幼儿园园长、3名小学校长、2名初中校长、2名高中校长	2.5小时	2021年4月14日
sw	8名校长,包括1名幼儿园园长、3名小学校长、2名初中校长、2名高中校长	2.5小时	2021年4月15日
pn	10名校长,包括2名幼儿园园长、3名小学校长、3名初中校长、2名高中校长	3小时	2021年4月16日

第一节 校长领导力的基本情况

一、校长领导力的内涵

关于校长领导力,研究文献中有不同的理解。有的研究偏重校长的法理权力和职业地位,认为校长是学校的最高行政领导者和学校法定代表人,要依法履行职务行为,对学校教育、教学、管理等工作负责[1][2]。有的研究侧重校长领导力是一个过程,个人在其中可以通过寻求他人的帮助和支持以完成共同的任务[3]。有的看重校长领导力是一种权力关系,领导者可以通过各种方式促进被领导者按照一定的方式行动[4]。

---

[1] 闫伟.西方校长领导力研究综述:理论,模型和启示[J].国家教育行政学院学报,2022 (04):78-87.

[2] 薛彦华,李佳.校长领导力作为学校改进内生动力的内涵,依据与策略[J].教学与管理,2022(03):34-37.

[3] 韦旭,朱雁.上海初中校长领导力的特征状况及分析:基于TALIS 2018数据的二次分析[J].教育参考,2022(01):21-26+76.

[4] CHEMERS M. An Integrative Theory of Leadership[M]. New York: Psychology Press, 2014:27-47.

不管是哪种理解,对校长领导力的定义都有共通的地方。

第一,校长领导力一定是有愿景或目标的,比如校长领导力要提升学校效能,为学校带来成功;要带来学生的全方位发展;提高工作场所质量、提供支持性环境;等等。领导不同于管理,领导是要有全局观、策略性、变革性,是去做正确的事;而管理则侧重细节观、执行性、业务性,管理是要把事情做对。

第二,校长领导力特别强调对学生、教师、学校乃至社会产生的影响,具体表现在学校的发展、教师的进步以及学生的培养上[①]。这种影响首先来自校长这一职业本身所赋予的法理权威,校长有权力对学校的教师和学生施加影响,这一权力被写入具体政策之中。其次,校长领导力的影响体现在校长具有优势权威,校长是教师群体中的优秀者,他们不管在教学能力还是领导能力上,都比其他人出众,教师相信校长可以运用自身优势为教师带来一定利益,进而自愿听从校长的安排。最后,校长领导力的影响体现在个人魅力上。通常而言,好校长具有一种卡里斯玛的气质,能够制造一些激动人心的时刻,让教师主动追随自己,共同朝着既定的愿景和目标努力。

第三,校长领导力饱含了社会或他人对校长的期待。校长在管理学校过程中,要为学校未来发展进行顶层设计,紧抓学校教育教学,带领并协调好整个团队,塑造并创新学校文化,突出学校特色,实现学校改进目标。校长要对学校非常了解,知道教室里发生了什么。校长要懂得轻重缓急,知道什么是重要的事和紧急的事。校长要对学校的教师非常了解,知道他们的优势和劣势,引导他们扬长避短。校长要懂得关注教师需求,并把教师的注意力集中在重要的事情上,不让他们将过多心思花在与学生发展关系不大的事情上。校长要懂得如何激发教师的积极性,让教师展示自己最好的一面。

我国的相关政策文件规定了校长的专业标准,使校长领导力的内涵

---

① 韦旭,朱雁.上海初中校长领导力的特征状况及分析:基于TALIS 2018数据的二次分析[J].教育参考,2022(01):21-26+76.

有了官方解释框架。2013年,教育部颁发了《义务教育学校校长专业标准》,2015年,教育部印发了《普通高中校长专业标准》《中等职业学校校长专业标准》和《幼儿园园长专业标准》,将校长的6项专业职责细化为60条专业要求,6项专业职责分别为:规划学校发展、营造育人文化、领导课程教学、引领教师成长、优化内部管理、调适外部环境(表7-2)。

表7-2 普通高中校长专业标准

专业职责		专业要求
规划学校发展	专业理解与认识	1.正确理解普通高中教育的责任与使命,明确学校的办学定位;注重培养学生自主学习、自强自立和适应社会的能力,全面提高普通高中学生综合素质; 2.注重学校发展的战略规划,在充分参与中凝聚师生智慧,建立共同发展愿景,明确学校发展目标,形成学校发展合力; 3.尊重办学传统与学校实际,注重学校特色建设,坚持多样化的成才观,重视人才培养模式创新
	专业知识与方法	4.熟悉与教育相关的法律法规、教育方针政策和学校管理的规章制度,深入领会有关普通高中的政策法规; 5.掌握普通高中教育的基本特点,了解国内外教育改革和发展的基本趋势,学习借鉴先进的办学经验; 6.熟悉学校战略管理,掌握学校发展规划制定、实施与评价的理论、方法与技术
	专业能力与行为	7.系统分析学校发展状况,传承学校优秀文化,发现面临的主要问题,形成学校发展思路; 8.按照规定程序领导制定学校发展规划,组织教师、学生、家长、社区多方参与共同确定学校的中长期发展目标; 9.选择确定学校发展的关键措施,分解落实到学年、学期工作计划,指导师生员工制定具体行动方案,提供人、财、物等条件支持并组织实施; 10.监测学校发展规划实施过程与成效,根据实施情况进行修正,调整工作计划,完善行动方案

(续表)

专业职责	专业要求	
营造育人文化	专业理解与认识	11.将立德树人作为普通高中教育的根本任务,把德育工作摆在素质教育的首要位置,全面加强学校德育体系建设; 12.重视学校文化潜移默化的教育功能,将学校文化建设作为学校德育工作的重要方面,把文化育人作为办学治校的重要内容与途径; 13.积极培育和践行社会主义核心价值观,热爱与传承中华优秀传统文化,充分发挥中华优秀传统文化的时代意义和教育价值,重视地域优秀文化的重要作用
	专业知识与方法	14.广泛涉猎自然科学与人文社会科学知识,掌握必要的艺术基础知识,具有良好的艺术修养和艺术欣赏能力; 15.把握学校文化建设的内涵,掌握高中学校文化建设的任务、途径与方法; 16.熟悉普通高中学生身心发展特点和思想品德形成规律,掌握提高德育实效的理论和方法
	专业能力与行为	17.营造体现办学理念和学校特色的校园自然环境和人文环境,以校训、校歌、校徽、校标等为重要载体,树立优良的校风、教风、学风; 18.精心设计和组织开展丰富多彩、积极向上的艺术、体育、科技等校园文化和社会实践活动,开展公民意识、礼仪规范、中华优秀传统文化等主题教育活动,形成爱学习、爱劳动、爱祖国活动的有效形式和长效机制; 19.建设绿色健康的校园信息网络,向师生推荐优秀的精神文化作品和先进模范人物,努力防范不良的流行文化、网络文化和学校周边环境对学生的负面影响; 20.凝聚学校文化建设力量,发挥教师、学生及社团的主体作用,鼓励社会(社区)和家庭参与学校文化建设,为共青团、学生会、学生社团、班集体活动开展提供必要条件,保证活动时间

(续表)

专业职责	专业要求	
领导课程教学	专业理解与认识	21. 充分认识课程教学是提高学校教育质量的关键环节；发挥各学科育人作用，促进全体学生的全面发展，重视学生社会责任感、创新精神和实践能力的培养，提高学生的综合素质； 22. 重视课程的多样性和选择性，增强学生学习的自主性，丰富学生的学习经验，注重学思结合、知行统一、因材施教，促进学生个性健康发展； 23. 尊重教师的教学经验和智慧，重视课程教学研究，积极推进教学改革与创新
	专业知识与方法	24. 熟悉中小学课程政策，了解国内外高中课程教学改革的经验和发展动态； 25. 熟知学生成长和发展规律，掌握课程教学基本理论知识和课程规划、开发、实施与评价相关技能； 26. 掌握信息技术在教育领域应用的一般原理与方法
	专业能力与行为	27. 落实国家课程方案和标准，统筹国家、地方、学校三级课程，创建具有本校特色的学校课程体系，开设多种形态、适应学生发展需要的选修课，为学生提供丰富多样的学习资源； 28. 开齐、开足国家规定的各类必修和相关选修课程，确保体育、艺术、技术、综合实践活动等课程的实施，加强法治教育，关注学生心理健康和青春期教育，合理安排作业，不得违规补课和增加课时，切实减轻学生过重的课业负担；建立健全学生体质健康监测机制，确保学生每天一小时校园体育活动； 29. 建立健全课程教学管理制度和教学质量测评、分析与改进机制，定期深入课堂听课，并对课堂教学进行指导，每学期听评课不少于地方教育行政部门规定的课时数量； 30. 组织开展教学研究与课程改革，落实高中学生综合素质评价制度，加强对学生职业生涯规划的指导，拓宽学生的成才渠道

(续表)

专业职责		专业要求
引领教师成长	专业理解与认识	31.将教师作为学校改革发展最宝贵的人力资源,尊重、信任、团结和赏识每一位教师; 32.校长是教师专业发展的引领者和第一责任人,将学校作为教师实现专业发展的精神家园; 33.尊重教师职业特点和专业发展规律,注重激发教师发展的内在动力
	专业知识与方法	34.掌握教师专业素养要求,明确教师权利与义务; 35.掌握教师专业发展的理论与方法,指导教师开展教育教学实践与研究的策略与方法; 36.掌握学习型组织建设的方法,掌握教师团队建设以及激励教师自主发展的策略与方法
	专业能力与行为	37.建立健全教师专业发展制度,针对教学实际问题,开展教学研究与培训,构建教研训一体的机制,落实每位教师五年一周期不少于360学时的培训要求; 38.关心每一位教师的发展,指导教师制定个人专业发展计划。加强青年教师培养,培育学科骨干,完善教师梯队建设; 39.开展师德师风教育,落实教师职业道德规范要求和违反职业道德行为处理办法,引导支持教师坚定理想信念、提高道德情操、掌握扎实学识、秉持仁爱之心,不断提升教师的精神境界; 40.关爱教师身心健康,维护和保障教师合法权益和待遇,建立优教优酬的激励机制
优化内部管理	专业理解与认识	41.坚持依法治校,自觉接受师生员工和社会的依法监督; 42.崇尚以德立校,廉洁奉公、为人表率、处事公正; 43.实行科学管理和民主管理,坚持教书育人、管理育人、服务育人

(续表)

专业职责		专业要求
	专业知识与方法	44.熟悉国家相关政策及其对校长的职责定位和工作要求； 45.把握高中学校管理的基本规律，掌握学校管理的基本理论与方法，了解国内外学校管理的先进经验与发展趋势； 46.熟悉学校人事财务、资产后勤、校园网络、安全保卫与卫生健康等管理实务
	专业能力与行为	47.形成学校领导班子的凝聚力，认真听取党组织对学校重大决策的意见，充分发挥党组织的政治核心作用，加强学校管理队伍建设； 48.尊重和支持教职工代表大会参与学校管理的民主权利，定期向教职工代表大会报告工作，实行校务会议、校务公开等管理制度；鼓励师生员工参与学校管理； 49.健全学校人事、财务、资产管理等管理制度，将信息化手段引入学校管理，提高学校管理的专业化水平；不得违反国家规定收取费用，不得以向学生推销或者变相推销商品、服务等方式谋取利益； 50.努力建设平安校园，建立和完善学校各种应急管理机制，定期实施安全演练，排查安全隐患，正确应对和妥善处置学校突发事件
调适外部环境	专业理解与认识	51.坚信营造学校与家庭、社会（社区）支持性的发展环境是学校发展的基础与重要保障； 52.重视学校与家庭、社会（社区）的沟通，把与社区的良性互动作为办学水平的重要体现，将服务社会（社区）作为学校的重要功能； 53.坚持学校、家庭、社会（社区）合作共赢的原则，增强学校对外交流的主动性和创新性
	专业知识与方法	54.掌握学校公共关系及家校合作的理论与方法； 55.熟悉社会公共服务机构的教育功能，掌握开发和利用社会资源的知识与方法； 56.掌握与家庭、社会（社区）、学校、各类媒体等沟通的方法与技巧

(续表)

专业职责	专业要求
专业能力与行为	57.树立学校的良好形象,加强校际合作,整合办学资源,优化育人环境,争取社会(社区)对学校的大力支持; 58.充分发挥家长委员会的积极作用,接受改进学校工作的合理建议,完善家庭和社会(社区)参与学校管理的机制,主动与社区建立合作关系; 59.健全家校合作育人机制,建立教师家访制度,通过家长学校、家长会、家长开放日以及信息化通讯手段等多种形式,帮助家长了解学校情况和学生身心发展特点,指导家长掌握科学的家庭教育方法; 60.积极发挥学校在社区建设中的文化引领作用,鼓励并组织学校师生参与服务社会(社区)的有益活动

二、校长工作与角色

校长工作,主要是根据教育规律,按照国家教育政策,分析学校优劣势,考虑利益相关者诉求,在既有基础上推动和执行教育目标与活动,处理教育事务,创新教育改革,最终提升学校教育的品质[①]。具体而言,校长工作非常庞杂,包括学校教育目标和要求的制定、教育评价、行政革新与发展等方向引领性的工作,也包括完成上级行政任务、处理突发事件、负责学生安全等问题解决性的工作,还包括财务管理、教师激励、人际与社区关系经营等教育保障性工作。具体而言,校长工作的特征包括:工作繁杂且支离破碎、工作多变且无特定的执行模式、工作多元且难以维持专业形象、工作责任增加但工作权限有限、工作敏感且深受政治干预。此外,我国的校长政策文件也对校长工作做了相应规定。1991年,国家教委颁发《全国中小学校长任职条件和岗位要求(试行)》,其中指出校长全面主持学校工作,这表明校长工作主要是负责校内日常的教育教学事务,

---

① 谢传崇.国民中小学校长专业发展困境与因应之研究[J].育达学院学报,2005(9):151−181.

保证教学任务的落实。2013年,教育部印发《义务教育学校校长专业标准》,指出校长是履行学校领导与管理工作职责的专业人员,提出规划学校发展、营造育人文化、领导课程教学、引领教师成长、优化内部管理和调适外部环境等六方面的校长能力。2017年,中共中央组织部、教育部印发的《中小学校领导人员管理暂行办法》要求校长具有较强的教育教学管理和组织协调能力,富有改革创新精神。可见校长角色以引导者、改革者的姿态出现在政策文本中。

面对大量繁杂的校长工作,校长们充当了各式各样的角色。国外有学者认为校长的角色包括:有名无实的领袖、联络人、监控者、传播者、发言人、干扰处理者、资源分配者、谈判者[1]。还有学者认为有效的领导者需承担技术性角色与艺术性角色,其中技术性角色包括计划者、资源分配者、监督者、协调者、信息传播者、法官、把关者、分析者这八种角色;艺术性角色包括历史学家、人类学勘探家、愿景专家、符号象征者、陶匠、诗人、演员、疗伤者这八种角色[2]。我国有学者认为校长角色包括决策者、召唤者、执行者、协调者、引领者五大角色,共同起到规划学校发展、营造育人文化、领导课程教学、引领教师成长、优化内部管理、调适外部环境的作用[3]。

三、领导力与校长道德

随着领导力理论的发展,道德作为领导力的一个重要维度被单独提出与讨论。道德领导力的产生来源包括三方面:第一,社会道德压力;第二,惩罚的风险和代价;第三,道德行为的内在利益。[4]

关于道德领导力的内涵,已有研究主要有三种理解。第一种理解偏向领导者的个人心理品质,认为道德领导可以描述为领导者的行为应表

---

[1] HARRIS N D, CLARK A. The Role of the Headteacher[J]. International Journal of Educational Management, 1989,3(3):19—24.
[2] DEAL T E, PETERSON K D. The Principal's Role in Shaping School Culture[M]. US Department of Education, Office of Educational Research and Improvement, 1990:54—86.
[3] 于文安.校长多重角色模型及其能力提升[J].中国教育学刊,2021(12):60—65.
[4] 蒋雪.道德领导力的起源、内涵和理论模型[J].中国领导科学,2019(04):57—63.

现出高度个人美德、自律、牺牲小我顾全大局、大公无私等特点。第二种理解侧重领导者要做出合乎道德的决策,也就是说,除了领导者本身具备的道德品质之外,做出道德型决策也至关重要。第三种理解侧重领导者对群体成员的非权威型影响,从而形成领导者与被领导者团结一心的局面。楚红丽和方晓乐认为道德领导指领导者以道德来转化追随者的思想,主要表现为领导者以非权力影响、伦理文化、共同的心理契约、共同体价值观,通过自我反省的形式,促使追随者们主动回应并自觉行为,共同实现组织目标[①]。

道德领导力包括不同的维度,学术研究者和政策制定者都致力于建立道德领导力标准。在学术界,满建宇、王正英认为从学校育人的功能出发,校长的道德领导包含价值维度、情感维度、伦理维度和实践维度[②]。国外有学者将道德领导力划分为三个维度,分别是领导者动机/意图、领导者的影响策略、领导者特质[③]。有学者通过对美国20位企业高管和道德专员等进行半结构化访谈,发现道德型领导包括以人为本、采取道德行动、设置道德标准、开拓道德意识、执行道德决策等内容[④]。还有学者通过量化研究发现道德领导力包含正直、利他主义、集体动机、鼓励四个维度[⑤]。在政策制定方面,英国颁布的《教育中的道德领导力框架》对包括校长在内的学校高层行政人员、教育机构的领导者和不拿薪酬的董事提出了道德要求,具体包括无私、正直、客观、问责、开放、诚实、领导力、信

---

① 楚红丽,方晓乐.中小学校长道德领导对教师工作投入的影响研究:工作价值观的调节作用[J].教育学报,2017(06):60−68.

② 满建宇,王正英.道德领导力:新时代校长的核心领导力[J].中国教育学刊,2020(12):47−50.

③ KANUNGO R N, MENDONCA M. Ethical Leadership in Three Dimensions[J]. Journal of Human Values, 1998, 4(2): 133−148.

④ TREVIÑO L K, BROWN M, HARTMAN L P. A Qualitative Investigation of Perceived Executive Ethical Leadership: Perceptions from Inside and Outside the Executive Suite [J]. Human Relations, 2003, 56(1): 5−37.

⑤ RESICK C J, HANGES P J, DICKSON M W, et al. A Cross-cultural Examination of the Endorsement of Ethical Leadership[J]. Journal of Business Ethics, 2006, 63(4): 345−359.

任、智慧、善良、公正、服务、勇气、乐观共计14个方面[1]。我国教育部印发的《普通高中校长专业标准》要求校长以德为先,要把德育工作摆在素质教育的首要位置,全面加强学校德育体系建设;崇尚以德立校,处事公正、严格律己、廉洁奉献。

在实践领域,有研究表明,最有效的领导者是那些具有高尚的道德和伦理目标以及强烈的社会正义感的人[2]。他们热衷于改善学生的教育体验,尤其是来自弱势背景的学生。有效的领导者能够通过能力建设、分布式领导、集体责任和问责等方式,与利益相关者(教师、学生、家长等)一道为了学生的学业成就而努力。道德性目标和实践被广泛应用,具体包括:定期就教与学进行专业对话、在解决问题方面有强大的社会支持、共同的目标和集体责任、个人和集体效能、公平正义的规范[3]。

第二节　县域校长的领导力实践

一、校长工作

校长日常工作,饱含苦、辣、酸等情感体会,苦主要表现在,在资源短缺的情况下,如何保证基本教学质量;辣表现在校长认为自己背负了太多来自社会的期待与责任,而这些期待和责任不应只由校长来承担;酸体现在与其他人相比,校长工资实在太低。

1. 苦:"又要埋头苦干,又要牛不要吃草"

访谈的校长们普遍苦于学校"缺人"又"缺钱",缺人指的是学校缺少教师,缺钱指的是学校缺乏足够的教学经费促进学校发展。不同县域的

---

[1] 熊万曦.教育领导者为何需要道德准则的指引:对英国《教育中的道德领导力框架》及其价值的理解[J].比较教育研究,2022(02):69−76.
[2] STARRATT R J. Building an Ethical School: A Theory for Practice in Educational Leadership[J]. Educational Administration Quarterly, 1991, 27(2): 185−202.
[3] DAY C, SAMMONS P. Successful Leadership: A Review of the International Literature[M]. England: CfBT Education Trust, 2013:44−98.

校长在"缺教师"上有着不同的形式。第一种缺是数量上的缺教师,包括三种情况。第一,城区的学校,因近年来城镇化的发展,人口大量涌入,学生数量每年都在急速增加。为了解决学生入学难题,县政府以新建学校的方式增加学位,以集团化办学的方式促进老校区带新校区建设。但是学生增加的速度赶不上教师增加的速度,出现生师比走高的情况。第二,有的学校总体上不缺教师,但缺少音乐、体育、美术等科目教师以及心理咨询教师。有的城区学校在生均经费允许的情况下,开始招聘编外教师。第三,有的学校教师总体编制足够甚至超额,于是出现了十几年没有招聘新教师的主观缺教师现象。针对第一种情况,生均经费还算充足的学校,匀出部分金额用作编外教师招聘,通常情况下,县域财政会支付50%的编外教师工资,另外一半由学校自己承担。但此时又面临另一重困境,有的县域对编外教师提供的工资非常低,以至于很难招到需要的教师。第二种缺是缺高素质的教师。受访校长普遍抱怨的是,如今教师招聘的门槛过低,只要有教师资格证就可以应聘教师岗位。结果要么出现专业不对口的情况,比如兽医专业毕业的来到小学教书;要么出现非师范专业的毕业生在中小学教书,他们缺乏师范教育应有的基本教学技能。在缺钱方面,往往与缺教师缠绕在一起,因为没有足够的资金,无法吸引适合的人员应聘教师岗位。另外,是否缺钱又与中央政策和县域财政有关。对于乡村学校,有专门的中央财政补贴,所以乡村教师的工资每个月会比县域教师多几百到上千元不等。不同区域教师的工资又与县域财政是否富足有关,经济发展差的县域,能够拨付的教师工资自然就低一些。于是,抱怨缺钱的校长普遍来自县域经济发展不太好的城区的学校。

> 我最大的困难是没有老师,我按1845个孩子来讲,正常配给我的老师应该是在112,那我现在目前的老师是102个,其中聘用的代课老师24个(都有教师资格证,都是语文和数学教师),那就等于说我一年的生均公用经费去了一半去付老师的工资。然后再从另外一个层面,我们县的教师的文明奖,之前都是学校出。从去年开始,是政府出,但是这是远远不够的。其他不够的部分还是要学校掏钱。如

第七章　县域校长领导力

果我新建的学校除了聘用老师工资发了将近70万元,再加上我要付文明奖,那我的生均公用经费就没了。再加上平常的水电这种正常的运转,我学校一分钱都没有,你如何去促进教师专业成长？是不是？你如何去打造学校的课程建设,去促进学生的发展,没有。经费是我最大的困惑,就是人跟钱是我目前最大的困难。还有一个是,我们县其他部门的综治奖都是多发两个月(工资),但我们教育系统的老师只有一个月。教育部还三令五申天天督查说我们教师的工资不能低于当地公务员(的工资)。这对我们整个教师队伍的积极性也是一种挫伤啊。(sw-20210412)

2. 辣:"如履薄冰""热锅里煎熬"

校长的辣主要体现在政府和社会都习惯于将校长和教师不应该承担的责任转嫁给他们,所以所有访谈的校长对学生安全问题、身体和心理健康问题很紧张,对家长或社会人员的投诉无可奈何。校长要对学生的安全问题负责任,并且在无明确责任主体的情况下,校长通常是负无限连带责任,不管学生在什么时间、什么地点出现安全问题,校长都得背负责任。

我们学校才是困弱群体,出现了溺水事件,有的家长把尸体弄到你学校来拉横幅,并且要赔偿。而且,学校的评优评先是跟学校文明单位的考核是挂钩的。那也就是说你出一个这个案例,所有的文明评估就一票否决没有了。(cs-20210414)

此外,校长要去面对患有癫痫、心脏病、艾滋病等身体疾病的学生,还要处理心理出现缺陷的学生,压力最大的莫过于学生突然有一天"人没了"。儿童心理问题已经成为社会问题,特别是留守儿童、单亲家庭儿童、重组家庭儿童、隔代教养儿童等,在农村,这样的学生非常普遍。

感觉这几年学生心理问题不是一年增加一两个,而是成倍地增加。上次我们学校摸底统计以后,有将近20个(心理有问题),2000多个学生有1%心理有问题,就是100个学生里面就有一个定时炸弹,弄不好他跑到5楼去,所有人都紧张起来。(jc-20210415)

另外,让校长抓狂的是,校长和老师对学生安全问题异常紧张,但家长丝毫都不担心。

> 这个学期我觉得很典型的例子,上周的星期五,学生下午回家的时候好好的,周一早晨我们的班主任发现他没有来上课,8:10的时候给这个学生家长打了个电话,学生家长说他周六也不在家,周天也不在家,居然家长也不过问。然后呢到周一我们发现给家长打电话他却若无其事,我们紧张得不得了。然后我一面派老师调查了解,一面向教育局汇报,还去公安局报案,公安局说周末时间应该是由家长来报案,家里的大人又在外地。我从早上8:10到晚上9:25,整个人就像是在热锅上煎熬,你说我压力有多大?我们很紧张,但家长若无其事,第一责任人变得不紧张,我们第二责任人比他更紧张。如果这时候我这个学生走失了,万一出什么事,我这校长和班主任也就死定了。(jc-20210415)

如果说学生的突发事件已经很棘手,那家长或社会人员的投诉经常让校长们哭笑不得。通常都是些小事情,比如孩子在学校不小心磕到了,家长以为是教师体罚学生要投诉,学校喇叭太大声,影响周围居民休息要投诉,晚上7点了有学生在操场打球要投诉……

> 一天到晚12345的投诉都是你这个不行,那个不行。我就举一个例子,有人投诉说晚上7点了,操场上还有学生在打篮球。这个时候刚好有一个自习课下课,那学生去操场活动一下,那不是很正常吗?第二个是投诉我们学校的那个喇叭声音太大,因为中午时间我们有一个广播站,另外就是课间操时间,还有一个升旗仪式,投诉者说他孩子上夜班,早晨升国旗、国旗下讲话的时候,他孩子还在睡觉。但是我跟他讲,我是先有这个学校,才有周边的商品房的,当初如果你介意这个的话,你就不要买在周边啊。那你一直投诉我学校的一个正常行为,我们怎么办呢?我们可以把喇叭调小,对吧?但最起码我们也要听得见吧。(cs-20210414)

3. 酸:"不患寡而患不均"

校长们的酸体现在比较上。有的校长将自己的工资与其他行业的工资相比,认为自己的工资太低;有的校长刚好身处省属学校、市属学校、区属学校同在一个片区的地方,自己学校属于财政拨款最少的那一所,深感不公平。

> 我不太满意这份工作,我是讲心里话,我觉得当老师,女同志,特别是小学老师、初中老师,女同志可能优势更多一些,男同志优势会差一些,这是一个。第二个从东方文化来讲,应该说是男主外女主内,这种讲法会世俗一点,但我自己有这个观点,因为你要养家糊口,我们这份工作的工资太低。虽然我现在是正高级老师,已经是月薪上万元了,就在月薪上万元的前提下,如果要买房要养家糊口还是有困难。所以我觉得我干了一辈子的老师,当了一辈子的校长,我自己认为我是走错行的,因为养家糊口养得很吃力,就像我这样子。(jo-20210408)

> 我们区有省属小学、市属小学、区属小学,因为管辖主体不一样,财政投入也不一样。我们学校盖新校原来规划是4亿元,但后来砍到了预算2亿元,为什么?因为钱不够啊。但隔壁的市属附中,投了40亿元。我们连4亿元都保不住,4亿元砍一半是2亿元。这就是两级财政,区级跟市级之间的区别。(cs-20210414)

二、校长角色

校长的日常工作非常庞杂,在处理不同工作、与不同的人打交道过程中会侧重不同的角色,主要分为保障型角色与发展型角色,保障型角色主要是处理日常事务工作,保障学校教学工作能平稳运作;发展型角色是校长发挥领导力的体现,引领学校朝着既定愿景和目标发展。

1. 保障型角色

(1) "表哥""表嫂"

在校长们眼中,学校仿佛是困弱群体,被多方部门"牵着鼻子走"。除了教育局之外,其他任何部门似乎都有权力让学校配合工作,比如消防部门、保密部门、禁毒部门等,有的学校甚至有专门的禁毒宣传中心,里面张贴了各式各样的禁毒标语与案例。学校被给予完成行政命令的时间通常很短,有时不到24小时就需要上交表格或报告,这让校长们很无奈,但基本都能按时提交材料。所以有校长戏谑地称自己为"表哥""表嫂",意思是"填表的人"。

> 我们手机一天到晚拿在手上,很多通知,手机一会没看,通知全部错过了,一会这个事情一会那个事情,你手机要不停地通知,各个群,各种群。
>
> 每一个人都是要求你要写,每个事情出来你都要写……反正就是所有东西,你明天下班前要交方案,交总结,要图片,要你所有的宣传展板,要宣传所有的东西。连保密宣传教育也跟我们学校有关系。欺凌、禁毒啊跟我们幼儿园也有关系。(dq-20210406)

> 用孔子的一句话来就是,转到教育上来,道千乘之国,敬事而信,节用而爱人,使民以时,那就是说让民众能够在耕田的时候,好好耕田不受其他东西影响,不受兵役等其他影响,但是,我只说基础教育,一线的基础教育老师却受到了严重的非教育的干扰。目前还是很多"表哥""表嫂"之类的形形色色的检查,严重影响了校园的教学,让老师能够安静教学这一块受到了比较大的影响。几千年之前在孔子已经说了"使民以时",但现在我们作为一个校长,却无法让老师"使民以时",让他们安安心心不受干扰。(jo20210408)

(2)"安全员"

2022年,出台了法制副校长的文件,在此文件出台之前,学生安全责任由谁负责比较有争议。学生一旦发生安全事故,不管是校内还是校外,不管是上课期间还是寒暑假,校长都要承担责任。校长时刻要为全校每一位学生的安全担心,"如履薄冰"是普遍的心态,但是又无可奈何,有校长将学生安全看成是不以人的意志为转移的神秘力量,需要靠"烧高香"

的形式祈祷学生安全。

现在校方是负责主体责任,你所有的任何一个学生在你的正常授课时间或者是周末时间,所有的安全责任都是校长的。我就举一个例子,星期六星期天学生在校外发生的问题,你这一个责任是由校长那边(负责)。我们现在校长叫做高危险职业,对不对?你要如履薄冰,在目前的形势下。(sw20210412)

(3)"工程师"

2015年,乡村学校开始了如火如荼的学校改造工程,学校基础设施改善是很重要的一部分,包括新建楼房、改造旧楼、设计新校区等。在这样的背景下,乡村学校的校长们被迫成为"工程师",但大多数受访者并没有足够的知识和能力去设计好一间房、一栋楼或一个新校园。

这个楼要怎么设计,联系那些包工头怎么招投标,然后装修等等,我们都得参与,都得把关,可是我们不是很熟悉这些东西。(jc-202104)

2. 发展型角色
(1)"社会交际家"

学校要高效正常运转,需要足够的经费和教师才能保证。但校长们普遍面临着"缺钱"与"缺人"的现状,缺钱指的是缺学校运营经费,缺人指的是缺教师。按照我国中小学校长的管理特点,县域学校的经费是由县级财政统一下发,包括生均经费、专项经费等,其中专项经费是学校根据当年计划向上一级主管部门申请的经费预算。另外,县域学校教师招聘流程是由各个学校向县教育局上报教师招聘计划,由教育局统一组织招聘考试,再由教育局按一定的规则将新招聘的教师安排到各个学校去。校长们既希望有足够的经费,也希望招到合适的教师,于是在县域相关部门负责人面前,去争取相应资源。

我觉得校长要有一个很强的外部调适能力,为什么讲这个要调适外部环境,因为我们现在的学校,特别是在我们这么一个小城市,我们校长说实话不是单独的一种纯业务的校长,我们要不时跟外面很多的社区啊、政府啊、部门啊、管局啊(打交道),要去要钱,缺什么就去要什么,政策没有就去争取政策,我们这种需要很强的外部调适能力、协调能力。(sw-20210412)

(2)"船长""动车头"

校长一方面是领导班子的"船长",通常情况下,校长领导班子包括校长一名、党委书记一名、副校长若干,副校长分管教学、内务、德育等,办公室或部门主任若干。校长这个船长的作用主要体现在非权力影响力上,包括"以支持换取支持""放手信任"等;还包括很强的管理艺术,"要什么都会,也要什么都不会",也就是说,校长需要在关键时刻将不成熟的方案进一步完善,在"1.0版本"的基础上提出"2.0版本"甚至是"3.0版本"。

我原来是副校长,我觉得我们正校长其实有一个很好的(校长),第一个是以身作则,他是一位特别有领导力的校长,他会身体力行来告诉我们该怎么做,因为我们刚开始建校都是年轻的团队,包括我自己原来也在办公室出身,所以一个是他的领导力很强,他会教我们,他有智慧,他会教我们该如何在你这个岗位上来胜任你的工作。第二个就是信任感,他会给你足够的信任,同时给你足够的鼓励和爱。我们在这个团队里面应该还是觉得很温暖很有爱的。当这种爱他会像一种文化一样地渲染在这个团队当中的时候,我觉得应该大家会凝聚成一股绳,齐心协力地往前走,我觉得应该是有这样一个示范的力量,榜样的力量。(dq-20210406)

校长另一方面是整个学校的"动车头",需要调动教师工作的积极性,引领全校师生朝着学校愿景和目标发展。其中最关键的一点是充分调动教师的积极性,引领教师与校长一起共同奋斗。城市学校的校长用社会评价和自我评价激发教师的积极性和归属感。

所以说实际上我作为校长,就是我们对老师之间的沟通交流,也没有讲过多的大道理,我当时只是讲了两点跟老师进行交流。一个就是当我们老师走出校门的时候,你是想让家长或者学生给你一种敬佩的眼光,还是在你后面指指点点。第二个是我们教师的孩子今后是否愿意放到这所学校来念书。为了达到这两个目标,都是我们校长跟老师一起奋斗出来的。我们就是有一个很朴素的道理,去激发老师的工作干劲,大道理我们也不讲。(cs-20210414)

至于乡村学校,校长另辟蹊径,用提升自我能力、走出乡村为激励,赋予老师为职业奋斗的动力。

当时在乡村办学的时候是条件比较艰苦,但是感到人心很齐。我当时在乡村的时候一直跟老师讲一句话,我说没有一个人一辈子都在这所学校,这所学校一定是我们教育工作的一个驿站。所以到现在为止这所学校里面没有我认识的人了,都已经换成新的了。我们当时形成了很大的办学成效,老师整个队伍也很活跃。当时我就鼓励老师们,我推着你们走,我自己也没想在这里一直留着,这似乎很不安心工作,但就是因为这不安心给了老师上升的动力。(cs-20210414)

三、校长品德

不管校长面对什么样的困难与挑战,不管校长要化身成什么样的角色,他们都认认真真、勤勤恳恳地把自己的学校带领起来了。

我们很多校长就是吐槽办学有多困难,但实际上教育局把一个学校交给校长的时候,他们都能办得好好的,没人没钱也都能办得好好的,所以说其实领导也都很放心。这说明了什么?说明我们这些校长都是非常有担当的,都非常有责任心,非常有爱心。虽然条件不是太好,但是校长有一种责任担当,更有一种敬业精神,更有一种事业心。他们很多人想把学校办好,把很多工作做好。(cs-20210414)

这种"责任担当""敬业精神""事业心",背后都有一个核心共识,那就是对校长这一职业与身份的认同。一方面,有的校长认为自己应该是一名以身作则的教师,他们是从一线教学中脱颖而出的优秀教师骨干,并在行政职务上一步一步往上升,进而被上一级组织或领导看中,再加上稳定的群众基础,最终成为一校之长。所以他们会以德才兼备要求自己,既要做到"心底无私",也要有相应的专业能力。

> 我就说一句,最重要的是心底无私,这是最重要的。做校长的,凡事不能以我自己为出发点,你把所有的心思都放在老师身上,自然老师的心思就放在学生的身上。心底无私是最重要的。陶铸讲过一句话叫心底无私天地宽,当校长的就是要无私,不能够凡事你都想着自己,名也要争,利你要争,然后权你还要霸,这不对的是吧?你校长你强可以,作为一个班子来讲要一超多强,就是你校长的思维要力争超出别人,但是你的这个班子成员或者是你的团队要强,要带领他们往这方面去走。因为老师都是有眼睛的人,都是有水平的人,都是知识分子。你做人做事管理,你是不是出于私心考虑和你为你自己考虑,人家心里头有杆秤是吧?(sw-20210412)

> 我是觉得做校长第一个就是要厚德,厚德方能载物……你作为校长肯定要引领老师,要影响一大批学生,肯定德是排第一位的。这个德体现在方方面面,你的一言一行,你的这个能力,各个方面都要包含到德里面去,对吧?所以我觉得德是第一。(jo-20210408)

> 我觉得作为校长,应该要德才兼备。应该是要有梦想,志存高远,心系家国,要有大爱,我觉得校长应该有情怀,要有良知。然后要积极学习,要有思想,要勇于探索,要有创新。(jo-20210408)

另一方面,有的校长认为自己应该成为公众眼中有口皆碑的校长,这样的校长并不是以学生成绩和学校排名论英雄,而是在退休之后,有多少人能念着这位校长的好。

> 当我校长退休下来没人骂我,要有60%的人说这个校长不错,我就ok,有70%的人说我是个好校长的时候,我就非常的ok。(jo-20210408)

第七章　县域校长领导力

说实话评价一个校长如何，一个最重要的指标就是，你接手的时候这个学校是一个什么位置，当你离开的时候，它是往上还是掉下来了。第二个应该是回到我们一句老话，叫金杯银杯不如老百姓的口碑，不如家长的口碑，是吧？你离开之后，老师对这个校长的评价如何？这应该才是最重要的。(sw-20210412)

第三节　小结与发现

本调研的第一个发现是，校长领导力不仅体现在"领导"上，还体现在日常琐碎的工作中。已有研究大多将目光放在校长应该如何完成工作、如何行使领导力上，包括为学校带来成功，对学生、教师、学校、社会带来积极影响，满足社会或家长对校长的期待，等等。但在调研中，校长的实际工作主要是对各种大小事务进行计划、组织、领导与控制，饱含无奈与心酸。校长工作包括主持会议、巡视校园、协调工作、拟定计划、评价教师绩效，还包括诸多琐事，诸如处理上下学站岗、处理学生意外伤害、联络家长、安排代课教师、了解教师出席情况等。本调研发现，县域学校的校长面临诸多困难与挑战，首当其冲的是"缺钱"，既缺办学经费，校长和教师的工资也不高。其次是"缺人"，指的是缺教师。不同的学校呈现出不同特点，有的学校整体缺教师，有的学校局部缺科目教师，有的学校缺专业对口或教学能力强的教师。校长苦于经费有限、人员有限，不得不在缺资源、高负荷工作的情况下，力保教学质量，争取在考核时达标。最后是缺责任划分，即不管学生发生什么问题，校长都要负无限连带责任。频繁出现的学生安全问题、身心健康问题让校长们万分焦虑。这些困难和挑战，校长要忙着去应对与解决，有碍于校长实施领导力。

本调研的第二个发现是，校长在施行领导力行为与非领导力行为时，呈现出不同的角色认同。校长在实施领导力时，要考虑如何让学校目标与教师目标相匹配，激励教师全力以赴教好书；也要考虑如何为全校师生提供支持性环境,让教师安心工作,让学生健康快乐成长,领导力行为主要体现的是领导智慧。校长既是"社会交际家",要向上级主管部门或捐赠企业争取相应的资源,也是"船长""动车头",既要保证领导班子齐心协力,又要调动教师工作的积极性,还要有相应的专业能力,在关键时刻选择最适合学校发展的方案,最终带领师生共同朝着既定的愿景和目标努力。校长在实施非领导力行为的时候,更多的是考虑如何完成行政任务,如何处理突发事件等,非领导力行为主要体现的是解决问题的智慧。校长既是"表哥""表嫂",要完成上级管理部门各种材料提交;校长也是"安全员",要想方设法保证全校师生的基本安全;校长还是"工程师",在新建校舍的过程中推进施工进度、了解施工内容,要在不熟悉的工程领域做出合理的决策,比如如何选择最适合的楼房设计、建筑设计如何满足教学需求等。

本调研的第三个发现是,校长总是以师德来要求自己。受访者在做校长之前,都是教师当中的佼佼者,他们已经深深将立德树人刻在心中,也时刻以立德树人要求自己。在担任校长期间,不管面对怎样的困难和挑战,不管面对什么样的诱惑,他们始终心中装着学校、教师与学生,始终保持"责任担当""敬业精神"与"事业心",力求做到问心无愧,努力成为有口皆碑的好校长。

第八章　县域编外教师的新特点和考编意愿

第一节　调研对象和内容

一、调研对象

县域编外教师调研将河北省 A 县 2017 年至 2020 年入职的编外教师作为研究对象,向他们发放了《编外教师教学与工作状况问卷》。该问卷包括六大部分,分为教师个人基本情况、教师工作基本情况、教师对平等的主观感知、工资与待遇、教学与培训、教师流动。本调研共回收了 1626 份编外教师问卷,剔除掉非 2017—2020 年期间入职的问卷,最终回收了有效问卷 1613 份。在这 1613 名编外教师中,男性 270 人(16.7%),女性 1343 人(83.3%);30 岁及以下 1002 人(62.1%),31—40 岁 584 人(36.2%),40 岁以上 27 人(1.7%);中职/高中学历 12 人(0.7%),大专学历 411 人(25.5%),本科学历 1156 人(71.7%),研究生学历 34 人(2.1%);未婚 587 人(36.4%),已婚 1004 人(62.2%),离婚/丧偶/其他 22 人(1.4%);本地户籍与外地户籍的比例为 5.3∶4.7;总教龄 5 年及以下的有 1227 人(76.1),6—10 年的有 327 人(20.3%),11 年以上的有 59 人(3.6%);乡镇教师 667 人(41.4%),城区教师 946 人(58.6%);42.8%的人有过班主任经历,6.9%担任校内职务,45.1%有教师职称。

二、调研情境

河北省 A 县依托首都北京周边发展的政策红利,从年财政收入不足亿元的农业县,转型成为财政收入96.2亿元的"全国投资潜力百强县市"和"全国绿色发展百强县市";近20年来吸引了大量人口,常住人口由2001年的39万人跃升到2019年的52万人。当地普通中小学在校生人数从2010年的39838人,增长到2019年的81709人,近10年来增长了2倍多。目前A县有各级各类学校400所,包括幼儿园290所(其中公办园63所)、十二年一贯制学校3所,九年一贯制学校4所,普通高中1所,中等职业学校3所,初中13所,小学83所,特教学校1所,教师进修学校1所,青少年活动中心1所。然而,学校与学生的大量增加并没有带来教师编制数量的增加,A县中小学教师核定的编制为3742个,2006年至今编制数从未发生过变化。因为编制核定的原则是严格控制编制总量,确保核定后的中小学教职工编制不突破现有编制总量,在此基础上将县镇、农村中小学教职工编制标准统一到城市标准,即高中教职工与学生比为1∶12.5、初中为1∶13.5、小学为1∶19。

针对这一供需矛盾,县政府积极探索政府购买教师服务的方式,从2017年起开始招聘编外专任教师,从2018—2020年分别招聘编外教师800人、773人、747人,但2017年之后再也没招过编内教师。此后,编外教师数量连年增加(1178、1937、2682),编内教师数量不断减少(4143、4049、3946),但3946个编内教师仍然多于核定的3742个编制标准。编制出现了核定超编与现实缺编的双重矛盾,招聘编外教师成了县教育局当下最适合的权宜之计。

于是,教师岗位与编制身份出现分化,虽然同为教师,但编外教师并不纳入中央财政统一拨付,而是"以县为主",县财政根据自身情况自主招聘并管理编外教师。目前编外教师有三种管理方式,一是学校通过生均公用经费自行聘任的编外教师,这类编外教师与学校直接签订劳动合同,由于大多数学校的生均公用经费有限,这类编外教师的待遇一般较低;二是政府通过向第三方购买服务的形式聘用的编外教师,这类编外教师与第三方劳务派遣公司签订劳动合同,同时政府与劳务派遣公司签订合同;三是政府划拨专项资金由学校直接聘用的编外教师,这类编外教师的工资由政府发放到学校,学校直接根据需求聘用教师,聘用的编外教师与学校签订劳动合同。第二、三类编外教师由于有政府的直接参与,待遇一般要好于第一类编外教师。目前 A 县正在探索从第二种方式过渡到第三种方式。

三、调研设计

本调研一方面收集并分析量化数据以探索 A 县编外教师的基本情况以及考编意愿的影响因素;另一方面收集并分析质性数据以进一步了解 A 县的基本情况,并探寻编制对编外教师的意义。

本调研基于对编外教师的问卷调查,通过线性回归,探索哪些因素影响了编外教师的考编意愿。具体模型如下:

$$Willingness = \beta_0 + \beta_1 Income + \beta_2 Support + \beta_3 Promotion + \beta_4 Ability + \beta_5 Identity + \beta_6 Bio + \varepsilon$$

其中,Willingness 为教师考编意愿,题项为"只要条件符合我会积极争取成为编内教师",选项为非常符合、有点符合、一般、不太符合、非常不符合;Income 为编外教师对收入的满意程度,问卷对唐(Tang)等人的收入水平满意度量表[①]进行了改编,最终形成更符合国内教师收入现状的量表。改编后的量表包含 2 个题项,分别是"对薪酬的满意度""对学校奖励与激励的满意度",内部一致性系数为 0.833,表明此量表设计理想,分数越高表明对收入越满意。Support 为编外教师对学校支持的满意程度,结合已有文献,学校支持主要包括学校反馈渠道、校长领导力、中层领导支持、同事相处氛围等,由此设计出包含 4 个题项的自编量表,分别是"当您提出合理建议时学校对您的建议的处理方式与态度""校级领导的业务水平""中层领导对教师工作的支持""您与同事相处的氛围",内部一致性系数为 0.9,表明此量表设计理想,分数越高表明对学校的支持越满

[①] TANG T L P, SUTARSO T, ALANDE A, et al. The Love of Money and Pay Level Satisfaction: Measurement and Functional Equivalence in 29 Geopolitical Entities Around the World[J]. Management and Organization Review,2006,2(3):423—452.

意。Promotion 为编外教师对职业晋升是否与编内教师一致的感知程度,为自编量表,包含 2 个题项,分别是"我身边的编外教师在职称评聘方面与编内教师有同等权利"、"我身边的编外教师在评优评先方面与编内教师有同等权利",内部一致性系数为 0.904,表明此量表设计理想,分数越高表明编外教师越具备与编内教师一致的权利。Ability 为教师能力,根据吉布森(Gibson)等人设计的教师效能感量表[1]改编,改编后的量表包含 6 个题项,分别是"课堂上遇到学生捣乱我知道该怎么处理""某个学生完成作业有困难时我能根据他的水平调整""如果学生前学后忘我知道如何去帮助他""我能根据课标吃透教材""我清楚明白怎么写教学计划""我能解决学生在学习中出现的问题",内部一致性系数为 0.928,表明此量表设计理想,分数越高表明教师能力越强。Identity 为教师职业认同,根据魏淑华等人的中小学教师职业认同量表[2]并结合编外教师的特点改编,改编的问卷包含 2 个题项,分别是"是否在编并不影响我对教育事业的追求和热情""我认为自己是教师队伍中正式的一员",内部一致性系数为 0.747,表明此量表设计还算理想,分数越高表明教师的职业认同越高。Bio 为控制变量,包括个人特征(性别、年龄、学历)、家庭背景(婚姻状况、户籍所在地)、工作情况(教龄、工作所在地、是否为班主任、是否担任校内职务、是否有职称)。ε 则表示其他不可观测的残差项。具体见表 8-1。

表 8-1 变量说明

变量类别	变量名称	变量说明
自变量	工资满意度	1=非常不满意,2=不太满意,3=一般,4=有点满意,5=非常满意,分数越高表明对工资待遇的满意度越高

---

[1] GIBSON S, DEMBO M H. Teacher Efficacy: A Construct Validation[J]. Journal of Educational Psychology, 1984, 76(4): 569.

[2] 魏淑华,宋广文,张大均.我国中小学教师职业认同的结构与量表[J].教师教育研究,2013(01):55-60+75.

(续表)

变量类别	变量名称	变量说明
	学校支持满意度	1=非常不满意,2=不太满意,3=一般,4=有点满意,5=非常满意,分数越高表明对学校领导、同事的满意度越高
	与编内教师的同等晋升权利感知	1=非常不符合,2=不太符合,3=一般,4=有点符合,5=非常符合,分数越高表明编外教师越具备与编内教师一致的权利
	教师能力	1=非常不符合,2=不太符合,3=一般,4=有点符合,5=非常符合,分数越高表明教师能力越强
	教师职业认同	1=非常不符合,2=不太符合,3=一般,4=有点符合,5=非常符合,分数越高表明教师的职业认同越高
控制变量	个体特征 — 性别	1=男,0=女
	个体特征 — 年龄	填空题
	个体特征 — 学历	0=中职,1=高中,2=大专,3=本科,4=研究生
	家庭背景 — 婚姻状况	0=未婚,1=已婚,2=离婚/丧偶,3=其他
	家庭背景 — 户籍所在地	1=本地户口,0=外地户口
	工作情况 — 教龄	填空题
	工作情况 — 学校所在地	1=城区学校,0=乡镇学校
	工作情况 — 是否班主任	1=是,0=否
	工作情况 — 是否担任校内职务	1=是,0=否
	工作情况 — 是否有职称	1=是,0=否

为了对 A 县及其编外教师作进一步了解,本调研还收集了 A 县的文本资料,包括教育局各部门工作总结、领导讲话稿、教师招聘文件、历年教师人数等。本调研筛选出对研究目的有用的文本资料,并进行编码和一

次类属分析,以写轮廓简况(profile)的方式归纳出 A 县及其编外教师的基本情况。为了探索编制对编外教师的主观意义,并对问卷数据进行补充说明,本调研在问卷中设置了开放性问题,主要询问对考编的看法以及对编内外教师差异的主观认知,各有 29 人和 134 人回答了这两道题。因填答者回答得较为简短,不再专门编码,而是直接用类属分析形成一级类属。编码过程见表 8-2。

表 8-2　质性资料编码过程举例

资料类型	原始资料	代码	类属	情感
领导讲话稿	通过购买聘任制合同教师管理服务,切实有效解决了师资不足的难题,有效缓解了我县教师结构性缺编难题,进一步增强了教师队伍活力,夯实了我县教育可持续发展的基础,迈出了我县全面深化新时代教师队伍建设改革的步伐	购买聘任制合同教师管理服务,缓解了缺教师的难题	购买服务的意义	比较积极
问卷开放性问题	考上聘用制也是不容易的,如果入编还要同社会一同考试,是不是不太公平	/	再次考编的不公平感	比较消极

第二节　我国编外教师历史沿革

编外教师的发展变化随着教师编制政策的变化而变化。教师编制是政府为了有序开展教师管理工作并实现教师的最优配置而实行的教育制度,政府对教师进行统一管理,并提供相应工资、福利等保障。但教师编制政策响应的速度滞后于社会发展的速度,教师编制与教师岗位难免出现脱离现象,由此产生编外教师问题。编外教师的出现是社会发展之下的权宜之计,一方面确实是教师队伍的有效补充,另一方面具有临时性与变化性,在不同时期呈现出不同特点。总体来说,我国的编外教师发展经历了民办教师时期、代课教师时期和临时聘用教师时期。根据1962年教育部330号文件,"民办教师"被定义为履行教师职责但是农民身份的人,即"不吃皇粮"的教师。中华人民共和国成立后,国家接管私立中小学教师,将一部分具有相关手续的教师转为民办教师,另一部分没有相关手续的转为代课教师,从此出现了民办教师和代课教师的分野。民办教师和代课教师的数量在20世纪80年代之前快速增长。1977年的数据显示,民办教师总数达到471.2万人,占全国中小学教师的56%,代课教师41.75万人,占全国中小学教师的5%。[1] 因代课教师数量较少,其工作状态和管理方式又与民办教师相似,所以代课教师与民办教师常常被混为一体。[2] 民办教师是农村教师队伍中的"非正规军",长期处于社会地位低、受歧视,福利待遇差、同工不同酬、生活困难的处境之中[3]。1978年之后,国家开始以"关、招、转、辞、退"等方式陆续清退民办教师,"民办教师"这一历史概念在2000年后不再使用。

在大量清退民办教师的背景下,不少民办教师开始转变成代课教师,其数量不断增加,在1997年达到历史最高峰(100.55万人)。根据《中国教育统计年鉴》的统计标准,代课教师指基础教育学校因专任教师缺编或专任教师因产假、病假等原因聘请代课一年以上的教师。对代课教师采取"谁聘用、谁支付"的方式聘用,通常不会与他们签订合同。传统代课教师专业水平总体较低,亚健康问题突出,缺乏专业身份认同,待遇低,专业培训机会少,专业发展不受学校重视。[4]农村代课教师多为落榜的初中、

---

[1] 方征,葛新斌.我国编外教师问题及政策启示[J].教育理论与实践,2010(22):32—36.
[2] 姚岩,王恒.1949—2019年中国代课教师的历史发展与演变[J].岭南师范学院学报,2020(05):9—17.
[3] 单莹.编外教师的历史考察与现实反思[J].湖南科技大学学报(社会科学版),2017(04):172—178.
[4] 康晓伟,裴丽,刘珊珊.我国代课教师70年回顾与展望:多重合法身份的代课教师制度构建[J].教师教育研究,2020(03):107—113.

高中毕业生,很少接受师范专业教育或培训,主要在"老、少、边、山、穷"地区任教,工作具有"半耕半教"特点,多数人都具有农民身份,且教龄长、年龄偏大[1]。他们教学质量不高,因学校经费有限,培训机会较少,对学校教育管理的参与度较低。[2] 20世纪90年代中后期开始,国家提出一系列清退代课教师的政策[3],代课教师的数量也像民办教师一样,急剧收缩。1998年到2008年,代课教师共计减少64.28万人。2010年,教育部澄清并未规定2010年是在岗代课教师清退的截止时间,由此代课教师减少速度开始减缓。

2011年之后,临时聘用教师的叫法开始出现,之前未能通过各种途径清退的代课教师,以临时聘用教师的身份继续在学校教书。2011年《关于妥善解决中小学代课教师问题的指导意见》明确提出,"加强临时聘用教师管理,对因教师脱产进修、产假、病假以及流动人口子女就学增加等原因,出现教师临时短缺,应首先由学校主管部门在现在教师中调剂交流解决,难以调剂的,可以临时聘用教师"。这是国家文件首次使用临聘教师的概念,且要求使用聘用制的管理模式。聘用制的招聘特点是学校自主招聘或由地方教育行政部门统一招聘;管理特点是由第三方机构提供相应管理服务,学校作为购买主体与第三方机构签订购买服务合同,或是学校自主管理,与教师签订劳动合同或聘用合同;工资特点是由学校支付、地方财政支付、教师管理部门支付或由购买服务方委托管理公司支付(由委托单位负担资金)。聘用制教师包括无事业编制、人事档案不在学校或教育管理部门、使用人事代理关系的教师。[4] 由此可以看出,代课教师与临时聘用教师是同义词,但是管理方式发生了变化。临

---

[1] 玉丽.教师何时告别"代课":我国代课教师相关问题研究[J].教育科学研究,2005(08):32-35.

[2] 梁文艳,胡咏梅.农村中小学教师队伍建设的实证研究:基于中国西部农村的调查[J].上海教育科研,2008(12):4-7.

[3] 这些政策包括《关于切实做好减轻农民负担工作的决定》《关于进一步做好农村税费改革试点工作的通知》《国务院关于基础教育改革与发展的决定》等。

[4] 安雪慧.中小学临聘教师的管理困境与突破路径[J].教育研究,2020(09):127-134.

聘教师学历较高、进取心强、能胜任教学[1],职业幸福感总体高于编制内教师[2],但工作、生活、心理压力大,职业认同忽高忽低[3][4][5],并出现职业倦怠。[6][7]在2010年以前,代课/临时聘用教师主要以农村代课教师为主;以2011年为分水岭,城镇代课/临时聘用教师为15.55万人,首次超过农村代课/临时聘用教师(13.31万人)。城镇临时聘用教师不断增加与城镇化带来的人口流动密不可分。在城镇化背景下,大量人口流向城镇,教师流动的速度赶不上学生(家庭)流动的速度,于是缺教师现象变得普遍。为了招聘大量教师,聘用合同制专任教师开始出现,他们不再是因教师出现临时性短缺而设置的岗位,而是长期需要的教师。临时聘用教师慢慢变得不再"临时",他们的聘用周期长,但又无法像编内教师那样"聘到退休"。到2019年,城镇代课/临时聘用教师占比为68.37%,农村代课/临时聘用教师只有31.63%。

第三节 编外教师新特点和考编意愿

一、编外教师新特点

本调研发现,1613名编外教师在待遇方面基本与编内教师"同工同酬",实发工资为2500元—6400元不等。他们对自己的薪酬较满意(平均值为3.42),对学校的奖励和激励制度也较满意(平均值为3.46)。在

---

[1] 钟建林,陈新燕,刘文胜.城市中小学编外教师的现状调研及其管理创新[J].中国教育学刊,2020(06):63-67.
[2] 成立娟.城市公办小学编外教师职业幸福感研究[D].济南:济南大学,2020.
[3] 刘丽.C市公立小学编外教师职业认同现状研究[D].长沙:湖南科技大学,2020.
[4] 李心兰.城市公立小学编外教师职业认同现状研究[D].成都:四川师范大学,2016.
[5] 任倩.局内的"局外人":编外教师职业认同的生活史研究[D].北京:首都师范大学,2014.
[6] 萨日娜.锡林郭勒盟中小学编制外教师现状研究[D].呼和浩特:内蒙古师范大学,2020.
[7] 王钰.河南省Z市公办初中编外教师职业倦怠调查研究[D].郑州:郑州大学,2018.

专业水平方面,编外教师的学历主要集中在大学本科(71.7%),其次是大学专科(25.5%),研究生学历占比2.1%;绝大多数教师都参加过培训(94.6%),主要集中在每月一次(29.6%)、每季度一次(26%)、每半年一次(22.4%);他们对自身教学能力评价很高(平均值为4.21),其中对解决学生在学习中出现的问题自我评价最高(平均值为4.31),其次是能对困难学生因材施教(平均值为4.26)。在职业认同方面,这群编外教师有着很高的职业认同,是否在编并不影响他们对教育事业的追求和热情(平均分为4.30);他们认为自己是教师队伍中正式的一员(平均分为4.26),明确考虑聘用期结束后要转行的只有32人。在工作负担方面,编外教师每周总课时为14.9节,每周备课时间为9.32小时,每周批改作业时间为7.48小时,每周其他教学时间为4.97小时,每周非教学时间为3.7小时。在工作负担主观体验上,编外教师认为自己除了基本的教学工作外,还有各项检查评比以及考核工作(平均分为3.70),每天要花大量时间备课和批改作业(平均分为3.53),平时会加班或把工作带回家(平均分为3.42)。在社会地位上,编外教师认为学生和家长对自己都很尊重(平均分分别为4.15、3.96)。

A县一直致力于在工作待遇上"同酬",但编外教师在心态上并没有感到"同酬",缺乏公平感。首先,他们时刻担心自己的职业未来,未来充满不确定,教师涨工资的时候是否轮得到编外教师、退休待遇是否可以与编内教师一致等问题,目前悬而未决。除此之外,编外教师不得不一边工作一边想着考编的事,工作成了一个个驿站,以三年为一个驿站。每一次合同结束,都是追逐稳定(考编制)的较量,只要有入编机会绝大多数编外教师都愿意去尝试。他们抱有一线希望——也许将来可以在原学校入编,因为"考上聘用制也是不容易的,如果入编还要同社会一同考试,是不是不太公平"。直到年龄超过40岁,也就无法考虑入编的事,因为通常来说,教师编制考试的门槛之一是35周岁以下,如果有教师工作经验,则放宽到40周岁。然后,他们"不患寡而患不均",不平等是编外教师普遍的心态。他们的招聘要求和招聘流程与编内教师几乎一致,具备本科及以上学历,拥有教师资格证,参加招聘考试。他们在教学上也并不比编内教师弱,可是他们比编内教师"低人一等"。他们感受到了来自学校的歧视,认为自己缺乏与编内教师一致的职称评聘机会和评优评先机会。最后,他们又很无奈,虽然特别希望继续留在原学校担任教学工作,但又不得不面临"教师职业与编制难以兼得"的艰难选择,通常面临三种情况——本校教师岗位但没有编制、其他县市有编制的教师岗位、本县有编制的非教师岗位。但是不管怎么样,"如果有考编机会也想去尝试"。如果与原学校续签聘用合同,又回到了"时刻担心职业未来"的循环;如果考取其他县市的编制教师岗位,意味着离开自己熟悉的地方,有的还面临举家搬迁;而本县非教师岗位,对热爱教师职业的编外教师来说,又显得缺乏吸引力。

二、编外教师考编意愿

A县的编外教师,在招聘要求和流程上与编内教师完全一致,都要求有教师资格证、35周岁以下,小学教师要求具备专科及以上学历,初中和职业学校教师要求有本科及以上学历。招聘过程都需要笔试、试讲、考察等环节,唯一的区别是笔试的开考比例,编内教师的招聘人数与岗位报考人数比例不低于1∶3,编外教师1∶2即可开考。在编内外教师管理上,除了确保同工同酬之外,也给予编外教师同样的培训机会、晋升机会、奖励制度、教师考核要求、便民优惠等。尽管如此,在编外教师看来,编制具有很强的吸引力。根据问卷调查显示,90.5%的调查对象表示合同到期后会考编制,如果仍然无法入编,有74%的调查对象表示还会继续考编。即使工资待遇与编内教师相同,也有88.9%的编外教师有考编意愿。在问到编制内外教师的差别时,排名前三位的分别是晋升机会、福利待遇和工作稳定性。高达76.9%的调查对象认为学校对编外教师有点歧视或非常歧视,66.6%的调查对象认为学校在决策教师切身利益问题时不会征求编外教师的意见,60.5%的编外教师认为在职称评聘方面缺乏与编内教师同等的权利,在评优评先方面,59.4%的编外教师认为缺乏与编内教师同等的权利。

为了弄明白什么样的编外教师倾向于考教师编制,本研究首先加入工资满意度、领导同事满意度、对权利的平等感知程度、教师能力、教师职业认同这5个变量，并把个人特征、工作基本情况、家庭背景作为控制变量，进行OLS回归分析。表8-3是对三组不同样本分别进行OLS回归分析的结果，其中全体教师的回归分析结果表明，模型可以解释因变量的34%（$R^2=34\%$），教师职业认同越高、对工资收入越不满意的城区教师，越倾向于考教师编制。

进一步比较回归系数可知，教师职业认同的系数绝对值（0.602）远高于工资满意度（0.115）、教师工作所在地（0.053），于是将教师职业认同分为高、低两类，其中大于等于3记为认同高，小于3记为认同低，分别跑两次OLS回归分析，其余自变量和控制变量均不变。表8-3中的结果表明，第一，不同职业认同的教师的考编影响因素完全不一样，职业认同越高的教师，能力越强、对领导和同事越满意、本地户籍，就越倾向于考教师编制。可能的解释是，编外教师自身能力越强，就越觉得自己有资格获得与编内教师一致的编制身份及其背后所体现的安全感和稳定感，这些能力强的编外教师，会把大量时间和精力投入到工作中，付出得更多，就更希望有相应的回报。对领导同事越满意，就越感受到自己身处支持性环境，就越希望以长久而稳定的编制身份留任。第二，那些职业认同低的教师，工资是影响他们考编的因素，对工资越不满意，越倾向于考编。这可能是因为在他们眼中，教师职业与其他职业一样不过是挣钱的工具，所以他们更审时度势，只要收入满意，他们并不执着于一定要考编制。收入对他们来说是一种补偿效应，弥补了没有编制带来的不公平感。

表8-3 编外教师考编意愿OLS回归结果

因变量	自变量	调整R^2	标准化系数	标准误差	$T(P)$
全体教师考编意愿	教师职业认同	0.340	0.602***	0.019	28.734
	工资满意度		−0.115***	0.023	−5.453
	工作所在地		0.053***	0.034	2.633

(续表)

因变量	自变量	调整 R^2	标准化系数	标准误差	$T(P)$
高职业认同教师的考编意愿	教师能力	0.081	0.212***	0.025	7.896
	领导同事满意度		0.116***	0.022	4.325
	户籍所在地		0.058**	0.027	2.362
低职业认同教师的考编意愿	工资满意度	0.181	−0.435***	0.221	−4.687

注:1. * $P<0.1$,** $P<0.05$,*** $P<0.01$;
2. 每次放入的自变量均一致,因篇幅限制,表格只列出具有显著性的变量。

第四节 小结与发现

本调研中的编外教师学历较高(以本科学历为主),教学能力较强,对教师职业的认同感较强,得到了学生和家长的尊重。编外教师工资待遇并不低,已经实现与编内教师同工同酬;绝大多数编外教师参加过教师培训;编外教师聘用周期并不短,通常以三年为一个聘期,合同到期后可以续签。但是,编外教师在职称评聘和评优评先等职业发展方面受限。此外,教师编制对编外教师来说仍然具有很强的吸引力,在他们看来,虽然与编内教师同工同酬,但还是有差别,因为编制意味着公费医疗、退休金与工资相当。他们也在追求内心的稳定与平衡,一旦有了编制,就是"金饭碗""吃皇粮",不用担心中年失业;编内教师身份也意味着不再感受到来自学校的歧视,可以有更多的职称评聘和评优评先机会。

本调研的发现之一是工资对编外教师考编意愿的影响只起到微弱的作用,教师对职业的认同才是他们考编最主要的因素。已有政策文件和文献都在强调编外教师"同工同酬"的重要性,认为这可以稳定教师队伍,避免编外教师产生心理落差,但本调研发现工资上的同工同酬并不足以消除编外教师的不公平感,他们与编内教师的比较会一直存在。所以,"同工同酬"并不能有效减少编外教师的心理落差,也并未影响高职业认同教师的考编意愿。

本调研的发现之二是职业认同高的编外教师有更强的考编意愿,并且能力越强就越具有考编意愿;职业认同低的教师但凡对工资收入满意,就不打算考编。教师职业认同是一个复杂的概念,与教师效能、能动性、情感和抗逆力有关,通常认为高职业认同的教师具有高效能、高能动性、工作积极热情与高抗逆力,最终带来教师全力以赴教好书的意愿。[1] 也就是说,高职业认同的教师是人们通常认为的好教师,这也是学校希望留住的教师。然而,如果学校一直无法为编外教师提供入编机会,高职业认同的编外教师很可能会优先考取其他学校的编制,同工同酬也无法降低他们的考编意愿,于是学校容易面临优质教师流失的风险。另外,留下的编外教师通常职业认同不高,在工作上容易得过且过,这不利于学校和学生的发展。

教师编制,原本只是我国政府管理学校教师的一种方式,人事部门根据编制数额调配人员,财政部门据此拨款,是教师依法获取工资、绩效工资、津贴补贴、社会保险及福利等合理权益与待遇的基本保障。[2] 但在A县,教师编制与教师岗位出现了分离,在教师编制总量控制的前提下,A县无法匀出更多的教师编制,只能在政策允许的范围内另辟蹊径去招聘编外教师,以弥补教师数量的不足。A县财政宽裕,保障了编内外教师在工资上同工同酬。虽然编外教师属于政策规定的"因流动人口子女就学增加而临时聘用"的教师,但实际上从供需双方来看他们并不临时,A县长期需要大量教师。从短期利益来看,大量招聘编外教师确实缓解了A

---

[1] DAY C. Professional Identity Matters: Agency, Emotions, and Resilience[J]. Research on Teacher Identity. Springer, Cham, 2018:61-70.

[2] 韩小雨,庞丽娟,谢云丽.中小学教师编制标准和编制管理制度研究:基于全国及部分省区现行相关政策的分析[J].教育发展研究,2010(08):15-19.

县缺教师的现状,也增加了学校招聘的灵活性。由此可见,"双轨制"教师身份将在未来几年内存在——一种是编制内教师,另一种是通过政府购买服务或学校临时聘用的方式招聘编外教师。

但是,从长远来看,编外教师问题涉及稳定教师队伍、保证教育公平和教育质量的问题,因为教师缺乏稳定的工作保障,会对教育系统带来有害影响[1],也会影响学生的学业表现。[2][3] 所以,编外教师问题必须加以解决。2018年中共中央、国务院发布了《全面深化新时代教师队伍建设改革的意见》,规定在现有编制总量内,统筹考虑、合理核定教职工编制,向教师队伍倾斜,采取多种形式增加教师总量,优先保障教育发展需要。同年,国务院办公厅发布了《关于进一步调整优化结构提高教育经费使用效益的意见》,明确提出各地要严格规范教师编制管理,对符合条件的非在编教师要加快入编。可见,创新编制管理、逐步消化编外教师问题,是未来教育改革的方向之一。

---

[1] FYFE A. The Use of Contract Teachers in Developing Countries: Trends and Impact [M]. Geneva: ILO, 2007:150—161.

[2] KINGDON G G, ASLAM M, RAWAL S, et al. Are Contract Teachers and Parateachers a Cost-effective Intervention to Address Teacher Shortage and Improve Learning Outcomes? [M]. EPPI-Centre, Institute of Education, University of London, Social Science Research Unit, 2013:46—80.

[3] LEI W, LI M, ZHANG S, et al. Contract Teachers and Student Achievement in Rural China: Evidence from Class Fixed Effects[J]. Australian Journal of Agricultural and Resource Economics, 2018, 62(2): 299—322.